필요할 때 바로 써먹는

애프터이펙트
실무테크닉

홍은정 · 김세웅 지음

Foreign Copyright:
Joonwon Lee
Address: 3F, 127, Yanghwa-ro, Mapo-gu, Seoul, Republic of Korea
          3rd Floor
Telephone: 82-2-3142-4151
E-mail: jwlee@cyber.co.kr

필요할 때 바로 써먹는

애프터이펙트
실무테크닉

2018. 3. 9. 1판 1쇄 발행
2020. 11. 6. 1판 2쇄 발행

지은이 | 홍은정, 김세웅
펴낸이 | 이종춘
펴낸곳 | BM (주)도서출판 성안당
주소 | 04032 서울시 마포구 양화로 127 첨단빌딩 3층(출판기획 R&D 센터)
       10881 경기도 파주시 문발로 112 파주 출판 문화도시(제작 및 물류)
전화 | 02) 3142-0036
       031) 950-6300
팩스 | 031) 955-0510
등록 | 1973. 2. 1. 제406-2005-000046호
출판사 홈페이지 | **www.cyber.co.kr**
ISBN | 978-89-315-5693-3 (13000)
정가 | 26,000원

이 책을 만든 사람들
책임 | 최옥현
기획·진행 | 앤미디어
표지 일러스트 | 마이자
본문·표지 디자인 | 앤미디어
홍보 | 김계향, 유미나
국제부 | 이선민, 조혜란, 김혜숙
마케팅 | 구본철, 차정욱, 나진호, 이동후, 강호묵
마케팅 지원 | 장상범, 조광환
제작 | 김유석

■ 도서 A/S 안내

성안당에서 발행하는 모든 도서는 저자와 출판사, 그리고 독자가 함께 만들어 나갑니다.
좋은 책을 펴내기 위해 많은 노력을 기울이고 있습니다. 혹시라도 내용상의 오류나 오탈자 등이
발견되면 **"좋은 책은 나라의 보배"**로서 우리 모두가 함께 만들어 간다는 마음으로 연락주시기
바랍니다. 수정 보완하여 더 나은 책이 되도록 최선을 다하겠습니다.
성안당은 늘 독자 여러분들의 소중한 의견을 기다리고 있습니다. 좋은 의견을 보내주시는 분께는
성안당 쇼핑몰의 포인트(3,000포인트)를 적립해 드립니다.

잘못 만들어진 책이나 부록 등이 파손된 경우에는 교환해 드립니다.

 머리말

10년 넘게 실무 디자인 작업을 진행하면서, 특히 영상 분야 강의와 실무 프로젝트들을 제작하며 무엇보다 중요하게 생각했던 것은 영상을 만들기 전 하나의 소스를 심도 있게 제작하고 그에 따른 방법에 관한 구현이나 스킬, 디자인의 아름다움, 혹은 사용자가 좋아하는 기호와 사회적 트렌드를 잘 살피는 것입니다.

현대는 디자인의 다양성이 중요해진 시대입니다. 다양성은 공산품의 시대를 초월하여 모든 것의 기본이 되는 화두입니다. 애프터 이펙트는 하나의 소스를 다양화하여 효과적으로 영상화할 수 있는 프로그램입니다. 애프터 이펙트의 수많은 효과를 학습하기 위해서는 이 책을 학습하면서 유튜브나 인터넷강의 등의 자료를 많이 보며 익혀야 합니다. 수많은 영상 자료에는 각기 다른 효과를 제작하는 방법이 연구되어 담겨져 있습니다.

이 책은 애프터 이펙트의 기본 인터페이스 소개와 기능, 역할 등을 간략히 담았고 실무 튜토리얼에서 꼭 알아두어야 하는 것들을 실습 예제로 구성하였습니다. 실제로 과제나 실무 예시들을 적용했을 때 이해하기 쉬운 방법을 찾고자 애플리케이션이나 웹, 로고 등의 인트로 기법이나 캐릭터 일러스트의 간략한 구동 방법, 인포그래피의 제작 방법들을 좀 더 활용성 있게 다뤘습니다. 추가로 구성된 디자인 팁에는 원 소스로 제작하거나 연습하면 좋을만한 것, 디자인 트렌드와 유튜브에 관한 기초적인 팁까지 담았습니다.

애프터 이펙트뿐 아니라 2D의 기본이 되는 일러스트레이터와 포토샵, 인디자인 등의 툴을 꾸준히 익히고 이를 애프터 이펙트에 옮겨 담는 형태로 연습한다면 모션 그래픽 디자인을 잘 다룰 수 있을 것입니다. 이 책을 통해 애프터 이펙트의 다양한 기능을 학습하고 더욱 실력 있는 디자이너로 거듭나기 바랍니다. 툴을 잘 다루는 것과 많이 본 것은 분명 다르기 때문에 연습하고 유/무료 플러그인, 영상 사이트에서 제공하는 무료 튜토리얼 등을 자료화하여 갈무리하는 것까지의 훈련 또한 명심하고 작업하기 바랍니다.

저자 **홍은정, 김세웅**

이 책의 구성

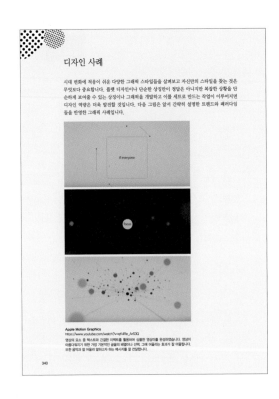

● 도입글

어떤 기능을 학습하고 무엇을 만들지 간략하게 알아봅니다.

● 예제 및 완성 파일

이 책에서는 예제별로 실습을 위한 예제 파일과 결과를 확인할 수 있는 완성 파일을 제공합니다. 결과 파일을 참고하여 직접 만든 파일과 비교하며 학습하면 좋습니다.

● 실습

애프터 이펙트의 주요 기능을 엄선해서 실습으로 구성했습니다. 눈으로 보기보다 컴퓨터 앞에서 직접 따라해 보는 것이 좋습니다.

● 디자인 사례

그래픽 디자인과 영상, 모션 그래픽 디자인 프로젝트 예시를 보여줍니다. 다양한 디자이너의 여러 작품을 통해 새로운 아이디어를 얻을 수 있습니다.

● 제목

배워야 할 핵심 키워드입니다.

● 개념 설명

꼭 알아두어야 할 내용을 설명했습니다. 개념을 알아두면 실습이 훨씬 쉽고 재미있습니다.

● 지시선

작업 화면에 지시선과 짧은 설명을 넣어 예제를 분명하고 정확하게 따라할 수 있도록 돕습니다.

● TIP

개념에 대한 부연 설명 및 관련 정보가 있습니다.

● 인터뷰

실무자 인터뷰와 작품을 실었습니다. 다양한 분야에서 활동하는 전문가들의 생각과 노하우를 얻을 수 있어 유용합니다.

목차

PART 01
실무를 위한 모션 그래픽

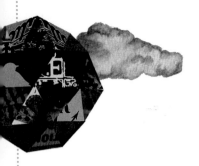

PART 02
애프터 이펙트 마스터를 위해 꼭 알아두기

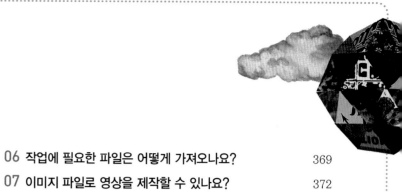

학습하기 전에

예제 · 완성 파일

성안당 홈페이지(http://www.cyber.co.kr/)에 접속하고 '회원가입'을 클릭하여 회원으로 가입한 다음 로그인하고 메인 화면에서 '자료실'을 클릭하세요. 〔자료실〕 탭을 클릭하고 검색 창에 '애프터 이펙트 실무 테크닉'을 입력한 다음 〈검색〉 버튼을 클릭하면 '애프터 이펙트 실무 테크닉' 도서 제목이 검색됩니다.

검색된 도서 제목을 클릭하고 〈자료 다운로드 바로가기〉 버튼을 클릭하여 예제 및 완성 파일을 다운로드한 다음 찾기 쉬운 위치에 압축을 풀어 사용하세요.

 예제 및 완성 파일이 예제별로 구분되어 있습니다.

시험 버전 설치

애프터 이펙트 시험 버전은 어도비 홈페이지(http://www.adobe.com/kr/)에서 제공합니다. 정품 프로그램이 없다면 시험 버전을 다운로드하여 사용해 보세요. 이 책에서는 13쪽에서 애프터 이펙트 다운로드 및 설치 방법에 관해 자세히 설명합니다.

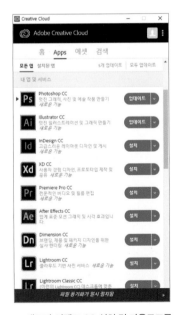

▲ 애프터 이펙트 CC 설치 및 다운로드를 할 수 있는 Creative Cloud

▲ 애프터 이펙트 CS6 이하 버전 다운로드 페이지

애프터 이펙트 다운로드 및 설치하기

어도비 홈페이지에서 애프터 이펙트를 다운로드하여 30일 동안 무료로 이용할 수 있습니다. Creative Cloud를 구매한 경우 구매 기간 동안 제한 없이 사용할 수 있습니다.

애프터 이펙트 최신 버전 설치하기

❶ 어도비 홈페이지(http://www.adobe.com/kr)에 접속하고 메뉴에서 '크리에이티비티 및 디자인 → 모든 제품 보기'를 클릭합니다. Creative Cloud 데스크탑 앱 중에서 'After Effects' 의 〈시험버전 다운로드〉 버튼을 클릭합니다. Creative Cloud 사용자라면 로그인하고 〈다운로드〉 버튼을 클릭합니다.

> TIP 어도비 홈페이지 디자인 및 제공하는 기능은 웹 사이트 정책에 따라 달라질 수 있습니다.

❷ 〈로그인〉 버튼을 클릭하여 로그인합니다. 어도비 ID가 없으면 〈회원가입〉 버튼을 클릭합니다. 애프터 이펙트 CC 관련 기술 수준을 선택하고 〈계속〉 버튼을 클릭합니다.

❸ 웹사이트가 프로그램을 열 수 있게 허용할지 묻는 창이 표시되면 〈허용〉 버튼을 클릭합니다. Creative Cloud가 설치된 경우 Creative Cloud 창이 실행됩니다.

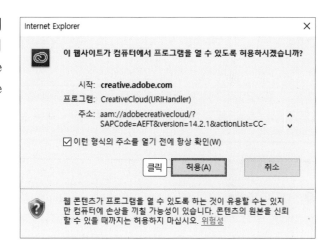

❹ Creative Cloud 창이 실행되면 오른쪽 위의 '설정' 아이콘(⚙)을 클릭한 다음 **환경 설정**을 실행합니다. 'Creative Cloud'를 선택한 다음 앱 언어를 'English (International)'로 지정하고 '뒤로 가기' 아이콘(〈)을 클릭합니다. 설치하고자 하는 프로그램의 〈설치〉 버튼을 클릭하여 설치합니다.

애프터 이펙트 하위 버전 설치하기

❶ 어도비 홈페이지(http://www.adobe.com/kr)에 접속하고 메뉴에서 '지원 → 다운로드 및 설치'를 실행합니다. '기타 다운로드'를 선택합니다.

❷ Adobe Creative Suite 항목에서 설치하려는 버전을 선택합니다. After Effects 목록을 표시하고 영어-인터내셔널 항목에서 운영체제에 맞는 파일을 선택하여 다운로드합니다.

❸ 설치 파일이 추출됩니다. 추출한 파일을 실행하여 설치합니다.

유남규

리딩엣지 미디어 대표

광운대학교 정보콘텐츠 대학원 미디어 콘텐츠학 석사

● **모션 그래픽과 관련해 현재 어떤 일을 하고 있나요?**

VR 개발 전문 업체 리딩엣지 미디어를 운영하고 있습니다. VR은 가상현실을 다루는 분야로 다양한 영상을 체험하고 이를 통해 전문적인 프로모션이 이루어지기 때문에 모션 그래픽 분야에서는 필수 요소입니다. 학부 때부터 모션 그래픽에 관심이 많아 이를 공부하면서 VR 분야까지 영역을 넓혔습니다.

● **모션 그래픽 작업에서 가장 중요하게 생각하는 것은 무엇인가요?**

가상현실이 현재 업무의 핵심 가치이기 때문에 모션 그래픽 분야에서는 주로 효율적이면서도 사람들의 눈길을 사로잡는 효과 개발이나 적용, 그리고 프로모션 콘텐츠의 개성, 스토리의 참신함이 중요합니다.

● **디자인적인 아이디어 발상은 어떻게 하나요?**

VR 분야는 기술 중심적인 디자인 분야이기도 합니다. 사실 디자인은 모두를 위한다기보다 특정의 소구점이나 미(美)를 위한다고 생각합니다. 그러므로 어떻게 보면 기술과는 독단적으로 움직이는 것이지만, 최근 이슈되는 여러 기술을 아름답게 패키징하는 역량 또한 중요한 시사점입니다. VR이나 기타 디자인에 접목하여 활용 가치가 있는 분야에 관심을 두고 꾸준히 리뷰하여 기술 중심적으로 디자인 사고를 하고 있습니다. 하지만 본 취지는 디자인에 두고 있는지라 기고문이나 논문, 다양한 디자인 사이트, 핀터레스트 등을 통해 아이디어를 얻고 있습니다.

토마토 프로덕션 VR 드라마
'4월愛' 테크니션 후반 작업

KT 예술의 전당 한가람
미술관 '아틀리에 스토리전'
테크니션, 후반 작업

● **독창적인 디자인을 위해 따로 노력하는 것이 있나요?**

전문 분야의 완성도를 높이기 위해 틈틈이 VR 기기 개발이나 매체 없이 VR을 체험할 수 있는 기법 등의 프로젝트를 진행하고 있습니다. 최대한 트렌디한 것이 디자이너로서 강점이 된다고 생각하며 일하고 있습니다.

● **작업을 진행할 때 가장 힘든 부분은 무엇인가요?**

구현이 가장 힘든 부분이 있습니다. 제 분야에서 직접 체험하기 위해 보고, 느끼고, 배우는 등 일련의 과정을 거치는데 이를 효과적으로 구현하기 위한 기술은 사실 따라가기 벅찬 부분이 있고 가속화 또한 매우 빠릅니다. 물론 디자인 분야에 공통적인 스케줄이나 개발 금액 등이 회사 운영에서 힘든 부분이기도 하지만 개발자이자 대표로서 트렌디한 구현이 가장 힘듭니다.

- **프로젝트별 작업 기간은 얼마나 걸리나요?**

일정하지 않지만 일반적으로 투입 인원, 예상 금액, 개발 이슈, 양 등에 따라 크게 다릅니다. 보통 다음과 같이 업무에 관한 플로우차트가 나오고 얼마만큼의 개발자가 붙느냐(특급, 고급, 중급 등)에 따라 모든 변수가 조정됩니다.

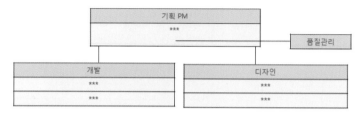

담당분야	성 명	기술자(등급)	경력(년/개월)	인력투입(M/M)
기획/PM	***	특급	7년 5개월	2M/M
디자인/PL	***	고급	7년4개월	1M/M
디자인	***	중급	9년	1M/M
개발 PL	***	고급	11년 5개월	2M/M
개발	***	중급	4년3개월	1M/M
계	5 명		-	7M/M

아래 그림의 플로우차트가 나오면 대략 스케줄 표가 나오는데 참고하면 좋을 듯합니다. 사항은 각각 다를 수 있습니다.

단계	세부일정	2.5개월		산출물
		2개월	2개월	
기획/설계	사용자 요구 사항 분석			일정협의
	설계			
	기획 문서 제작			요구 사항 설명
	보고 및 협의			개발 표준
디자인/개발	프로토타입 시안 페이지 제작			
	UI 제작			
	아이콘 제작			
	디자인			
	디자인 및 코딩			로스 페이지
	시스템 연계 구축			
	프로그래밍			
시험/운영	단위테스트			단위 시험
	통합테스트			통합 시험
	시스템 설치			결과 보고서
	인수 인계			완료보고서

- **애프터 이펙트를 사용할 때 연동하는 프로그램이 있나요?**

애프터 이펙트는 연동되는 다양한 플러그인이 많은데 개인적으로 Mr Horse의 Animation Composer를 많이 사용합니다. 유료로 전환되어도 항목당 650불 정도인데 500여 개의 효과를 사용할 수 있고 기타 완성된 템플릿 등을 효율적으로 사용 가능합니다. 또한 프리미어 프로와 더불어 가끔 Animate도 사용합니다. Animate는 애프터 이펙트를 학습하면서 첨부하는 형태로 병행하여 학습하면 좋습니다.

● **디자인 소스는 주로 어디에서 얻나요?**

업체를 운영하다 보니 정말 모든 소스를 제작할 수밖에 없는 상황이고, 개인적인 작업에만 플러그인 등을 활용합니다. 주로 촬영 작업이 많기 때문에 틈틈이 휴대폰으로 촬영한 영상 소스를 만들어 둡니다. 입문 과정이라면 Animation Composer를 운용하면서 작업해도 재미있는 모션 그래픽 소스를 제작할 수 있습니다.

● **자주 사용하는 글꼴이나 효과가 있다면 무엇인가요?**

무료 글꼴만 사용합니다. 영문은 헬베티카를 애용하는데 쓸수록 명작인 듯합니다. 간혹 포털 사이트에서 무료 글꼴을 검색하면 200여종의 글꼴이 검색되는데 그것들을 사용하거나 다폰트를 애용하기도 합니다.

● **애프터 이펙트에서 자주 사용하는 도구, 패널, 효과, 기능에는 어떤 것이 있나요?**

영상 편집 전환이나 화려한 이펙트를 만들기 때문에 Effect & Presets 패널과 카메라 기능을 가장 많이 사용합니다. 이외에는 주로 회사에서 자체 제작한 플러그인이나 소스들을 활용해 업그레이드하여 작업하고 있습니다.

● **모션 그래픽 디자이너에게 가장 중요한 것은 무엇일까요?**

모션 그래픽만이 주된 안이라면 최대한 소스를 많이 모으는 것이 좋습니다. 유튜브 채널을 활용하여 정말 많은 애프터 이펙트 디자인 과정을 보고 따라하면서 거기서 나온 Ae 파일들을 소스로 저장하거나 회사를 다니면서 얻는 플러그인이나 소스들은 가공을 거쳐야 하지만 좋은 무기가 될 것입니다. 또한 한 씬 한 씬 정갈하고 견고하게 그래픽을 다듬는 일 또한 중요하므로 기본적인 2D 소스 또한 많이 가지는 것이 좋습니다. 많이 보고 많이 해보라는 정말 뻔한 작업이 중요합니다. 디자이너는 분야를 깊게 파는 것 또한 중요하지만, 깊지 않아도 전 분야를 넓게 이해하는 것 또한 중요합니다.

부산정보산업진흥원 광안대교 불꽃축제 VR 촬영 제작   일렉트로팝 페스티벌 '헤드라이너' VR 촬영 제작

김병완

서원대학교 멀티미디어학과 조교수

대한민국 디자인 전람회 시각 부문 추천 디자이너
Reddot, iF Awards Communication Winner
전) 라이프굿 이사

● **모션 그래픽은 어떻게 시작하게 되었나요?**

디자인을 배우기 시작하여 지금은 교수와 학교의 업무 연장선인 다양한 디자인 개발 실무 프로젝트를 진행하고 있습니다. 다가올 시대가 아닌 이미 다가온 시대에 중요한 콘텐츠는 영상입니다. 사용자들은 이미 정적인 매체에 대한 호기심보다 동적인 매체에 대한 호기심이 많고 그 시장은 무한히 커진 상태이며 포화 상태라고도 할 수 있습니다. 대세를 따르는 것 또한 디자이너의 중요한 자세라 생각하여 모션 그래픽을 시작하게 되었습니다.

● **모션 그래픽 작업에서 가장 중요하게 생각하는 것은 무엇인가요?**

모션 그래픽 작업에서는 그래픽까지 개발할 것인지, 혹은 구현에 있는지, 둘 다 인지를 가늠하여 작업하는 것이 중요하고, 단순 모션 그래픽 구현에서는 효과적인 구현이 가장 중요합니다. 단순히 눈요기 거리의 모션보다 의미 전달에서 오래 각인되는 것에 주안점을 두어 제작하는 것이 중요합니다.

● **디자인적인 아이디어 발상은 어떻게 하나요?**

아이디어 발상은 주로 핀터레스트나 구글링을 통한 자료 조사와 트렌드 기고문, 전문 서적, 그리고 클라이언트와의 커뮤니케이션을 통해 이루어집니다. 아마 대부분의 일이 그럴 듯합니다.

호텔 애플리케이션 디자인

호텔 관련 앱은 너무 많기 때문에 주요 개발 포인트는 여행에서 재미있게 즐길 거리의 제공입니다. 다양한 주변 정보와 호텔의 즐길 거리 등의 소개 영상이나 여행의 가상 시놉시스 제작을 통해 사용자들에게 즐거움을 주고자 하였습니다.

● **독창적인 디자인을 위해 따로 노력하는 것이 있나요?**

해외 공모전 도전에 도전합니다. 그래픽 분야에서 Reddot, iF 커뮤니케이션 부문의 브랜드나 일러스트레이션의 두 가지 부문에 진출하여 수상했고 이를 통한 양질의 그래픽, 혹은 소스를 바탕으로 개인 작업이나 영상 등에 대입하여 실무 프로젝트 등을 진행하고 있습니다.

● **작업할 때 가장 힘든 부분은 무엇인가요?**

새롭게 무언가를 만들 때가 가장 힘듭니다. 하늘 아래 새로운 것은 없다고 생각합니다. 모션이든 아니든 특히 눈으로 보이는 결과물이 있는 대부분의 디자인 결과물을 제작할 때 이 부분이 가장 힘듭니다. 스스로 생각하고 모방하지 않고 독자적으로 스케치하여 제작해도 비슷하여 유사성이 있거나 콘셉트가 유사한 것들은 리서치되지 않을 뿐 분명 있습니다.

● **프로젝트별 작업 기간은 얼마나 걸리나요?**

각각 다르지만 보통 한 달을 기준으로 하고 1/4을 콘셉트 회의, 1/2을 제작, 나머지를 수정 및 보완하며 프로젝트들을 진행합니다.

● **애프터 이펙트를 사용할 때 연동하는 프로그램이 있나요?**

어도비의 많은 툴 중 기초 그래픽 툴인 포토샵이나 일러스트레이터를 기반으로 하고, 브리지, 프리미어와 같이 총 4개 정도의 프로그램을 연동하여 사용하고 있습니다.

● **디자인 소스는 주로 어디에서 얻나요?**

프리픽이나 겟이미지, 모션엘리먼트 등의 사이트를 통해 무료 소스를 받고 저작권에 위배되지 않게 변형 및 가공하여 사용합니다. 하지만 디자인 소스는 많이 참고하되 결과물들은 보통 직접 제작하여 사용하고 있습니다.

● **자주 사용하는 글꼴이나 효과가 있다면 무엇인가요?**

주로 네이버와 다음 등의 무료 글꼴을 사용하고 특히 간판이나 재미있는 한글 모양체 등을 사용하기도 합니다. 효과는 주로 회사에서 일하면서 모아 놓은 플러그인을 많이 사용합니다.

강남구청 키오스크 개발

키오스크는 공공 장소에 무작위 사용자층을 대상으로 제작되므로 범용적인 디자인 설계가 필요하여 이미지, 영상물이 효과적으로 제공되어야 사용성이 높아집니다. 인접한 지역의 정보와 홍보 등을 영상물로 제작하여 적용되는 시뮬레이션 등을 포함해서 GUI를 개발하였습니다.

- **애프터 이펙트에서 자주 사용하는 도구, 패널, 효과, 기능에는 어떤 것이 있나요?**

애프터 이펙트는 모션 그래픽 제작에 최적화되고 소스도 많아 모든 패널을 사용합니다. 특히 타이포그래피와 전환 효과, 그리고 카메라 기능은 3D 효과 제작에 강력하기 때문에 모든 패널을 익히는 것이 중요합니다. 예전에 디자이너의 기본 그래픽 툴이 포토샵, 일러스트레이터, 인디자인이었다면 요즘은 애프터 이펙트와 프리미어 두 가지를 결합하여 출력물에서부터 미디어까지 아우르는 실력을 겸비해야 합니다.

- **모션 그래픽 디자이너에게 가장 중요한 것은 무엇일까요?**

입문 과정에서는 주로 과제를 영상화하는 작업 및 이를 위한 플러그인과 소스 모으기, 렌더링 압축 유틸리티를 사용하는 것이 중요합니다. 보통 모션 그래픽 회사에 입사하면 회사 내에 개발된 다양한 소스나 플러그인들을 효과적으로 다루어 기간 내 고품질 작업을 완성하는 것이 중요합니다.

광운대학교 정보과학교육원 e-러닝 콘텐츠 개발

가상 교육은 평생 교육의 개념으로 확장되어 많은 사람들에게 새로운 기회를 주는 중요한 요소입니다. 가상 교육의 UI 개발과 표준화를 위한 영상 편집, 그리고 각종 강좌 등에 쓰일 소개 모션 그래픽 등을 작업하였습니다.

조한주

뉴욕 필름 아카데미 / MFA TV, 영화 프로듀싱

아르코 공연 예술 아카데미 수료
Planetary Craft 대표
전) 별이뜨다 프로덕션 제작 이사

● **모션 그래픽은 어떻게 시작하게 되었나요?**

디자인 에이전시를 운영하며 다양한 상품 제작과 판매를 진행하고 있습니다. 원래 영화/영상 전공이라 모션 그래픽은 필수 요소였고 다양한 영화 제작에 참여 및 프로듀싱 중입니다.

● **모션 그래픽 작업에서 가장 중요하게 생각하는 것은 무엇인가요?**

모션 그래픽은 스토리가 담긴 영상 소개를 위한 첫 걸음이자 마지막 걸음이라고 생각합니다. 영화 300의 인트로와 아웃트로는 지금까지 많은 사람들에게 회자되고 있습니다. 그러므로 콘텐츠의 성격을 대변하여 스타일과 스토리, 구현의 3박자가 가장 중요합니다.

● **독창적인 디자인을 위해 따로 노력하는 것이 있나요?**

제 취미는 영상이나 사진 촬영입니다. 요즘은 스마트폰 카메라 기술이 좋으므로 틈틈이 여행을 가거나 영화를 제작하면서 그 일상을 촬영해두고 편집하여 일기처럼 모아둡니다. 이러한 과정이 10년 정도 지속되다 보니 노력 아닌 노력이 된 듯합니다.

● **작업을 진행할 때 가장 힘든 부분은 무엇인가요?**

주어진 예산과 시간 내에 일을 끝내야 하므로 그 부분이 가장 힘듭니다. 어느 분야든 이러한 부분이 누구나 힘들지 않을까 싶습니다. 영화는 이야기를 영상으로 풀고 공감대를 일으켜 마치 내가 주인공이 된 것처럼 재미를 느끼게 하는 일련의 과정입니다. 그래서 흔히 '영화는 인생이다'라고 말하기 때문에 스토리 각색이나 검증 또한 매우 중요하고 힘든 부분입니다. 디자이너는 항상 이 부분을 염두에 두고 프로젝트를 수행해야 할 것입니다.

돌아와요 부산항 애(愛)

프로듀싱 작업을 하였습니다. 어린 시절 헤어진 이란성 쌍둥이 형제의 이야기를 담았습니다. 국내 최대의 유물 밀반출 사건을 맡은 특별 수사팀 형 태주와 중국 최대 범죄 조직인 '마립칸 그룹' 2인자에 오른 동생 태성의 대결을 통한 감성 액션 영화입니다.

영화 허밍

전반적인 프로듀싱에 참여하였습니다. 잊고 있던 첫사랑의 느낌을 찾게 해줄 영화입니다.

비스티 걸스

프로듀싱 작업을 하였습니다. 영화 '비스티걸스'는 강남 화류계를 주름잡는 여성 호스티스들의 화려한 삶을 통해 우리의 어두운 단면을 보여주는 영화입니다.

● **애프터 이펙트를 사용할 때 연동하는 프로그램이 있나요?**

주로 촬영을 많이 하는 분야이고, 전문 편집 툴을 사용하므로 애프터 이펙트는 짧은 인트로나 간단한 편집에 효과를 넣을 때 사용하여 기본 그래픽 툴인 포토샵을 사용합니다. 플러그인 등을 사용하기도 하지만 화려한 효과보다 효과적인 의미 전달이 주요해 애프터 이펙트의 기본 효과만을 가지고 제작하는 경우가 많습니다.

● **디자인 소스는 주로 어디에서 얻나요?**

디자인 소스는 직접 촬영하여 얻는 경우가 많습니다. 요즘은 전문적으로 저작권을 검수하는 대행사가 너무 많기 때문에 특히 개인적인 출품이나 작품 제작은 일일이 만듭니다. 수많은 사이트 중에서 모션 엘리먼츠를 가끔 이용합니다.

● **모션 그래픽 디자이너에게 가장 중요한 것은 무엇일까요?**

애프터 이펙트의 기능을 잘 다루면 디자이너가 된다는 식의 발상은 위험합니다. 툴을 잘 다루는 것은 기본이고, 디자이너로 성장하려면 그 안의 스토리 구성이 중요합니다. 학생은 전공의 결과물을 영상물로 제작하는 연습을 하여 브랜딩 개발, 포스터나 편집물 개발, 웹 모바일 콘텐츠 개발 등 시각 디자인 전공의 결과물 카테고리를 영상으로 담는 것도 좋은 방법입니다. 또한 조금씩 촬영해보고 스토리보드 (직접 섬네일 제작) 등을 제작하는 것 또한 좋은 디자이너가 되는 방법입니다. 디자이너는 단순 구현이 문제가 아니라 하나의 현상을 디자이너 입장에서 원만히 해결하는 것이라 생각해야 합니다.

원종욱

한양대학교 이노베이션대학원 디자인대학 멀티미디어 전공 겸임교수

한양대학교 일반대학원 응용미술학과 박사 졸업
에스프리즘 디자인개발부 실장

● **모션 그래픽은 어떻게 시작하게 되었나요?**

웹을 기초로 키오스크 연구와 다양한 GUI를 기반으로 한 여러 프로젝트를 경험하면서 시연 영상이나 콘텐츠 안에 들어가는 이야기들을 사용자의 흥미를 높이면서 간단하게 시뮬레이션하기 위해 모션 그래픽을 시작했습니다. 지금은 멀티미디어 부문에 가까운 모션 그래픽이나 영상 촬영 그리고 이를 통한 웹, 모바일 적용에 주안점을 두고 실무 작업과 학생지도를 하고 있습니다.

● **모션 그래픽 작업에서 가장 중요하게 생각하는 것은 무엇인가요?**

모션 그래픽에서 가장 중요한 것은 스토리입니다. 영상이나 모션 그래픽 제작에 반드시 애프터 이펙트뿐 아니라 직접 촬영하거나 베가스, 무비 메이커, 팟인코더 등 유틸리티에 가까운 프로그램도 종종 사용합니다. 프로젝트를 진행하면서 효과 중심보다 그 안에 들어가는 그래픽의 질적인 수준이나 흐름이 가장 중요한 부분입니다. 여러분도 다양한 효과를 익히되 효과의 퀄리티를 살리는 그래픽 개발에 더욱 중점을 두고 공부하기 바랍니다.

● **디자인적인 아이디어 발상은 어떻게 하나요?**

지인들과의 수다, 일상에서의 메모, 그리고 프로젝트를 하면서 겪는 경험이 주가 됩니다. 언제나 톡톡 튀는 아이디어를 끌어내기는 어렵습니다. 중요한 점은 보여주고자 하는 이미지나 영상이 있다면 사용자 입장에서 시청하였을 때를 상상하면서 발상하는 것입니다.

워너비 성형외과 사이트 구축

웹 디자인 회사를 다니면 한번쯤 디자인하는 병원 사이트 구축입니다. 거대한 성형 시장에는 다양한 프로모션 방법이 사용되고 웹, 모바일 디자인부터 홍보 런칭에 필요한 다양한 영상물이나 프로모션을 제작하였습니다.

● **독창적인 디자인을 위해 따로 노력하는 것이 있나요?**

연차가 쌓이면서 중요한 점은 사용자 경험에 관한 고려(사용성 테스트) 그리고 디자인 트렌드 읽기입니다. 예전의 디자인은 공산품이 주를 이루어 모두 비슷한 것을 공유하고 사용하였지만, 지금은 세분된 맞춤형 디자인이 유행하고 모두의 입맛을 맞추는 것이 중요하기 때문에 주로 트렌드 읽기에 많은 공을 들여 프로젝트를 진행하고 있습니다.

● **작업을 진행할 때 가장 힘든 부분은 무엇인가요?**

스토리 제작이 가장 힘듭니다. 그래픽 트렌드는 플랫함, 그리고 그 플랫함에 맞춘 심플한 효과 혹은 플러그인을 사용하면 문제가 쉽게 해결될 수 있지만 클라이언트와 사용자 테스트를 통해 얻은 결과물을 수정하여 반영하는 과정이 가장 어렵습니다.

● **프로젝트별 작업 기간은 얼마나 걸리나요?**

작업 기간은 일정하지 않지만 보통 실무 프로젝트는 금액별로 기간이 산정되는 경우가 많습니다. 평균 10일 내에 제작하고 2주 내에 수정 및 보완하여 납품하는 형태가 많습니다.

● **애프터 이펙트를 사용할 때 연동하는 프로그램이 있나요?**

주로 애프터 이펙트와 프리미어 프로를 연동하여 사용합니다. 프리미어 프로는 애프터 이펙트가 손에 익다 보면 자연스럽게 배울 수 있는 프로그램이므로 많이 사용하고 있습니다. 촬영 위주의 작업물은 프리미어 프로를 많이 사용합니다.

● **디자인 소스는 주로 어디에서 얻나요?**

요즘은 구글에 'Free Template'이라고 검색해도 다양한 소스들이 나옵니다. 주로 검색하여 그때그때 사용하지만 차별화하기 위해 소스들은 많이 사용하지 않고 회사에서 동료들과 틈틈이 소스를 제작하기도 합니다.

● **자주 사용하는 글꼴이나 효과가 있다면 무엇인가요?**

글꼴은 네이버와 다음 글꼴을 가장 많이 사용합니다. 공모전이든 프로젝트든 무료로 사용했을 때 법적인 문제가 없는 글꼴을 사용해야 합니다. 무료로 사용하지 못하는 글꼴을 실수 또는 안일하게 사용하지 않도록 주의해야 합니다. 효과는 주로 Animation Composer를 사용하는데 무료로 쓸 수 있는 플로그인과 추가로 한화 약 13만 원 정도의 유료로 효과를 구입해 사용합니다.

● **애프터 이펙트에서 자주 사용하는 도구, 패널, 효과, 기능에는 어떤 것이 있나요?**

주로 텍스트 효과, 이미지 트랜지션을 사용합니다. 모바일과 웹에 접근한 프로젝트가 많기 때문에 이를 시연하는 영상 제작도 많아 두 가지 기능을 많이 사용합니다. 그 다음으로 기준점 적용과 카메라 기능을 사용하고 나머지 도구나 패널은 그때그때 다르게 사용합니다.

● **모션 그래픽 디자이너에게 가장 중요한 것은 무엇일까요?**

모션 그래픽 디자이너에게 가장 중요한 것은 스토리 제작의 참여, 혹은 스토리에 적절한(오버하지 않는) 효과 적용, 기간 내에 시안을 제작할 수 있는 툴 테크닉이라고 생각합니다.

01

S-BEE Logo design

S-BEE로고 벌(BEE)의 의미는 '협력'과 '조화'의 의미 입니다.
이는 건축과 환경의 이상적인 협력과 조화를 표현하였으며,
S(Sustainable)와 B(Building) 알파벳을 날개모양으로 형상화하여
표현하였습니다. 심볼의 비율 및 심볼과 텍스트의 황금비율로
시각적인 안정감을 강조하였습니다.

S-BEE(Sustainable Building Evaluation Expert) 웹/모바일 사이트 개발

S-BEE 사이트 개발과 시연 영상을 제작했습니다. 클라이언트의 입장을 반영한 브랜드와 소개 영상, 그리고 사이트 오픈에 따른 영상물과 다양한 출력물 미디어까지 전반적인 부분에 참여하여 프로모션하였습니다.

SUB MAIN

각 학년/교재별 포인트컬러를 변경하여
사용자들이 쉽게 인지할 수 있다

- 초등
- 영어원서
- 중등
- 교과서
- 고등
- 영유아

천재교육의 모바일 웹사이트, 교육 콘텐츠 제작

교육 콘텐츠는 동화를 비롯하여 유아부터 중고등학생까지 다양한 타깃층이 있고 사용자의 흥미를 돋우기 위한 짤막한 영상이나 동화책, 미니 게임 등 다양한 부분이 있어 이를 개발 중에 있습니다.

MANCHESTER MANCHEST
UNITED CITY

HELLO, WORLD!

현재요금 정보

주행 중인 택시의 실시간 요금 정보를 공유합니다. 주행거리 및
할증률, 시외할증 등과 같이 결제 관련 정보를 손쉽게
확인함으로써 택시승객과 운수업자 간의 분쟁가능성이
줄어듭니다.

PART
01

MANCHESTER
DURBY
CHANNEL.5
19:30

Lens Flar

실무를 위한
모션 그래픽

실무에서 꼭 알아두어야 하는 것들을 실습 예제로 구성하였습니다. 실제로 과제나 실무 예시들을 적용했을 때 이해하기 쉬운 방법을 찾고자 애플리케이션이나 웹, 로고 등의 인트로 기법이나 캐릭터 일러스트의 간략한 구동 방법, 인포그래픽의 제작 방법들을 좀 더 활용도 있게 다뤘습니다.

3D 텍스트 디자인하기

텍스트와 배경에 그라디언트 램프 이펙트를 적용하여 자연스러운 그러데이션을 적용합니다. 3D 레이어와 카메라 레이어를 추가하여 입체적인 3D 텍스트를 디자인해 봅니다.

▶ **완성 파일 |** Part 1\3D text.aep

1 타이포그래피 디자인하기

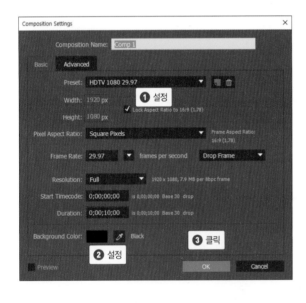

01 새 프로젝트를 만들고 메뉴에서 **[Composition] → New Composition**(Ctrl+N)을 실행합니다.

[Composition Settings] 대화상자가 표시되면 Width를 '1920px', Height를 '1080px', Duration을 '0;00;10;00'으로 설정하고 〈OK〉 버튼을 클릭합니다.

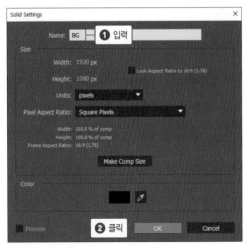

02 새 컴포지션이 만들어지면 이번에는 솔리드 레이어를 만들기 위해 메뉴에서 **[Layer] → New → Solid**(Ctrl+Y)를 실행합니다.

[Solid Settings] 대화상자가 표시되면 Name에 'BG'를 입력한 다음 〈OK〉 버튼을 클릭합니다.

03 'BG' 레이어에 Gradient Ramp 이펙트를 적용합니다.
Effect Controls 패널에서 Start of Ramp를 '965, 535', Start Color를 '검은색 / 15%(어두운 회색)', End of Ramp를 '2600, 535', End Color를 '검은색 / 65%(밝은 회색)'로 지정합니다.

TIP 레이어를 만들기 위해서는 메뉴에서 [Layer] → New를 실행하여 표시되는 하위 메뉴에서 선택할 수 있습니다. 메뉴 오른쪽에 표시되는 단축키를 눌러 간편하게 작업할 수도 있습니다.

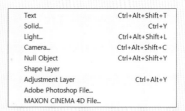

04 메뉴에서 **[Layer] → New → Text**([Ctrl]+[Alt]+[Shift]+[T])를 실행하여 텍스트 레이어를 만듭니다.
Character 패널에서 글꼴을 'Haan YHead B', 글자 크기를 '150px'로 설정한 다음 화면에 '3D TEXT'를 입력하고 화면 가운데에 정렬합니다.

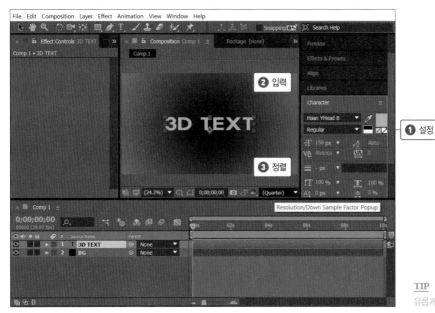

TIP 글꼴이나 글자 색은 원하는 대로 자유롭게 지정해도 좋습니다.

05 텍스트 레이어에 Gradient Ramp 이펙트를 적용합니다.
Start of Ramp를 '검은색', End Color를 '흰색'으로 지정하여 흑백 그러데이션을 적용한 다음 Ramp Shape를 'Linear Ramp'로 지정합니다.

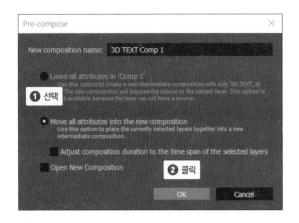

06 텍스트 레이어를 선택하고 마우스 오른쪽 버튼을 클릭한 다음 **Pre-compose**를 실행합니다. [Pre-compose] 대화상자가 표시되면 'Move all attributes into the new composition'을 선택하고 〈OK〉 버튼을 클릭합니다.

2 배경에 그러데이션 색상으로 입체감 표현하기

01 3D 텍스트 배경에 입체감을 나타내기 위해 'BG' 레이어를 선택한 다음 Effect Controls 패널에서 Start Color의 색상 상자를 클릭합니다.

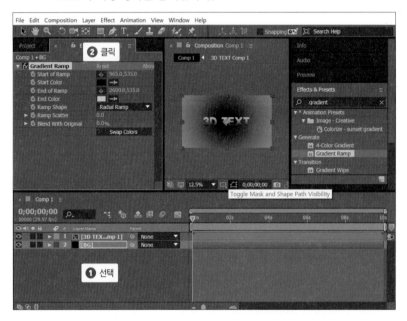

02 [Start Color] 대화상자가 표시되면 #에 '23000D'를 입력한 다음 〈OK〉 버튼을 클릭합니다.

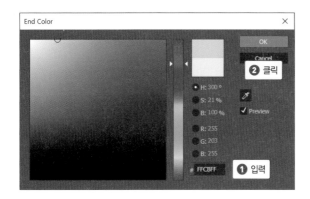

03 01번 과정처럼 Effect Controls 패널에서 End Color의 색상 상자를 클릭합니다. [End Color] 대화상자가 표시되면 #에 'FFCBFF'를 입력한 다음 〈OK〉 버튼을 클릭합니다.

04 Effects & Presets 패널에서 'Bevel Alpha' 이펙트를 검색한 다음 해당 이펙트를 텍스트에 드래그하여 적용합니다. '3D Layer' 아이콘(🔲)을 클릭해 3D 레이어를 활성화합니다.

③ 카메라 레이어 적용하기

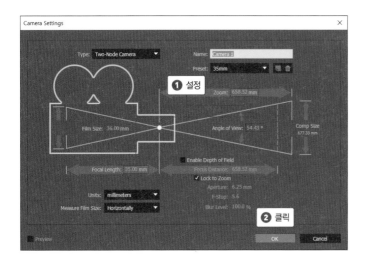

01 메뉴에서 [Layer] → New → Camera를 실행하여 카메라 레이어를 만듭니다. [Camera Settings] 대화상자가 표시되면 Zoom을 '658.52mm', Angle of View를 '54.43°', Focal Length를 '35mm'로 설정한 다음 〈OK〉 버튼을 클릭합니다.

02 메뉴에서 **[Layer]** → **New** → **Null Object**를 실행하여 'Null 1' 레이어를 추가합니다. 'Camera 1' 레이어의 로프(◎)를 'Null 1' 레이어로 드래그하여 연결합니다.

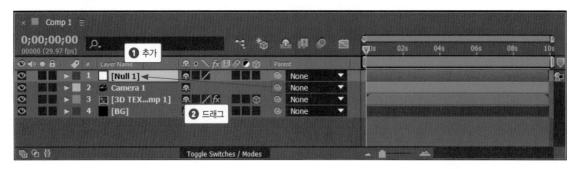

03 텍스트 레이어를 선택한 다음 Ctrl+D 키를 눌러 복제합니다. 복제된 레이어의 이름을 'DUP - TEXT'로 수정합니다.

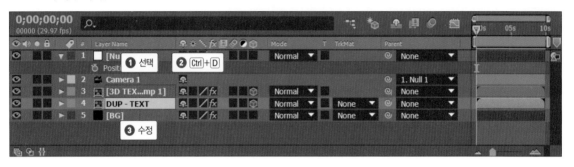

TIP 파일 확장자에 따라 Timeline 패널의 레이어 색이 달라집니다.

04 복제된 텍스트 레이어가 선택된 채 Bevel Alpha 이펙트를 삭제 하여 효과가 중복되지 않도록 합니다.

05 Ctrl+D 키를 10번 눌러 레이어를 복제합니다. Shift 키를 누른 채 복제된 레이어들을 선택하고 P 키를 눌러 Position 속성을 펼칩니다. Timeline 패널에서 Z를 다음과 같이 설정합니다.

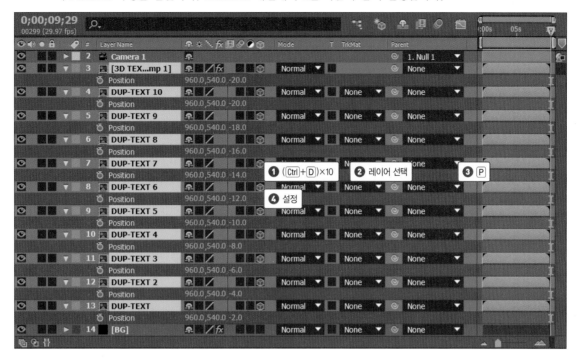

레이어별 Position Z 값
11: −20, 10: −20, 9: −18, 8: −16, 7: −14, 6: −12, 5: −10, 4: −8, 3: −6, 2: −4, 1: −2

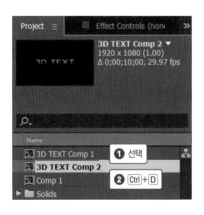

06 Project 패널에서 '3D TEXT comp 1' 컴포지션을 선택한 다음 Ctrl+D 키를 눌러 복제합니다.

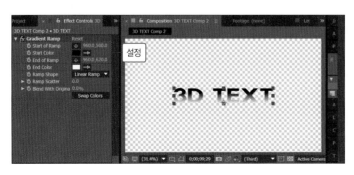

07 복제된 컴포지션이 선택된 채 Effect Controls 패널에서 Start of Ramp를 '960, 500', End of Ramp를 '960, 620'으로 설정합니다.

08 Timeline 패널에서 복제된 10개 레이어를 드래그하여 선택합니다. Alt 키를 누른 채 Project 패널의 '3D TEXT Comp 2' 컴포지션을 선택된 레이어 위로 드래그합니다.

TIP Alt 키를 누른 채 드래그하면 '3D TEXT Comp 2' 컴포지션의 효과가 적용됩니다.

09 'Null 1' 레이어를 선택한 다음 R 키를 누릅니다. Rotation 속성에서 Y Rotation의 스톱워치(⏱)를 눌러 키프레임을 추가합니다. 2초에서는 Y Rotation을 '0°', 4초에서는 다시 '0°'로 설정하여 마무리합니다.

10 O 또는 Spacebar 키를 눌러 램 프리뷰를 실행하여 영상을 확인합니다. 이처럼 여러 개의 레이어를 겹쳐서 3D 이미지를 만들고, Camera 레이어를 통해 돌아가는 이미지를 연출할 수 있습니다.

SECTION 02
After Effects CC 2018

Gradient Ramp로 입체 문자 만들기

애프터 이펙트의 기본 효과 중 Gradient Ramp 이펙트를 사용하여 텍스트에 그러데이션을 적용해서 입체감 있게 표현해 봅니다.

◉ **완성 파일 |** Part 1\Gradient ramp.aep

1 타이포그래피 디자인하기

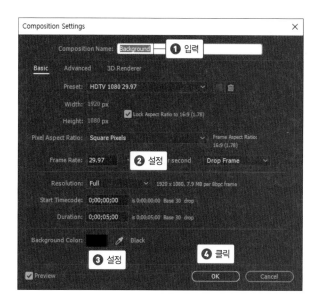

01 새 프로젝트를 만들고 Ctrl + N 키를 눌러 [Composition Settings] 대화상자에서 Composition Name을 'Background', Frame Rate를 '29.97', Duration을 '0;00;05;00'으로 설정한 다음 〈OK〉 버튼을 클릭합니다.

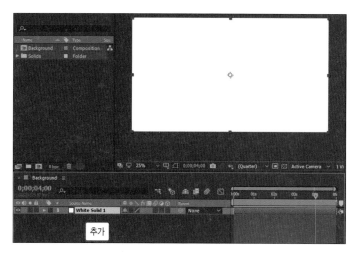

02 새로운 컴포지션이 만들어지면 메뉴에서 [Layer] → New → Solid(Ctrl + Y)를 실행하고 Color를 '흰색'으로 지정하여 다음과 같이 흰색 솔리드 레이어를 추가합니다.

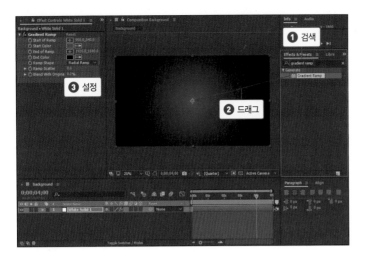

03 Effects & Presets 패널에서 'Gradient Ramp' 이펙트를 검색하고 화면에 드래그하여 적용합니다. Effect Controls 패널에서 Start of Ramp를 '960, 540', Start Color를 '파란색', End of Ramp를 '1920, 1080', End Color를 '검은색', Ramp Shape를 'Radial Ramp'로 설정합니다.

TIP Effects & Presets 패널에서 적용하려는 이펙트를 검색한 다음 드래그하거나 적용하려는 레이어가 선택된 상태에서 Enter 키를 눌러 간단하게 적용할 수 있습니다.

04 Ctrl+N 키를 눌러 새로운 컴포지션을 만듭니다. [Composition Settings] 대화상자에서 Composition Name에 'Final'을 입력하고 〈OK〉 버튼을 클릭합니다.

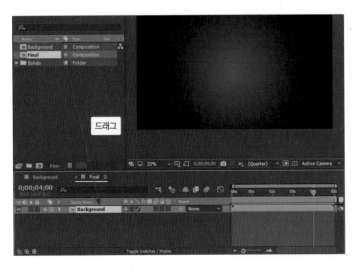

05 'Final' 컴포지션에 'Background' 컴포지션을 드래그하여 추가합니다.

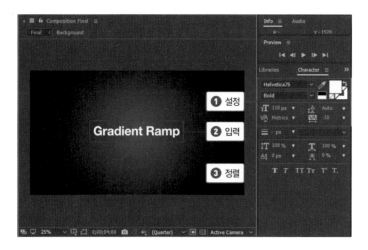

06 텍스트 레이어를 만든 다음 Character 패널에서 글꼴을 'Helvetica 75 / Bold', 글자 색을 '흰색', 글자 크기를 '110px'로 설정합니다.
파란색 그러데이션 배경에 'Gradient Ramp'를 입력하고 Align 패널을 이용해 텍스트를 화면 가운데에 정렬합니다.

TIP 글꼴은 원하는 대로 자유롭게 지정해도 좋습니다.

07 텍스트에 Gradient Ramp 이펙트를 적용합니다. 텍스트 가운데 흰색 그러데이션을 양끝으로 갈수록 회색으로 변화시키겠습니다.
Effect Controls 패널에서 Start of Ramp를 '960, 540', Start Color를 '흰색', End of Ramp를 '1300, 540', End Color를 '회색', Ramp Shape를 'Radial Ramp'로 설정합니다.

08 이펙트가 적용된 레이어에 모션을 적용하여 4초 동안 그러데이션 효과가 나타나도록 설정하겠습니다. 먼저 0초에서 End of Ramp 왼쪽의 스톱워치(⊙)를 눌러 활성화하고 수치를 '960,540'으로 설정합니다.

09 4초로 이동한 다음 End of Ramp를 '1300, 540'으로 설정하여 그러데이션 효과를 마무리합니다.

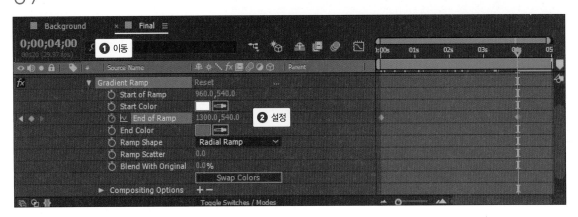

10 램 프리뷰를 실행하여 영상을 확인합니다. Gradient Ramp 이펙트는 평면적인 단순한 오브젝트를 입체감 있게 변화시킬 수 있는 장점이 있습니다. 따라서 단조로운 평면의 화면을 구현하였을 때 더욱 입체감 있는 영상물로 활용할 수 있습니다.

SECTION 03
After Effects CC 2018

Fade In & Out과 Fill Color Wipe로 텍스트 디자인하기

애프터 이펙트의 효과 중 간단하면서도 자주 활용하는 Fade In & Out 이펙트와 Fill Color Wipe 이펙트를 이용해 텍스트 타이틀을 제작해 봅니다.

▶ **완성 파일 |** Part 1\Fade color.aep

1 Fade In & Out 이펙트 적용하기

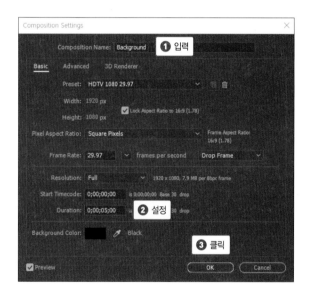

01 새 프로젝트를 만들고 **[Composition]** → **New Composition**(Ctrl+N)을 실행합니다. [Composition Settings] 대화상자에서 Composition Name에 'Background'를 입력하고 Duration을 '0;00;05;00'으로 설정한 다음 〈OK〉 버튼을 클릭하여 새로운 컴포지션을 만듭니다.

TIP 화면 크기나 프레임 레이트는 FHD 크기의 '29.97'로 지정하여 작업하지만, 프로젝트에 따라 원하는 크기로 구성해도 좋습니다.

02 Timeline 패널에서 마우스 오른쪽 버튼을 클릭하고 **New → Solid**를 실행합니다. [Solid Settings] 대화상자에서 Color를 '어두운 회색'으로 지정한 다음 〈OK〉 버튼을 클릭합니다.

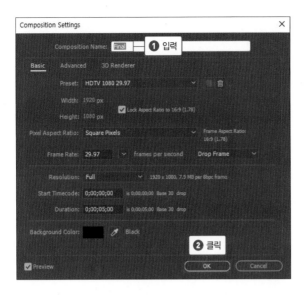

03 Ctrl+N 키를 눌러 [Composition Settings] 대화상자가 표시되면 Composition Name 에 'Final'을 입력하고 〈OK〉 버튼을 클릭하여 새로운 컴포지션을 만듭니다.

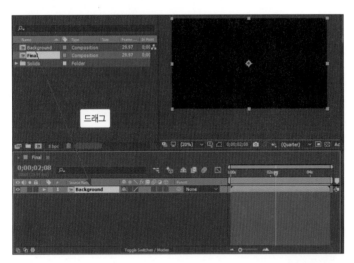

04 Project 패널에서 'Background' 컴포지션을 'Final' 컴포지션으로 드래그하여 배치합니다.

05 텍스트 레이어를 추가한 다음 Character 패널에서 글꼴을 'Tahoma', 글자 색을 '흰색', 글자 크기를 '81px'로 설정합니다. 화면을 클릭하고 'After Effect'를 입력합니다.

TIP 글꼴은 원하는 대로 자유롭게 지정해도 좋습니다.

06 텍스트를 화면에서 가운데 정렬하기 위해 Align 패널의 Align Layers to를 'Composition'으로 지정합니다. 'horizontal center alignment'와 'vertical center alignment' 아이콘을 클릭하여 화면 가운데에 배치합니다.

TIP Align Layers to 항목에서 'Composition(컴포지션)'을 기준으로 정렬할지, 'Selection(직접 선택한 레이어)'을 기준으로 정렬할지 선택할 수 있습니다.

07 Effects & Presets 패널에서 'Fade In+Out - frames'를 검색하고 Composition 패널의 화면에 드래그하여 이펙트를 적용합니다.

TIP Fade in/out 이펙트는 영상에서 자주 활용합니다. 예제처럼 다른 이펙트와 함께 이용하여 더욱 효과적으로 활용할 수 있습니다.

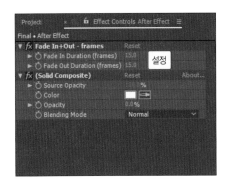

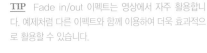

08 적용된 효과를 확인하면 다음과 같이 여러 항목들을 설정할 수 있습니다. Fade In/Out Duration (frames)를 각각 기본인 '15'로 설정합니다.

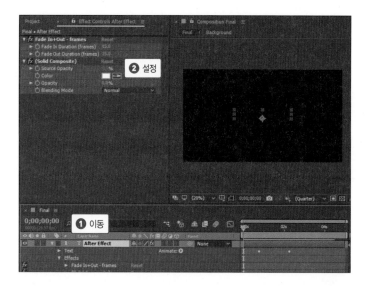

09 현재 시간 표시기를 0초로 이동하고 Effect Controls 패널에서 Source Opacity를 '0%'로 설정하여 시작 부분에서는 숨깁니다.

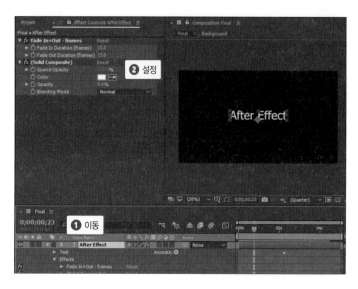

10 현재 시간 표시기를 23프레임으로 이동하고 Effect Controls 패널에서 Source Opacity를 '100%'로 설정합니다.

2 Fill Color Wipe 이펙트 적용하기

01 이번에는 Effect & Presets 패널에서 'Fill Color Wipe'를 검색하고 Composition 패널의 화면으로 드래그하여 이펙트를 적용합니다.

02 Fill Color Wipe 이펙트가 적용된 'After Effect' 레이어에 Animator 1/2 속성이 추가됩니다. 각 항목의
Fill Color를 이용해 색을 지정할 수 있습니다. 예제에서는 '진한 노란색'으로 지정했습니다.

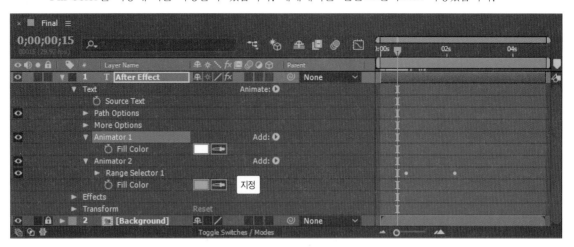

03 Timeline 패널에서 Text\
Animator 2\Range Selector 1
속성의 End를 설정하여 이펙트를 적용
합니다. 23프레임에서는 End를 '0%', 2
초 8프레임에서는 End를 '100%'로 설정
하여 마무리합니다.

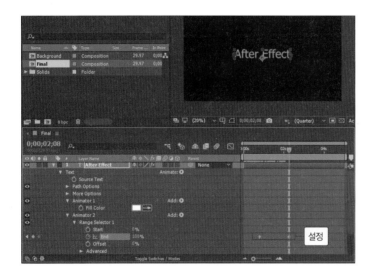

04 램 프리뷰를 실행하여 영상을 확인합니다. 텍스트 레이어가 서서히 나타나면서 글자별로 색이 적용됩니
다. 그리고 서서히 텍스트 레이어가 사라지면서 마무리되는 텍스트 타이틀 디자인입니다.

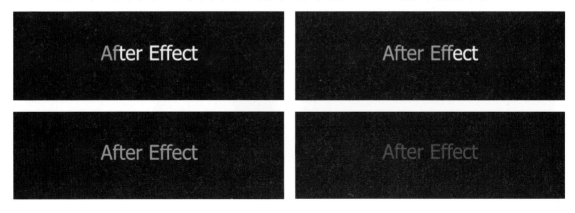

SECTION 04
After Effects CC 2018

Light Sweep 이펙트로 일부분만 조명 비추기

Light Sweep 이펙트를 이용하여 자막과도 같은 모션 그래픽을 제작해 봅니다. 간단한 방법으로 Lens Flare 이펙트와는 다른 느낌을 줍니다. 특히 특정 텍스트 위에서 원하는 부분만 강조하여 보여주는 움직임(서치라이트로 비추는 듯한)을 연출하는 데 큰 도움이 됩니다.

▶ **완성 파일 |** Part 1\Light sweep.aep

1 타이포그래피 디자인하기

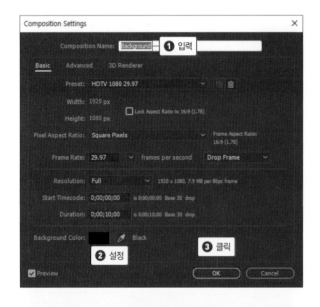

01 새 프로젝트를 만들고 **[Composition]** → **New Composition**(Ctrl+N)을 실행합니다. [Composition Settings] 대화상자에서 Com-position Name에 'Background'를 입력하고 Duration을 '0;00;10;00'으로 설정한 다음 〈OK〉 버튼을 클릭하여 새로운 컴포지션을 만듭니다.

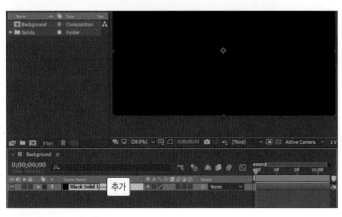

02 Ctrl+Y 키를 눌러 검은색 솔리드 레이어를 추가해서 배경을 만듭니다.

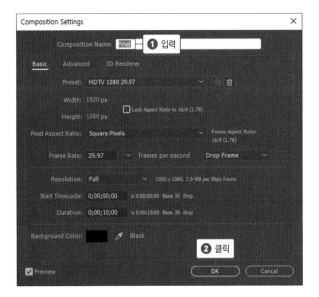

03 Ctrl+N 키를 눌러 표시된 [Composition Settings] 대화상자에서 Composition Name에 'Final'을 입력하고 〈OK〉 버튼을 클릭하여 컴포지션을 만듭니다.

04 새 컴포지션에 'Background' 컴포지션을 배치합니다.

05 텍스트 레이어를 추가하고 Character 패널에서 글꼴을 'Helvetica Neue LT black', 글자 색을 '검은색', 글자 크기를 '108px'로 설정합니다. 화면에 'CC LIGHT SWEEP'를 입력하고 Align 패널을 이용하여 텍스트를 가운데 정렬합니다.

2 CC Light Sweep 이펙트 적용하기

01 Effects & Presets 패널에서 'CC Light Sweep' 이펙트를 검색한 다음 텍스트에 드래그하여 이펙트를 적용합니다.

02 적용된 효과를 확인하면 왼쪽에서 오른쪽으로 조명이 이동하면서 텍스트가 나타납니다.

TIP CC Light Sweep 이펙트는 특정 부분만 나타내는 효과입니다.

03 현재 시간 표시기를 0초로 이동합니다.
Effect Controls 패널에서 CC Light Sweep 속성의 Center를 '285.2, 270', Direction을 '-30°'로 설정합니다. 각각 키프레임을 만듭니다.
Shape를 'Sharp', Width를 '60', Sweep Intensity를 '25', Edge Intensity를 '100', Edge Thickness를 '20', Light Color를 '흰색', Light Reception을 'Add'로 지정합니다.

04 현재 시간 표시기를 9초 29프레임으로 이동합니다.

05 Effect Controls 패널에서 CC Light Sweep 이펙트의 Center를 '1497.3, 270', Direction을 '30"'로 설정합니다.

06 램 프리뷰를 실행하면 서치라이트가 텍스트를 비추는 것처럼 특정 영역만 보여주면서 이동합니다. 또한, Direction에도 애니메이션을 구현했으므로 조명이 비추는 영역의 각도가 왼쪽에서 오른쪽으로 움직이는 것처럼 보입니다.

TIP CC Light Sweep 이펙트는 시청자가 천천히 집중하며 보았으면 하는 요소에 사용하면 효과적입니다.

3 텍스트 색상 변경하기

01 'CC Light Sweep 1' 레이어를 선택하고 Ctrl + D 키를 눌러 복제하여 'CC Light Sweep 2' 레이어를 만듭니다. 해당 레이어의 글자 색을 '짙은 노란색'으로 지정합니다.

TIP 글자 색은 Character 패널에서 지정합니다.

02 'CC Light Sweep 1' 레이어의 Track Matte를 'Luma Matte "CC Light Sweep 2"'로 지정합니다. 'CC Light Sweep 1' 레이어의 Parent를 'CC Light Sweep 2'로 지정하여 동일하게 이동 및 편집합니다. 자동으로 'CC Light Sweep 2' 레이어가 영상에서 나타나지 않도록 눈 아이콘(◉)을 클릭하여 비활성화하여 마무리합니다.

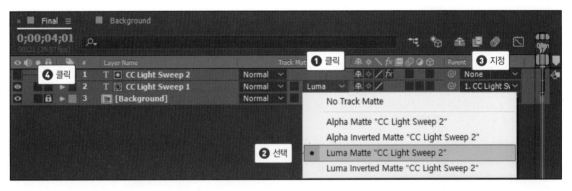

03 램 프리뷰를 실행하여 영상을 확인합니다. 텍스트를 비추는 조명이 왼쪽에서 오른쪽으로 천천히 이동해 강조합니다. 시청자는 좀 더 집중하면서 텍스트 타이틀을 확인할 수 있습니다.

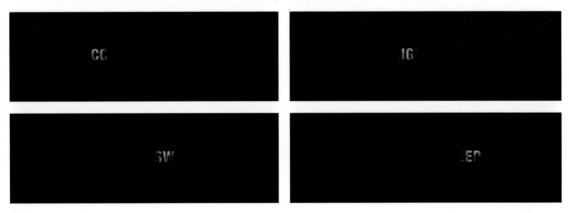

CC Sphere로 회전하는 지구본 만들기

CC Sphere 이펙트는 평면 오브젝트를 구로 만들어 입체화하는 효과입니다. 이 기능을 이용하여 지구본을 만들고 애니메이션을 이용하여 회전해 봅니다.

◉ **예제 파일 l** Part 1\Worldmap.ai   ◉ **완성 파일 l** Part 1\Sphere.aep

1 세계 지도 이미지 불러오기

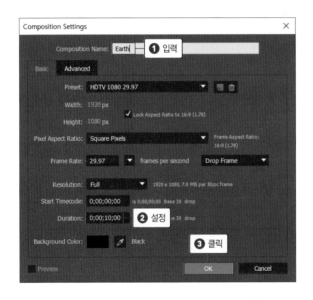

01 새 프로젝트를 만들고 [Composition] → New Composition(Ctrl+N)을 실행합니다. [Composition Settings] 대화상자에서 Composition Name에 'Earth'를 입력하고 Duration을 '0;00;10;00'으로 설정한 다음 〈OK〉 버튼을 클릭하여 새로운 컴포지션을 만듭니다.

02 Ctrl+Y 키를 눌러 [Solid Settings] 대화상자에서 Name에 'Ocean'을 입력한 다음 지구본의 바다 부분에 해당하도록 Color를 '파란색(#3974D5)'으로 설정하고 〈OK〉 버튼을 클릭합니다.

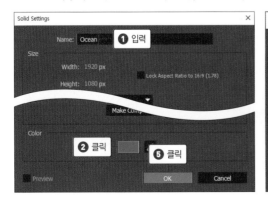

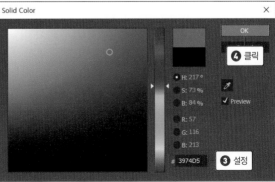

03 [File] → Import → File(Ctrl +Ⅰ)
을 실행한 다음 Part 1 폴더
에서 'Wolrdmap.ai' 파일을 불러오고
Timeline 패널로 드래그해 배치합니다.

② 평면 이미지를 구로 만들기

01 새 컴포지션을 만들기 위해 Ctrl + N 키를 누
릅니다. [Composition Settings] 대화상자
에서 Composition Name에 'Master'를 입력하고
〈OK〉 버튼을 클릭합니다.

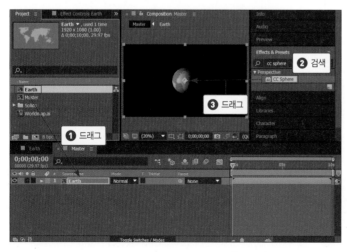

02 'Master' 컴포지션에 'Earth' 컴
포지션을 드래그합니다. Effects
& Presets 패널에서 'CC Sphere'를 검
색하고 지구본에 드래그해 이펙트를 적
용합니다.

03 Effect Controls 패널에서 Radius를 '450'으로 설정하여 지
구본 크기를 지정합니다. Light 속성의 Light Intensity를
'110'으로 설정해서 빛의 양을 조정하고 Light Height를 '60'으로 설정
하여 빛의 방향점을 조정합니다. Light Direction을 '−65°'로 설정해
빛이 들어오는 각도를 지정합니다.

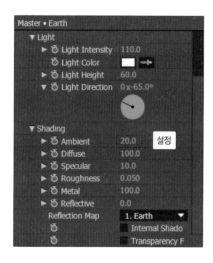

04 Shading 속성의 Ambient를 '20'으로 설정하여 빛의 확산 정
도를 조정합니다.

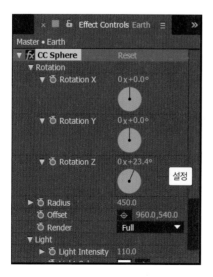

05 지구의 자전축 기울기를 지정하기 위해 Rotation Z를 '23.4°'
로 설정합니다.

06 현재 시간 표시기를 0초로 이동합니다.

07 Effect Controls 패널에서 Rotation Y 왼쪽의 스톱워치(⏱)를 눌러 활성화합니다.

08 현재 시간 표시기를 4초로 이동합니다.

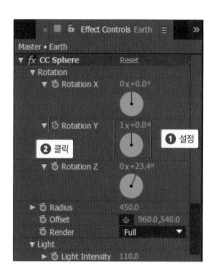

09 Effect Controls 패널에서 Rotation Y를 '0°'로 설정하고 키 프레임을 추가합니다.

10 Work Area End를 4초로 이동하고 램 프리뷰를 확인하면 회전하는 지구를 볼 수 있습니다.

SECTION 06
After Effects CC 2018

불꽃 애니메이션 제작하기

애프터 이펙트에서 가장 많이 이용하는 효과 중 하나인 파티클(Particle)을 응용하여 불꽃 모양을 만들어 봅니다. CC Particle World 이펙트를 적용하여 다양한 불꽃 애니메이션을 만들 수 있습니다.

▶ **완성 파일 ❙** Part 1\Fire.aep

1 불꽃 디자인하기

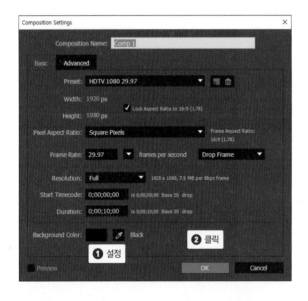

01 새 프로젝트를 만들고 메뉴에서 [Com-position] → New Composition(Ctrl+N)을 실행합니다.
[Composition Settings] 대화상자가 표시되면 Duration을 '0;00;10;00'으로 설정한 다음 〈OK〉 버튼을 클릭합니다.

02 Ctrl+Y 키를 눌러 검은색 솔리드 레이어를 추가합니다.

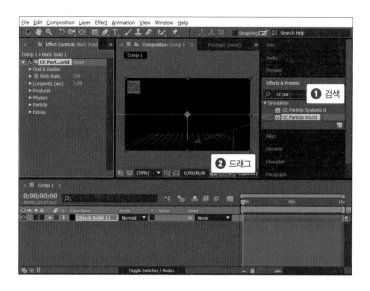

03 Effects & Presets 패널에서 CC Particle World 이펙트를 검색한 다음 화면으로 드래그하여 적용합니다.

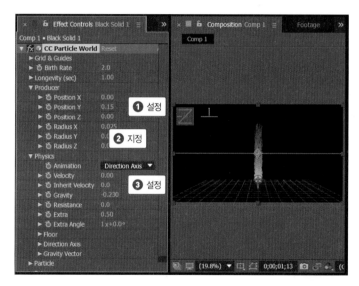

04 Effect Controls 패널에서 CC Particle World 속성을 펼칩니다. Producer 속성의 Position Y를 '0.15', Physics 속성의 Animation을 'Direction Axis', Velocity를 '0', Gravity를 '-0.23'으로 설정합니다.

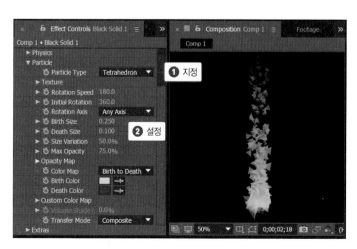

05 불꽃을 자연스럽게 표현하기 위해 Particle 속성의 Particle Type을 'Tetrahedron'으로 지정한 다음 Death Size를 '0.1'로 설정합니다.

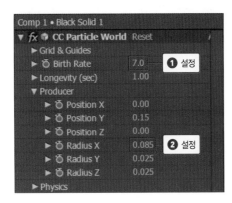

06 불꽃이 더욱 활활 타오르도록 Birth Rate를 '7'로 설정하고 Producer 속성의 Radius X를 '0.085'로 설정합니다.

2 활활 타오르는 불꽃 만들기

01 새 컴포지션을 추가하기 위해 Project 패널에서 마우스 오른쪽 버튼을 클릭하고 **New Composition**을 실행합니다.

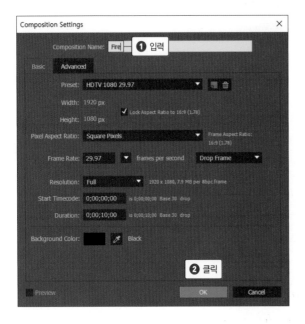

02 [Composition Settings] 대화상자에서 Composition Name에 'Fire'를 입력하고 〈OK〉 버튼을 클릭합니다.

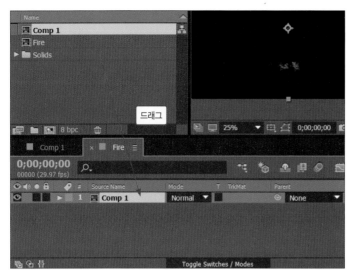

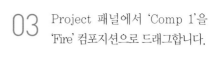

03 Project 패널에서 'Comp 1'을 'Fire' 컴포지션으로 드래그합니다.

04 'Comp 1' 레이어가 선택된 상태에서 Ctrl+C, Ctrl+V 키를 눌러 복제합니다.

05 Effects & Presets 패널에서 'Fast Blur'를 검색하고 레이어에 드래그해 이펙트를 적용합니다.
Effect Controls 패널에서 Blurriness를 '80'으로 설정합니다.

06 Timeline 패널에서 복제된 위쪽 레이어의 Mode를 'Screen'으로 지정합니다. Ctrl+D 키를 눌러 다시 한 번 복제한 다음 레이어 이름을 'Turb Dis.'로 수정합니다.

TIP 레이어 이름을 변경하기 위해서는 먼저 레이어를 선택한 다음 마우스 오른쪽 버튼을 클릭하고 Rename을 실행합니다.

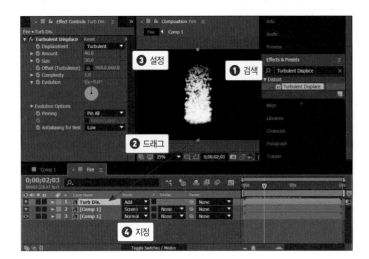

07 Effects & Presets 패널에서 'Turbulent Displace'를 검색한 다음 'Turb Dis.' 레이어에 드래그하여 적용합니다.

Effect Controls 패널에서 Amount를 '40', Size를 '30', Offset을 '960, 660'으로 설정합니다.

Timeline 패널에서 'Turb Dis.' 레이어의 Mode를 'Add'로 지정합니다.

08 Timeline 패널에서 마우스 오른쪽 버튼을 클릭한 다음 New → Adjustment Layer를 실행하여 보정 레이어를 추가합니다.

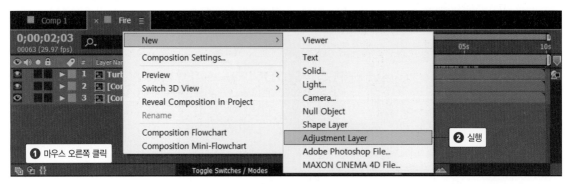

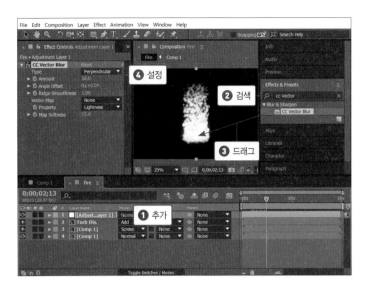

09 Timeline 패널에서 마우스 오른쪽 버튼을 클릭한 다음 **New → Adjustment Layer**를 실행하여 보정 레이어를 추가합니다.

Effects & Presets 패널에서 CC Vector Blur 이펙트를 검색하고 'Adjustment Layer' 레이어에 드래그해 적용합니다. Effect Controls 패널의 CC Vector Blur 속성에서 Type을 'Perpendicular', Amount를 '20'으로 설정합니다.

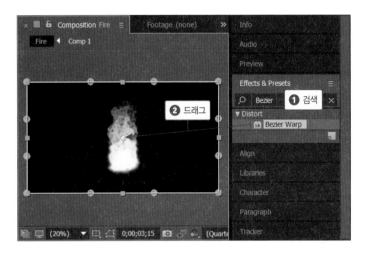

10 Effects & Presets 패널에서 'Bezier Warp'를 검색합니다. Composition 패널의 불꽃에 드래그하여 이펙트를 적용합니다.

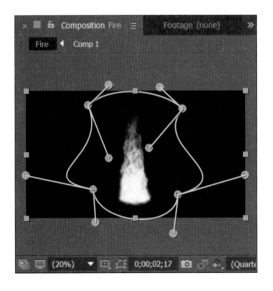

11 Composition 패널에서 고정점을 조정하여 불꽃 모양을 자연스럽게 변형해서 마무리합니다. 램 프리뷰를 실행하여 영상을 확인하면 불꽃이 이글이글 타오릅니다.

SECTION 07
After Effects CC 2018

Tint로 다채로운 색상의 배경 만들기

Tint 기능을 활용하면 포토샵처럼 기존 오브젝트나 레이어 색을 원하는 대로 변경할 수 있습니다. 이번에는 배경 효과를 다른 색상으로 바꿔 다채롭게 표현해 봅니다.

▶ **완성 파일 |** Part 1\Color correction.aep

1 Cosmic Power와 Tint 이펙트 적용하기

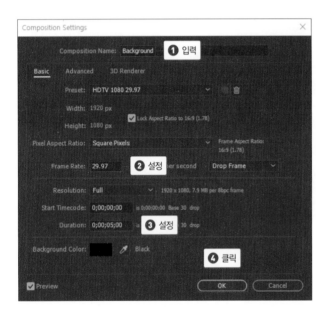

01 새 프로젝트를 만들고 Ctrl+N 키를 눌러 컴포지션을 만듭니다. [Composition Settings] 대화상자에서 Composition Name에 'Background'를 입력하고 Frame Rate를 '29.97', Duration을 '0;00;05;00'으로 설정한 다음 〈OK〉 버튼을 클릭합니다.

02 'Background' 컴포지션에 'Cosmic power' 이름의 검은색 솔리드 레이어를 추가합니다.

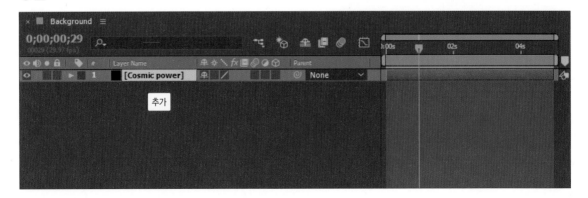

03 Effects & Presets 패널에서 'Cosmic Power' 이펙트를 검색하고 솔리드 레이어에 드래그하여 적용합니다.

램 프리뷰를 실행하면 영상에서 파란색과 검은색 배경을 확인할 수 있습니다.

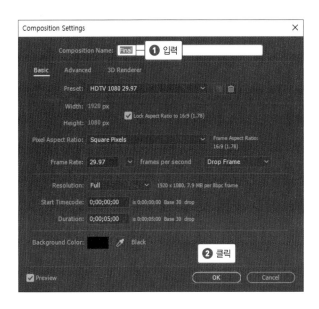

04 Ctrl+N 키를 눌러 새로운 컴포지션을 만듭니다. [Composition Settings] 대화상자에서 Composition Name에 'Final'을 입력하고 〈OK〉 버튼을 클릭합니다.

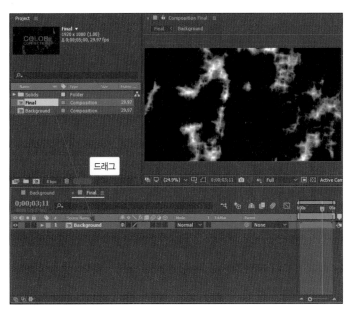

05 Project 패널의 'Background' 컴포지션을 'Final' 컴포지션에 드래그하여 삽입합니다.

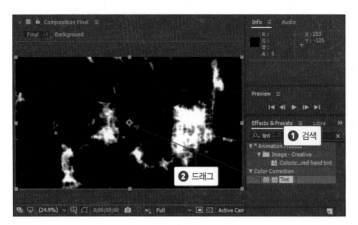

06 Effects & Presets 패널에서 'Tint' 이펙트를 검색하고 배경에 드래그하여 적용합니다.

TIP 메뉴에서 [Effect] → Color Correction을 실행해 다양한 이펙트를 적용할 수도 있습니다.

2 다채로운 색상 적용하기

01 Effect Controls 패널에서 Tint 이펙트의 색상을 설정하기 위해 Map Black To를 '검은색', Map White To를 '빨간색'으로 지정합니다.

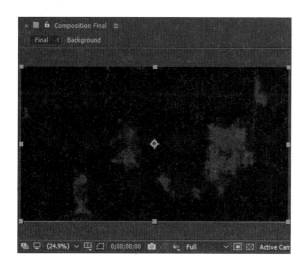

02 램 프리뷰를 실행하여 영상을 확인하면 배경이 빨간색과 검은색으로 변경됩니다.

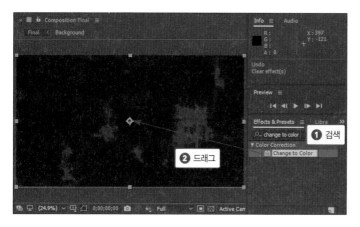

03 Effects & Presets 패널에서 'Change to Color' 이펙트를 검색하고 배경에 드래그하여 적용합니다.

① 검색

② 드래그

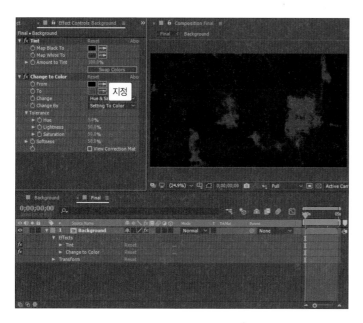

04 Effect Controls 패널에서 Change to Color 이펙트의 To를 Tint 이펙트의 Map White To와 같은 '빨간색'으로 지정합니다. 영상의 배경이 검은색에서 붉게 변경됩니다.

지정

TIP From은 변경할 색상을 오브젝트에서 선택하는 것으로 선택한 오브젝트의 색상이 To에서 적용한 색상으로 변경될 것을 의미합니다.

05 Timeline 패널에서 Change to Color 속성의 To 왼쪽 스톱워치(⏱)를 눌러 키프레임을 추가하고 1초 간
격으로 키프레임을 적용합니다.

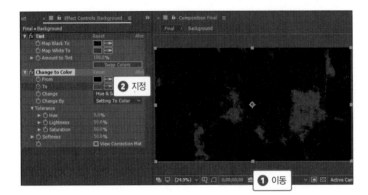

06 0초로 이동한 다음 Change to
Color 이펙트의 To를 '빨간색'으
로 지정합니다.

07 1초로 이동한 다음 Change to Color 이펙트에서 To를 '흰색'으
로 지정합니다.

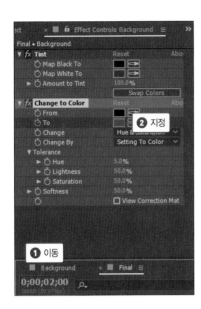

08 2초로 이동한 다음 Change to Color 이펙트의 To를 '파란색'으로 지정합니다.

09 3초로 이동한 다음 Change to Color 이펙트의 To를 '연두색'으로 지정합니다.

10 4초로 이동한 다음 Change to Color 이펙트의 To를 '노란색'으로 지정합니다.

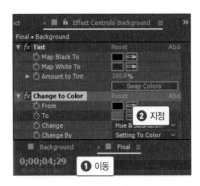

11 4초 29프레임(영상의 끝)으로 이동한 다음 Change to Color 이펙트의 To를 '자주색'으로 지정하여 색상 설정을 마칩니다.

12 텍스트 레이어를 추가한 다음 'COLOR CORRECTION'을 입력합니다. 'Fill Color Wipe' 이펙트를 검색하고 드래그하여 적용합니다.

TIP 예제에서는 글꼴을 'Helvetica75', 글자 크기는 '윗줄 – 294px', '아랫줄 – 155px'로 설정했습니다.

13 0초에서는 Animator 2\Range Selector 1의 End 왼쪽 스톱워치(⏱)를 눌러 활성화하고 수치를 '0%'로 설정합니다. 4초에서는 Animator 2\Range Selector 1의 End를 '100%'로 설정하여 마무리합니다.

14 램 프리뷰를 실행하여 영상을 확인합니다. 1초 간격으로 영상의 배경색이 달라지며, 글자 색 역시 왼쪽에서 오른쪽으로 순차적으로 변경됩니다.

TIP 포토샵처럼 애프터 이펙트에서도 Color Correction 기능을 이용해 오브젝트 색상을 변경할 수 있으며, Auto Level이나 Auto Contrast 기능도 이용 가능합니다.

SECTION 08

After Effects CC 2018

Pixel Polly를 이용해 텍스트 효과 연출하기

애프터 이펙트에서 기본으로 제공하는 이펙트들을 활용하여 영상을 더욱 풍성하게 보여줄 수 있습니다.
기본 효과 중 하나인 픽셀 폴리 이펙트를 이용해 텍스트를 제작해 보겠습니다.

◐ 완성 파일 I Part 1\Pixel polly.aep

1 텍스트에 레이어 스타일 적용하기

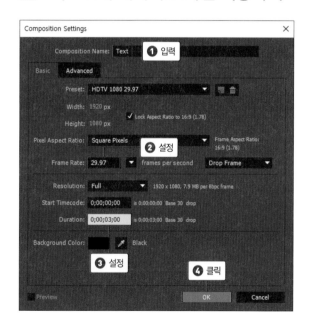

01 새 프로젝트를 만들고 Ctrl+N 키를 눌러 새
로운 컴포지션을 만듭니다. [Composition
Settings] 대화상자에서 Composition Name을
'Text', Frame Rate는 FHD 크기에 알맞은 '29.97',
Duration은 '0;00;03;00'으로 설정하고 〈OK〉 버튼
을 클릭합니다.

TIP 프로젝트에 따라 알맞은 크기의 컴포지션을 만듭니다. 영상 크기를
설정할 때 'Lock Aspect Ratio'의 체크 표시를 해제합니다. 해당 옵션을
체크 표시하면 가로 비율에 따라 세로 비율이 달라집니다.
애프터 이펙트에서 시간은 0:00:00:00으로 구성되며, 0;00;3;00으로 설
정해야 3초가 됩니다. 이때 맨 뒷자리 '00'은 초보다 작은 단위인 0.1초,
0.001초이므로 유의합니다. 간혹 3초짜리로 작업하여 0.3으로 렌더링하
는 경우가 있기 때문입니다.

02 텍스트를 디자인하기 위해 Timeline 패널에서 마우스 오른쪽 버튼을 클릭하고 **New → Text**를 실행하여
텍스트 레이어를 만듭니다.

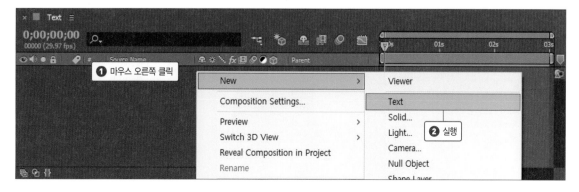

03 Composition 패널의 화면을 클릭한 다음 'HELLO, WORLD!'를 입력합니다. 텍스트를 선택한 다음 Character 패널에서 글꼴을 'Koverwatch', 글자 크기를 '200px'로 설정하고 'Bold'와 'Italic' 스타일을 적용합니다.

TIP 문구나 색상, 크기는 원하는 대로 입력해도 좋습니다. Character 패널 아랫부분에서 'Faux Bold', 'Faux Italic' 아이콘을 각각 클릭하여 텍스트에 볼드와 이탤릭 스타일을 적용할 수 있습니다.

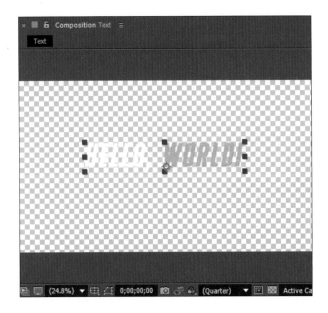

04 Character 패널을 이용하여 'HELLO'는 흰색, 'WORLD!'는 노란색을 적용합니다.

05 텍스트에 입체감을 나타내기 위해 Composition 패널의 텍스트에서 마우스 오른쪽 버튼을 클릭하고 **Layer Styles → Drop Shadow**를 실행합니다.

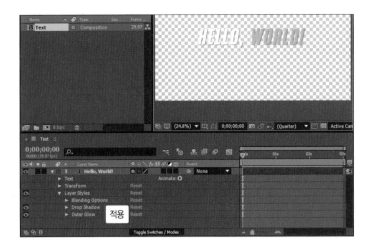

06 이전 과정처럼 Outer Glow 스타일도 적용하여 텍스트를 디자인합니다.

2 Pixel Polly 이펙트 적용하기

01 Ctrl+N 키를 눌러 [Composition Settings] 대화상자가 표시되면 Composition Name에 'Text Effect'를 입력하고 〈OK〉 버튼을 클릭하여 새로운 컴포지션을 만듭니다.

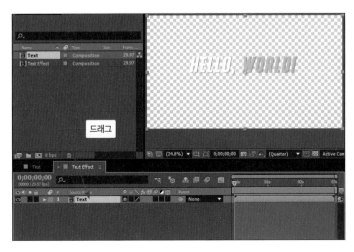

02 Text Effect 컴포지션 안에 이전 과정에서 만든 'Text' 컴포지션을 드래그하여 배치합니다.

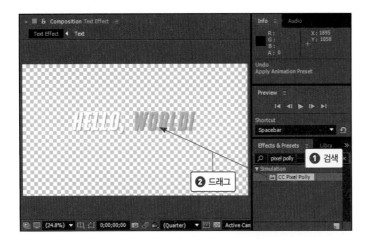

03 Effects & Presets 패널에서 'CC Pixel Polly' 이펙트를 검색하고 'HELLO, WORLD!' 텍스트로 드래그하여 이펙트를 적용합니다.

TIP 메뉴에서 [Effect] → Simulation → CC Pixel Polly를 실행하여 이펙트를 적용할 수도 있습니다.

04 Effect Controls 패널에서 CC Pixel Polly의 Force를 '250', Gravity를 '0', Spinning을 '0°', Grid Spacing을 '1'로 설정합니다.

TIP Effect Controls 패널에서 Pixel Polly 이펙트의 강도, 회전 각도, 깨지는 효과의 파티클 크기 등을 설정할 수 있습니다. Gravity 수치가 클수록 효과가 적용된 항목은 화면 아래로 빠르게 내려갑니다. 직접 여러 속성 등을 설정하면서 그 차이를 확인해 보세요.

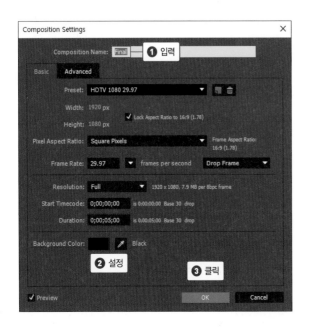

05 Ctrl+N 키를 눌러 새로운 컴포지션을 만듭니다. [Composition Settings] 대화상자에서 Composition Name에 'Final'을 입력하고 Duration을 '0;00;05;00'으로 설정한 다음 〈OK〉 버튼을 클릭하여 새로운 컴포지션을 5초 길이로 만듭니다.

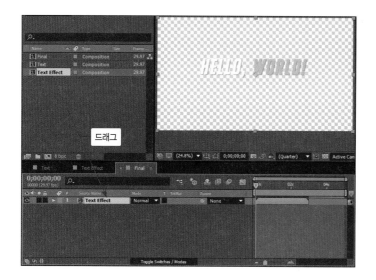

06 Project 패널에서 'Final' 컴포지션에 'Text Effect' 컴포지션을 드래그합니다.

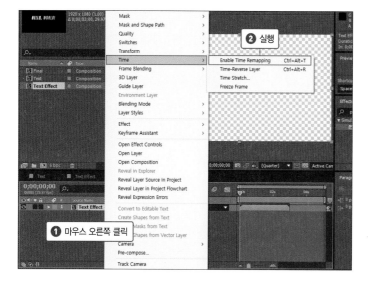

07 'Text Effect' 레이어에서 마우스 오른쪽 버튼을 클릭한 다음 **Time → Enable Time Remapping**(Ctrl + Alt + T)을 실행합니다.

TIP Pixel Polly 이펙트의 시간을 설정하기 위해 Enable Time Remapping을 실행합니다.

08 Shift 키를 누른 채 0초의 키프레임을 'Text Effect' 레이어 오른쪽 끝으로 위치시키고, 오른쪽 끝에 위치한 키프레임을 'Text Effect' 레이어의 0초로 이동하여 반대로 배치합니다.

TIP Time Remap의 키프레임을 움직여 Pixel Polly 이펙트의 시작 및 종료 시간을 설정할 수 있습니다. 양쪽의 키프레임을 반대로 위치시켜 텍스트가 깨지는 효과가 아닌, 조각이 모여 텍스트가 이루어지는 효과로 변형할 수 있습니다.

09 0 키를 눌러 램 프리뷰를 통해 영상을 확인하면 텍스트가 깨지던 이펙트 반대로 텍스트 조각이 모여 텍스트가 만들어지는 영상으로 변환된 것을 확인할 수 있습니다.

10 'Text Effect' 레이어의 타임라인 오른쪽 끝부분을 오른쪽으로 드래그하여 늘려 5초까지 확장해서 텍스트가 영상 끝까지 나타나도록 합니다.

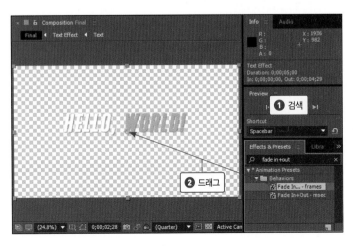

11 좀 더 부드러운 영상미를 위해 Effects & Presets 패널에서 'Fade In+Out – frames' 이펙트를 검색하고 해당 이펙트를 텍스트에 드래그하여 적용합니다.

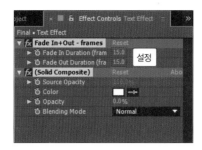

12 Effect Controls 패널에서 Fade In Duration과 Fade Out Duration을 각각 '15'로 설정하여 이펙트의 강도를 설정합니다.

13 텍스트의 배경을 만들기 위해 Timeline 패널에서 마우스 오른쪽 버튼을 클릭하고 **New → Solid**를 실행합니다.

14 [Solid Settings] 대화상자에서 Color를 'Dark Gray'로 지정하고 〈OK〉 버튼을 클릭합니다.
컴포지션 화면에서 완성된 영상을 확인합니다.

15 램 프리뷰를 실행하여 영상을 확인합니다.
Pixel Polly 이펙트는 로고나 이미지, 텍스트 등에 보편적으로 사용하는 효과입니다. 다른 효과들과 연계하여 사용하면 영상을 좀 더 효과적으로 보여줄 수 있으므로 다양한 기법으로 활용하세요.

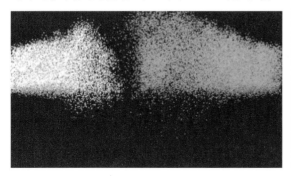

Mask와 Lens Flare를 이용해 텍스트 디자인하기

렌즈 플레어 이펙트는 오브젝트의 빛 반사를 활용한 효과입니다. 텍스트에 마스크와 더불어 렌즈 플레어 이펙트를 적용해 봅니다.

▶ **예제 파일** | Part 1\Pixel polly.aep   ▶ **완성 파일** | Part 1\Lens flare.aep

1 배경에 마스크와 그러데이션 적용하기

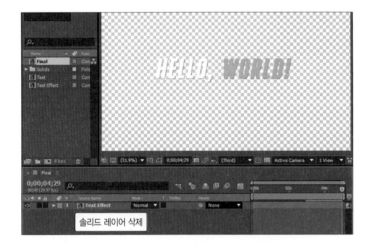

솔리드 레이어 삭제

01 Part 1 폴더에서 'Pixel polly. aep' 파일을 불러옵니다.
새로운 배경을 추가하기 위해 Timeline 패널에서 솔리드 배경인 'Dark Gray Solid 1' 레이어를 선택하고 Delete 키를 눌러 삭제합니다.

02 Ctrl+N 키를 눌러 새로운 컴포지션을 만듭니다. [Composition Settings] 대화상자에서 Composition Name을 'Background', Duration을 '0;00;05;00'으로 설정하고 〈OK〉 버튼을 클릭합니다.

03 'Background' 컴포지션에서 [Ctrl]+[Y] 키를 눌러 [Solid Settings] 대화상자에서 Color를 'White'로 설정하고 〈OK〉 버튼을 클릭하여 흰색 솔리드 레이어를 추가합니다.

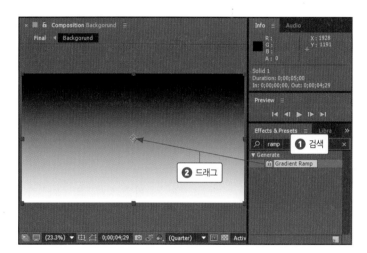

04 Effects & Presets 패널에서 'Gradient Ramp'를 검색하고 솔리드 레이어에 해당 이펙트를 드래그하여 적용합니다.

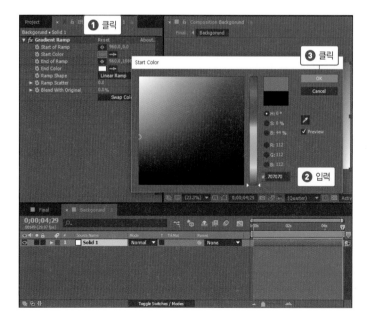

05 Effect Controls 패널에서 Start Color의 색상 상자를 클릭합니다.

[Start Color] 대화상자가 표시되면 #에 '707070'을 입력하고 〈OK〉 버튼을 클릭하여 그러데이션 색상을 설정합니다.

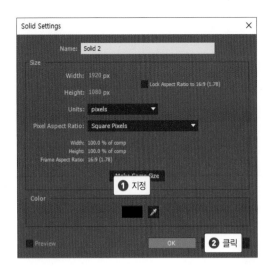

06 Ctrl+Y 키를 눌러 [Solid Settings] 대화상자가 표시되면 Color를 'Black'으로 지정하고 〈OK〉 버튼을 클릭하여 새로운 솔리드 레이어를 추가합니다.

07 Timeline 패널의 'Solid 2' 레이어에서 마우스 오른쪽 버튼을 클릭하고 Mask → New Mask(Ctrl+Shift+N)를 실행하여 마스크를 적용합니다.

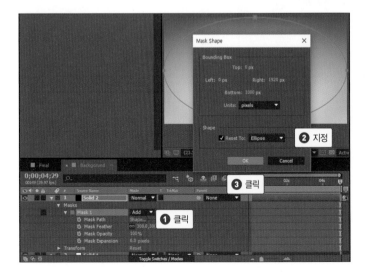

08 Timeline 패널의 Mask 1 속성에서 Mask Path의 'Shape'를 클릭합니다.
[Mask Shape] 대화상자가 표시되면 Shape의 Reset To를 'Ellipse'로 지정하고 〈OK〉 버튼을 클릭하여 마스크 형태를 원형으로 변경합니다.

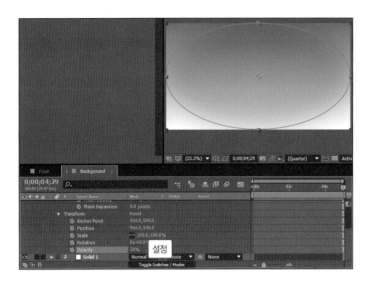

09 'Solid 2' 레이어의 Transform 속성에서 Opacity를 '20%'로 설정하여 마스크를 불투명하게 만듭니다.

10 Ctrl+Y 키를 눌러 [Solid Settings] 대화상자가 표시되면 Color를 'White'로 지정하고 〈OK〉 버튼을 클릭하여 새로운 솔리드 레이어를 만듭니다.

11 Ctrl+Shift+N 키를 눌러 솔리드 레이어에 마스크를 적용합니다.

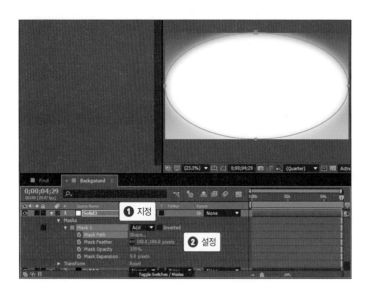

12 Timeline 패널의 Mask 1 속성에서 Mask Path의 'Shape'를 클릭합니다. [Mask Shape] 대화상자가 표시되면 Shape 항목의 Reset To를 'Ellipse'로 지정하고 〈OK〉 버튼을 클릭합니다.

Mask Feather를 '100, 100pixels'로 설정합니다.

13 컴포지션 화면에서 조절점을 이동하여 다음과 같이 아랫부분에 반사된 빛처럼 연출합니다.

14 Ctrl+Y 키를 눌러 [Solid Settings] 대화상자가 표시되면 〈OK〉 버튼을 클릭하여 새로운 솔리드 레이어를 만듭니다.

15 11~12번 과정을 참고해 원형 마 스크를 적용하고 Mask Feather 를 '150, 150pixels'로 설정합니다.

16 Composition 패널에서 마스크 형태를 다음과 같이 조정하여 그러데이션이 적용된 배경을 완성합니다.

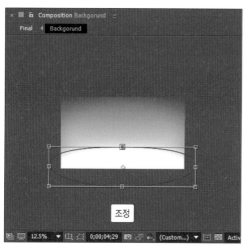

17 흑백 그러데이션 색상을 수정 하기 위해 Timeline 패널에 서 'Solid 1' 레이어의 Start Color를 '#A7C1D9', End Color를 '#FFFFFF'로 설정합니다.

TIP Start/End Color의 색상 상자를 클릭해 표시되는 [Start/End Color] 대화상자에서 직접 색상 값을 입력하 여 그러데이션의 시작과 끝 색상을 설정할 수 있습니다.

18 Project 패널에서 완성된 'Back
-ground' 컴포지션을 'Final' 컴
포지션으로 드래그합니다.

TIP 일반 레이어처럼 'Background' 레이어는 'Text
Effect' 레이어 아래에 위치해야 'HELLO, WORLD!' 텍
스트를 가리지 않습니다.

2 Lens Flare 이펙트 적용하기

01 'Text' 컴포지션을 선택한 다
음 Align 패널의 'horizontal
center alignment'와 'vertical center
alignment' 아이콘을 클릭하여 텍스트
를 화면 가운데에 정렬합니다.

TIP 텍스트를 화면 가운데에 정확히 배치하거나 원하
는 대로 정렬하고 싶다면 Align 패널을 이용하면 편리합
니다.

02 텍스트에 반사되는 빛을 표현하
기 위해 Effects & Presets 패
널에서 'Lens Flare'를 검색하고 텍스트
에 드래그하여 적용합니다.

03 텍스트가 왼쪽에서 오른쪽으로 이동하며 긁는 듯한 효과를 연출을 위해 먼저 2초 28프레임에서 Flare
    Center 왼쪽의 스톱워치(⏱)를 눌러 활성화하고 수치를 '0, 540'으로 설정합니다. 4초에서 Flare
Center를 '1920, 540'으로 설정합니다.

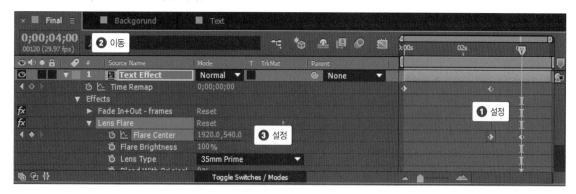

04 카메라 렌즈 형태를 변경하기 위해 Timeline 패널에서 Lens Flare 속성의 Lens Type을 '35mm Prime'
    으로 지정하여 마무리합니다.

05 램 프리뷰를 실행하여 영상을 확인합니다. 카메라 렌즈 형태에 따라 연출되는 영상 효과가 달라집니다.
    수천 개의 파티클이 'HELLO, WORLD!' 텍스트로 합쳐진 다음 Lens Flare 이펙트로 다시 한 번 강조됩
니다.

TIP Pixel Polly와 Lens Flare 이펙트의 조합만으로도 돋보이는 영상을 연출할 수 있습니다. Gradient Ramp 이펙트와 마스크를 활용하여 더욱 감성적인
배경을 연출할 수도 있습니다.

SECTION 10
After Effects CC 2018

경로를 따라 이동하는 텍스트 만들기

펜 도구를 활용하여 텍스트나 경로가 되는 패스를 만들면 오브젝트나 이미지, 텍스트 등을 패스에 따라 움직일 수 있습니다. 이번에는 패스를 따라 이동하는 텍스트를 디자인해 봅니다.

▶ 완성 파일 | Part 1\Path mask.aep

1 오브젝트의 경로가 되는 패스 그리기

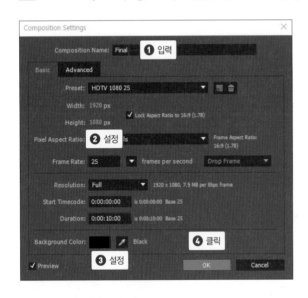

01 새 프로젝트를 만들고 Ctrl + N 키를 눌러 새로운 컴포지션을 만듭니다. [Composition Settings] 대화상자에서 Composition Name을 'Final', Frame Rate를 '25', Duration을 '0:00:10:00'으로 설정한 다음 〈OK〉 버튼을 클릭합니다.

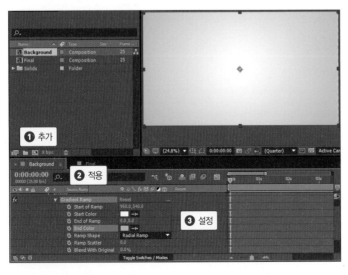

02 'Background' 컴포지션을 만들고 Gradient Ramp 이펙트를 적용합니다.
Timeline 패널에서 Gradient Ramp 속성의 Start of Ramp를 '960, 540', Start Color를 '흰색', End of Ramp를 '0, 0', End Color를 '하늘색', Ramp Shape를 'Radial Ramp'로 지정합니다.

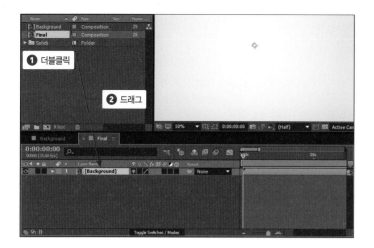

03 Project 패널에서 'Final' 컴포지션을 더블클릭하여 열고 'Background' 컴포지션을 'Final' 컴포지션 안으로 드래그하여 포함합니다.

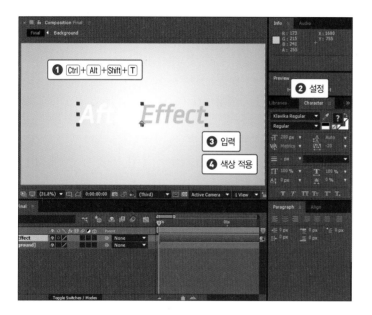

04 Ctrl + Alt + Shift + T 키를 눌러 텍스트 레이어를 만듭니다. Character 패널에서 글꼴을 'Klavika Regular', 글자 크기를 '200px'로 설정하고 'Faux Bold', 'Faux Italic' 아이콘을 클릭하여 스타일을 적용합니다. 화면에 'After Effect'를 입력하고 글자색은 After를 '흰색', Effect를 '노란색'으로 지정합니다.

05 텍스트를 돋보이기 위해 텍스트에서 마우스 오른쪽 버튼을 클릭하고 **Layer Styles → Drop Shadow**를 실행합니다. **Stroke**도 실행하여 레이어 스타일을 적용합니다.

06 Timeline 패널의 텍스트 레이어
가 선택된 상태에서 펜 도구(🖋)
를 선택한 다음 컴포지션 화면에 다음과
같이 왼쪽과 오른쪽 세로 가운데를 클릭
하여 직선의 패스를 만듭니다.

07 Timeline 패널의 Path Options 속성에서 Reverse Path를 직접 만든 'Mask 1'로 지정합니다.

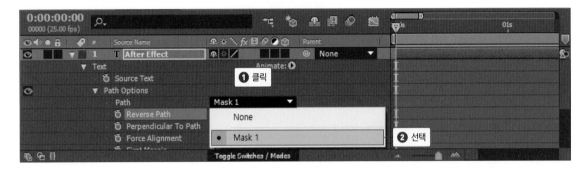

TIP Path Options 속성의 First Margin 또는 Last Margin을 설정하면 다음과 같이 텍스트가 선을 따라 움직입니다. 또한, Reverse Path나 Perpendicular to Path를 'On/Off'로 지정하여 텍스트 방향을 지정할 수 있습니다.

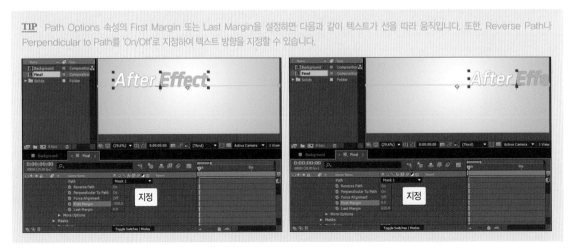

2 멀리서 날아오는 텍스트 만들기

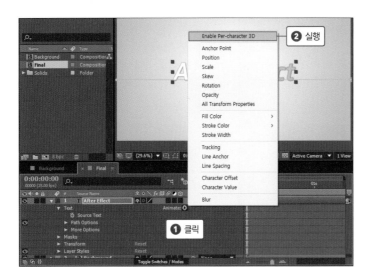

01 텍스트가 왼쪽에서 빠르게 날아 오는 효과를 연출하기 위해 3D 기능을 활용하겠습니다.

Text 속성에서 'Animate' 아이콘 오른쪽 ▶를 클릭한 다음 **Enable Per-character 3D**를 실행합니다.

02 텍스트 레이어의 Transform 속성에서 Orientation을 '0°, 300°,0°'로 설정합니다.

03 First Margin을 '-500'으로 설정합니다.

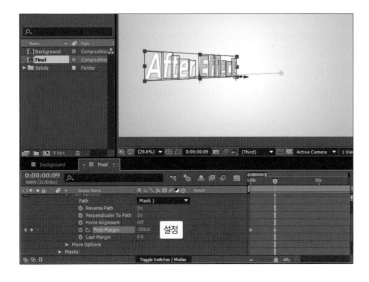

TIP Fade In이나 Opacity를 설정하여 더욱 다채로운 효과를 나타낼 수 있습니다.

04 왼쪽에서부터 텍스트가 원근감 있게 나타납니다. 좀 더 강한 이펙트를 적용하기 위해 Effects & Presets 패널에서 'Card Wipe' 이펙트를 검색한 다음 텍스트에 드래그하여 적용합니다.

05 Card Wipe에 키프레임을 적용하여 효과를 설정하겠습니다. 25Fps 기준 9프레임에서는 Transition Completion을 '0%', 11프레임에서는 Transition Completion을 '100%', 13프레임에서는 Transition Completion을 '25%', 15프레임에서는 Transition Completion을 '80%'로 설정합니다.

06 현재 시간 표시기를 17프레임으로 이동한 다음 Transition Completion을 '100%'로 설정합니다.

07 패스 끝에 텍스트가 도착한 다음 살짝 커졌다가 작아지는 효과를 연출하기 위해 9프레임에서 Scale 왼쪽의 스톱워치(⏱)를 눌러 활성화하고 수치를 각각 '100%'로 설정합니다. 13프레임에서는 Scale을 '120%', 17프레임에서는 Scale을 '100%'로 설정합니다.

08 영상을 재생하면 텍스트가 패스를 따라 왼쪽에서 오른쪽으로 이동한 다음 Card Wipe 효과가 나타나고 텍스트가 살짝 커졌다 작아지는 것을 확인할 수 있습니다.

09 패스를 따라 이동한 텍스트를 다시 화면 가운데에 배치하겠습니다. Timeline 패널의 22프레임에서는 Position을 '949.2, 606, 0', Orientation을 '0°, 300°, 0°'로 설정합니다.

10 1초에서는 Position을 '1430.6, 606.6, 0', Orientation을 '0°, 0°, 0°'로 설정합니다.

11 마지막으로 가운데 텍스트를 선택한 채 Effects & Presets 패널에서 'Lens Flare'를 검색하고 드래그하여 적용합니다.

1초 6프레임에서 Flare Center 왼쪽의 스톱워치(⏱)를 눌러 활성화하고 수치를 '−182.6, 527.1'로 설정합니다.

12 1초 14프레임에서는 Flare Center를 '2183.7, 527.1'로 설정해 마무리합니다.

13 램 프리뷰를 실행하여 영상을 확인합니다. 선을 따라 원근감 있게 이동한 텍스트가 화면 가운데로 이동해 다시 한 번 강조됩니다.

Alpha Matte로 몽환적인 분위기와 질감 나타내기

솔리드 레이어와 마스크 기능을 활용하여 화면 외곽을 어둡게 보여주는 Vignette 이펙트를 적용하고,
Alpha Matte 기능을 활용하여 안개 낀 몽환적인 분위기 속 텍스트에 질감을 연출해 봅니다.

▶ **예제 파일 |** Part 1\Metal mesh texture.jpg   ▶ **완성 파일 |** Part 1\Texture.aep

1 마스크로 비네트 효과 적용하기

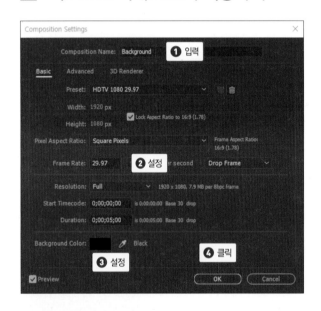

01 새 프로젝트를 만들고 Ctrl+N 키를 눌러
새로운 컴포지션을 만듭니다.
[Composition Settings] 대화상자에서 Com-
position Name을 'Background', Frame Rate를
'29.97', Duration을 '0;00;05;00'으로 설정하고
〈OK〉 버튼을 클릭합니다.

02 Timeline 패널에서 마우스 오
른쪽 버튼을 클릭하고 **New →
Solid**를 실행합니다.

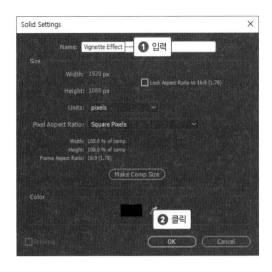

03 [Solid Settings] 대화상자에서 Name에 이후 만들 레이어와 헷갈리지 않도록 'Vignette Effect'를 입력하고 〈OK〉 버튼을 클릭합니다.

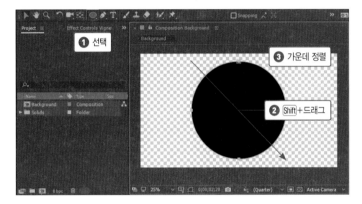

04 솔리드 레이어가 선택된 상태에서 원형 도구(◐)를 이용하여 원을 그리고 화면 가운데에 배치합니다.

TIP 자동으로 원에 마스크가 적용됩니다.
Align 기능을 활용하여 원형 마스크를 컴포지션 화면 가운데에 배치합니다.

TIP 솔리드 레이어를 선택하고 마우스 오른쪽 버튼을 클릭한 다음 Mask → New Mask를 실행하여 마스크를 적용할 수도 있습니다.
마스크 형태를 원형으로 바꾸려면 해당 레이어의 Mask 1 속성을 펼치고 Mask Path의 'Shape'를 클릭하여 원형으로 변경합니다. Mask Path[Make Shape] 대화상자가 표시되면 Shape 항목의 Reset To를 'Ellipse'로 지정하고 〈OK〉 버튼을 클릭합니다.

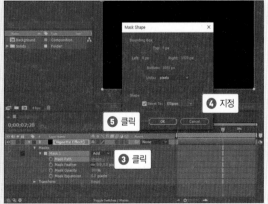

05 원형 마스크를 더블클릭하고 조절점을 조정하여 다음과 같이 옆으로 넓게 퍼지게 만듭니다.

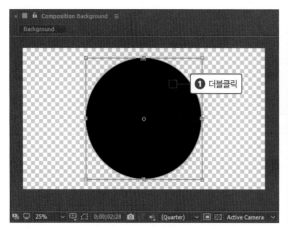
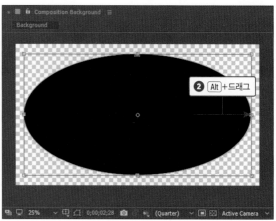

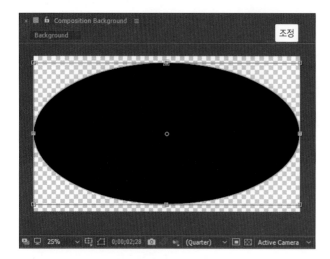

06 다음과 같이 원형 마스크를 화면에 꽉 차게 크기를 조정합니다.

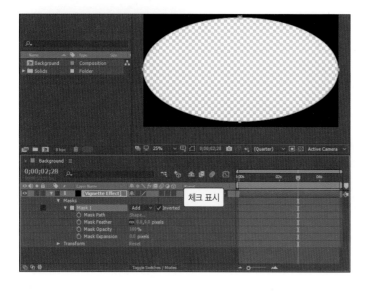

07 Mask 1 속성에서 'Inverted'에 체크 표시하여 원형 마스크를 반전시켜서 원 외곽에 색을 채웁니다.

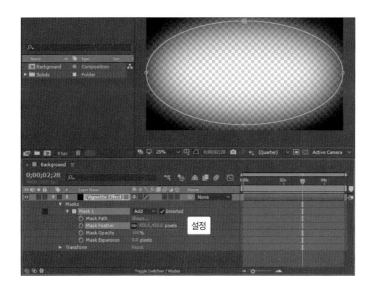

08 마스크의 경계선을 흐릿하게 설정하여 자연스럽게 나타내기 위해 Mask Feather를 '450, 450pixels'로 설정합니다.

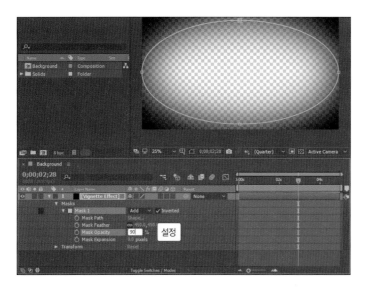

09 Mask Opacity를 '90%'로 설정하여 불투명도를 적용합니다.

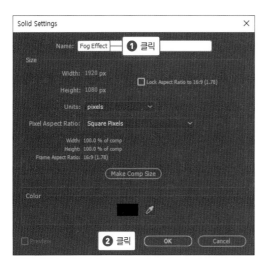

10 Ctrl+Y 키를 눌러 새로운 솔리드 레이어를 만듭니다. [Solid Settings] 대화상자에서 Name에 'Fog Effect'를 입력하고 〈OK〉 버튼을 클릭합니다.

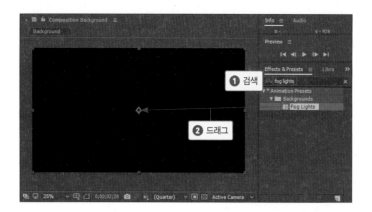

11 Effects & Presets 패널에서 'Fog Lights'를 검색한 다음 화면에 드래그하여 이펙트를 적용합니다.

12 Timeline 패널에서 'Fog Effect' 레이어를 'Vignette Effect' 레이어 아래로 이동시켜 마스크 영역대로 효과를 나타냅니다.

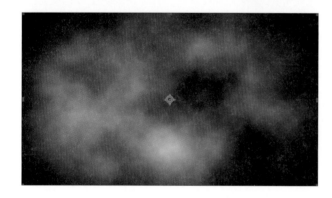

13 Spacebar 키를 눌러 램 프리뷰를 실행하면 마스크 영역에만 Fog Effect가 나타납니다.

14 Vignette 형태에 모션을 설정하여 마스크를 변형하겠습니다. 먼저 0초에서 Mask Path 왼쪽의 스톱워치(⏱)를 눌러 활성화하고 오른쪽의 'Shape'를 클릭합니다.

15 [Mask Shape] 대화상자가 표시되면 Top/Bottom을 '540px', Left/Right를 '960px'로 설정하고 〈OK〉 버튼을 클릭합니다.

16 4초에서 14번과 같은 방법으로 Mask Path의 'Shape'를 클릭합니다.

TIP 15번 과정과 같은 방법으로 Mask 1 속성의 Mask Path에서 'Shape'를 클릭하여 표시되는 [Mask Path] 대화상자에서 설정을 변경할 수 있습니다.

17 [Mask Shape] 대화상자가 표시되면 Top을 '48px', Left를 '0px', Right를 '1920px', Bottom을 '1032px'으로 설정하고 〈OK〉 버튼을 클릭합니다.

② 알파 매트로 질감 적용하기

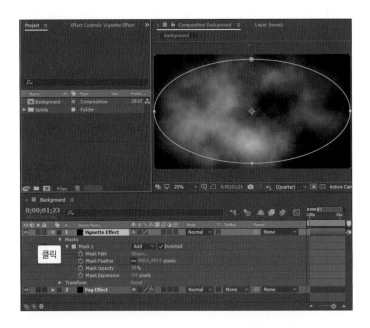

01 모션을 적용한 Vignette Effect 속성의 Mask Path에서 애니메이션 속성을 해제합니다. 간단한 방법으로는 스톱워치 아이콘(⏱)을 클릭하여 애니메이션을 초기화할 수 있습니다.

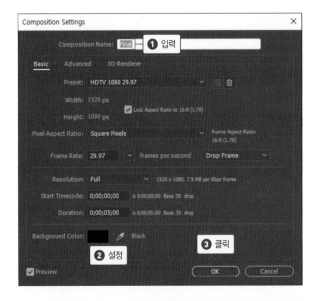

02 Ctrl+N 키를 눌러 새로운 컴포지션을 만듭니다. [Composition Settings] 대화상자에서 Composition Name을 'Final', Duration을 '0;00;05;00'으로 설정하고 〈OK〉 버튼을 클릭합니다.

03 'Final' 컴포지션에 Project 패널의 'Background' 컴포지션을 드래그하여 배치합니다.

04 Character 패널에서 글꼴을 'Helvetica 75 / Bold', 글자 색을 '흰색', 글자 크기를 '125px'로 설정합니다.
화면을 클릭하고 'ASTRO SPACE'를 입력합니다. Align 패널을 활용하여 텍스트를 화면 가운데에 배치합니다.

05 Part 1 폴더에서 'Metal mesh texture.jpg' 파일을 불러옵니다. 불러온 이미지 파일을 Timeline 패널의 텍스트 레이어 아래로 드래그하여 배치합니다.

TIP [Import File] 대화상자에서 Import As를 'Footage'로 지정하여 불러옵니다.

06 이미지 레이어에서 Track Matte 항목의 'None'을 클릭한 다음 'Alpha Matte "Astro Space"'로 지정하여 알파 매트를 적용합니다.

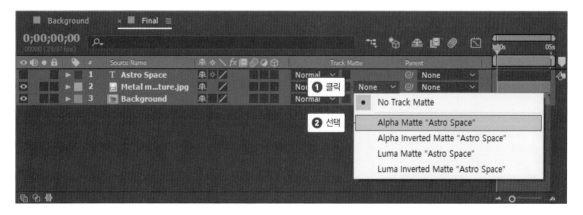

07 텍스트 레이어의 형태에 맞게 이미지 가 적용되어 질감이 표현됩니다.

08 이미지를 크기를 알맞게 조정하여 질감 의 밀도나 크기를 설정합니다.

09 'Astro Space' 레이어와 'Metal mesh texture.jpg' 레이어에 Pixel Polly 이펙트를 적용하기 위해 먼저 Timeline 패널에서 두 개의 레이어를 선택한 다음 마우스 오른쪽 버튼을 클릭하고 **Pre-compose**를 실행 합니다.

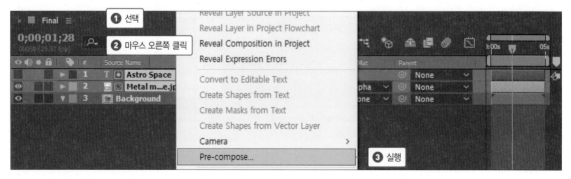

TIP Pre-compose 기능을 통해 복잡한 레이어를 합쳐 정리하고, 이펙트를 적용할 수 있습니다. 또한 적절한 질감을 활용해 시각적으로 더욱 풍부한 영상을 만들 수 있습니다.

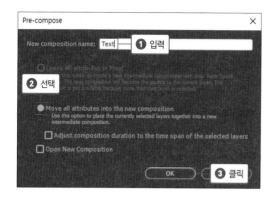

10 [Pre-compose] 대화상자가 표시되면 New composition name에 'Text'를 입력하고 'Move all attributes into the new composition'을 선택한 다음 〈OK〉 버튼을 클릭합니다.

11 텍스트 레이어가 선택된 상태로 Effects & Presets 패널에서 'Pixel Polly' 이펙트를 검색하고 드래그하여 적용합니다.

12 두 레이어의 재생 시간을 2초로 설정하여 2초 후에 해당 효과가 나타나도록 설정합니다.

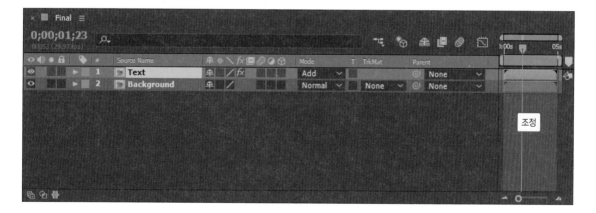

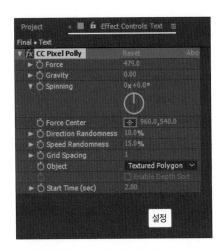

13 　Effect Controls 패널에서 Force를 '479', Gravity를 '0', Spinning을 '0°', Force Center를 '960, 540', Direction Randomness를 '10%', Speed Randomness를 '15%', Grid Spacing 을 '1', Object를 'Textured Polygon', Start Time (sec)을 '2'로 설 정합니다.

14 　'Text' 레이어의 Mode를 'Add' 로 지정하여 안개 낀 효과를 은 은하게 연출하여 마무리합니다.

15 　램 프리뷰를 실행하여 영상을 확 인합니다. 영상이 시작될 때는 검은색 화면이 시간이 흐를수록 안개가 퍼지듯이 확장됩니다. 배경이 움직이며, 그 위의 텍스트에 질감이 입혀진 채 Pixel Polly 이펙트가 적용된됩니다. 마스크 기 법은 다양한 화면 설정 및 효과 연출에서 보조적으로 사용할 수 있습니다. 풍성한 영상미를 제공하기 위해 마스크와 애니메 이션 효과를 연습하세요.

SECTION 12
After Effects CC 2018

Lens Flare 이펙트로 조명 만들기

렌즈 플레어 이펙트를 적용하면 빛의 중심, 퍼짐 정도, 파장, 길이 등을 설정하여 밝게 빛나는 조명 효과를 연출할 수 있습니다. 이번에는 텍스트를 둘러싸는 조명 효과를 연출해 봅니다.

▶ **완성 파일** | Part 1\Flare.aep

1 타이포그래피 디자인하기

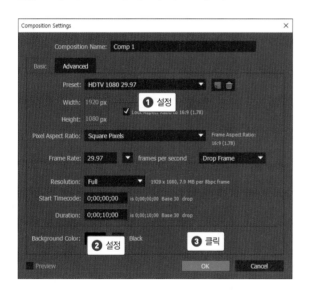

01 새 프로젝트를 만들고 메뉴에서 Ctrl+N 키를 눌러 [Composition Settings] 대화상자가 표시되면 Width를 '1920px', Height를 '1080px', Duration을 '0;00;10;00'으로 설정한 다음 〈OK〉 버튼을 클릭합니다.

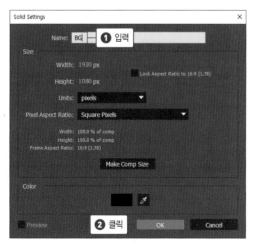

02 새 컴포지션이 만들어지면 메뉴에서 **[Layer] → New → Solid**(Ctrl+Y)를 실행합니다.

[Solid Settings] 대화상자가 표시되면 Name에 'BG'를 입력하고 〈OK〉 버튼을 클릭합니다.

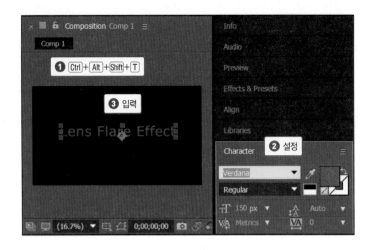

03 Ctrl+Alt+Shift+T 키를 눌러 텍스트 레이어를 만듭니다.
Character 패널에서 글꼴을 'Verdana', 글자 크기를 '150px'로 설정합니다. Composition 패널 화면에 'Lens Flare Effect'를 입력합니다.

04 Effects & Presets 패널에서 'Gradient Ramp'를 검색한 다음 해당 이펙트를 텍스트에 드래그하여 적용합니다. Effect Controls 패널에서 흑백 그러데이션이 설정된 상태로 Start of Ramp를 '960, 415', End of Ramp를 '960, 650'로 설정합니다.

2 Lens Flare 이펙트로 조명 연출하기

01 다시 한 번 메뉴에서 [Layer] → New → Solid(Ctrl+Y)를 실행합니다.
[Solid Settings] 대화상자가 표시되면 Name에 'lens effect'를 입력하고 〈OK〉 버튼을 클릭합니다.

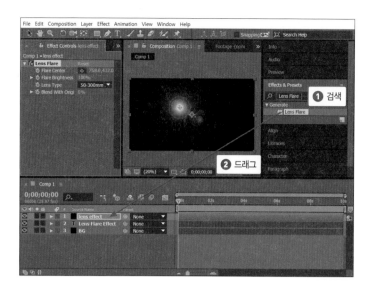

02 Effects & Presets 패널에서 'Lens Flare'를 검색하고 해당 이펙트를 새로운 솔리드 레이어로 드래 그하여 적용합니다.

03 Effect Controls 패널에서 Flare Center를 '1625, 330', Flare Brightness를 '83%', Lens Type을 '105mm Prime', Blend With Original을 '0%'로 설정합니다.
Timeline 패널에서 레이어의 Mode를 'Add'로 지정합니다. Effects & Presets 패널에서 Curves 이펙트를 검색 하고 'lens flare' 레이어에 드래그하여 효과를 적용합니다.

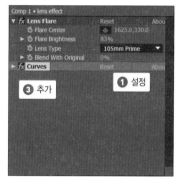

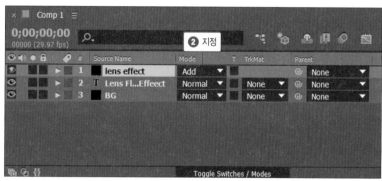

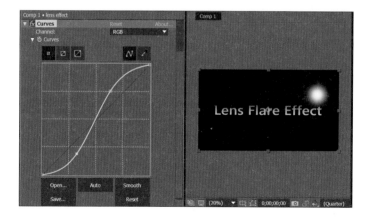

04 Effect Controls 패널의 RGB 커브 선을 다음과 같이 S자 형태 로 조정합니다.

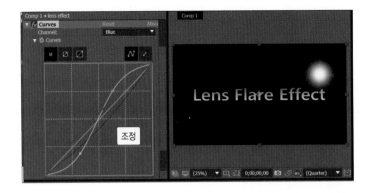

05 Channel의 'Red'와 'Blue'도 각
각 커브 선을 조정해 조명의 색
을 설정합니다.

06 Timeline 패널에서 'lens effect'
레이어를 선택한 다음 Ctrl + D
키를 눌러 복제합니다. Composition 패
널의 화면에서 조명을 왼쪽 아래로 드래
그하여 이동합니다.

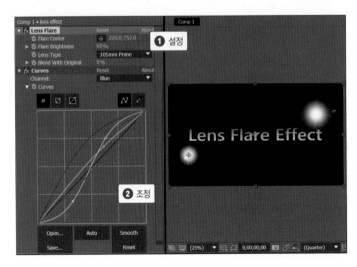

07 Effect Controls 패널에서
Flare Center를 '220, 752',
Flare Brightness를 '60%'로 설정하여
원하는 색과 밝기를 설정해서 오른쪽 위
조명보다 작게 만듭니다.

08 Lens Flare에서 Flare Center와 Flare Brightness의 스톱
위치(🕐)를 눌러 키프레임을 추가합니다.

09 Timeline 패널에서 3초와 5초에 키프레임을 추가합니다.

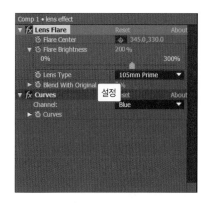

10 3초의 키프레임을 선택한 다음 Effect Controls 패널에서
Flare Brightness의 슬라이더를 조정하여 '200%'로 설정합
니다.

11 5초의 키프레임을 선택하고 Flare Brightness를 '80%'로 설
정합니다.

12 다른 'lens flare' 레이어에도 같은 방법으로 3초와 5초에 키프레임을 추가합니다. 3초에서는 Flare Brightness를 '200%', 5초에서는 Flare Brightness를 '60%'로 설정하여 마무리합니다.

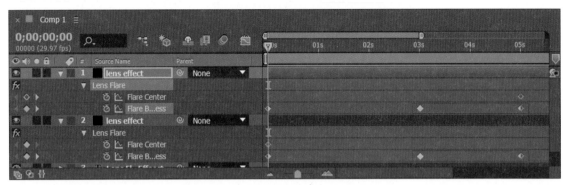

▲ 3초　　　　　　　　　　　　▲ 5초

13 램 프리뷰를 실행하여 영상을 확인합니다. 이처럼 Lens Flare 이펙트를 이용하여 광원을 만들 수 있습니다. 렌즈의 크기나 방향성 등을 이용하여 여러 가지 광원을 연출하는 것이 가능합니다.

SECTION 13
After Effects CC 2018

Fast Blur를 활용해 빛나는 효과 적용하기

Fast Blur 이펙트를 활용하여 오브젝트에 Glow 이펙트를 적용할 수 있습니다. 이번에는 배경 이미지와 텍스트에 Fast Blur 이펙트를 이용하여 Glow 이펙트를 구현해 밝게 강조해 봅니다.

▶ **예제 파일 |** Part 1\Space_1080.jpg   ▶ **완성 파일 |** Part 1\Fast blur.aep

1 Fast Blur 이펙트 적용하기

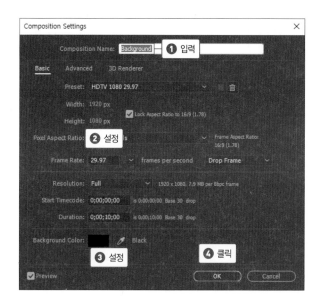

01 새 프로젝트를 만들고 [Ctrl]+[N] 키를 눌러 새로운 컴포지션을 만듭니다.
[Composition Settings] 대화상자에서 Composition Name을 'Background', Frame Rate를 '29.97', Duration을 '0;00;10;00'으로 설정하고 〈OK〉 버튼을 클릭합니다.

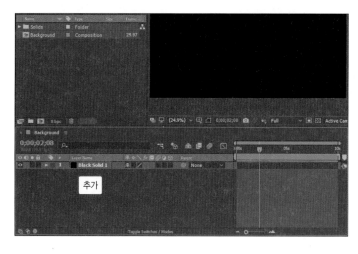

02 메뉴에서 [Layer] → New → Solid([Ctrl]+[Y])를 실행하여 검은색 솔리드 레이어를 추가합니다.

03 Part 1 폴더에서 'Space_1080.jpg' 파일을 불러오고 Timeline 패널로 드래그합니다. Opacity를 '40%'로 설정합니다.

04 Ctrl+D 키를 눌러 이미지 레이어를 복제한 다음 Opacity를 '65%'로 설정합니다.

05 복제한 레이어의 Mode를 'Add'로 지정합니다.

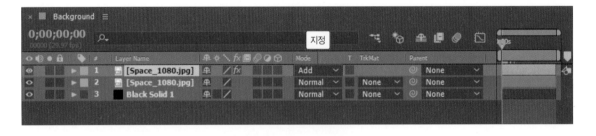

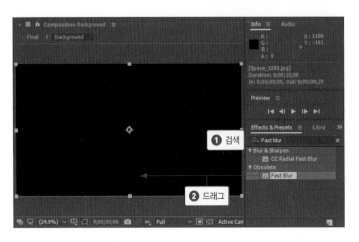

06 Effects & Presets 패널에서 'Fast Blur' 이펙트를 검색하고 솔리드 레이어에 드래그해 적용합니다.

07 Fast Blur 속성을 펼치고 Blurriness 왼쪽의 스톱워치(⏱)를 눌러 활성화한 다음 수치를 '50'으로 설정합니다.

08 현재 시간 표시기를 4초로 이동하고 Blurriness를 '2'로 설정합니다.

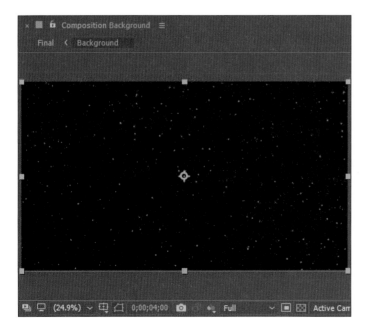

09 램 프리뷰를 통해 영상을 확인하면 우주 공간의 별들이 어두운 상태에서 점차 밝아집니다.

2 Glow 이펙트 적용하기

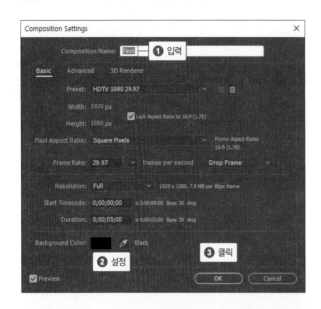

01 이번에는 Glow 효과가 적용된 텍스트를 만들겠습니다.

먼저 Ctrl+N 키를 눌러 새로운 컴포지션을 만듭니다. [Composition Settings] 대화상자에서 Composition Name을 'Text', Duration을 '0;00;05;00'으로 설정하고 〈OK〉 버튼을 클릭합니다.

02 Ctrl+Y 키를 눌러 검은색 솔리드 레이어를 추가합니다.

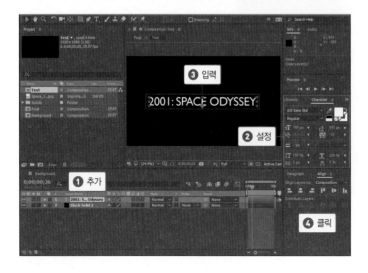

03 텍스트 레이어를 만들고 Character 패널에서 글꼴을 'Gill Sans Std / Regular', 글자 크기를 '145px', 글자 색을 '흰색'으로 설정합니다. 화면에 '2001:SPACE ODYSSEY'를 입력한 다음 Align 패널의 'horizontal center alignment'와 'vertical center alignment' 아이콘을 클릭하여 텍스트를 화면 가운데에 정렬합니다.

04 Glow 색상을 변경하기 위해 Ctrl+D 키를 눌러 '2001: SPACE ODYSSEY' 텍스트 레이어를 복제하고 Mode를 'Add'로 지정합니다.

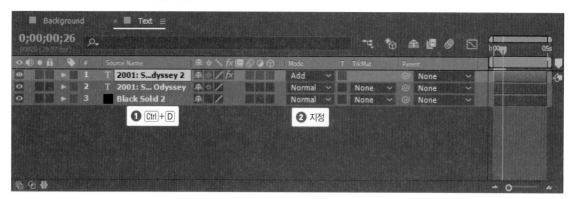

05 글로우 색상을 연노란색으로 변경하기 위해 먼저 Character 패널의 색상을 'FFFAAF'로 지정합니다.

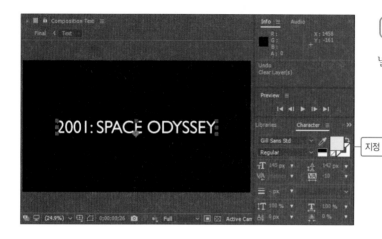

06 복제된 텍스트 레이어에 Fast Blur 이펙트를 적용하고 1초에서 Blurriness 왼쪽의 스톱워치(🕐)를 눌러 활성화한 다음 수치를 '0'으로 설정합니다.

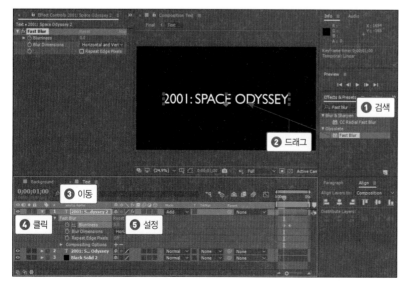

07 2초에서는 Blurriness를 '12'로 설정해서 키프레임을 지정하여 애니메이션을 적용합니다.

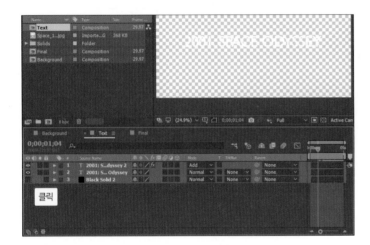

08 솔리드 레이어의 눈 아이콘(◉)을 클릭하여 배경을 숨깁니다.

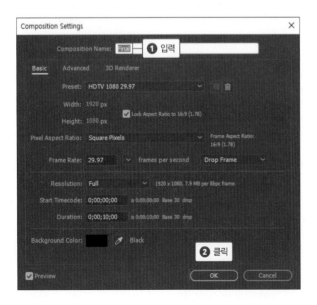

09 Ctrl+N 키를 눌러 새로운 컴포지션을 만듭니다. [Composition Settings] 대화상자에서 Composition Name에 'Final'을 입력하고 〈OK〉 버튼을 클릭합니다.

10 새로운 컴포지션에 Project 패널의 'Background'와 'Text' 컴포지션을 드래그하여 배치하고 'Text' 컴포지션은 5초부터 화면에 나타나도록 조정합니다.

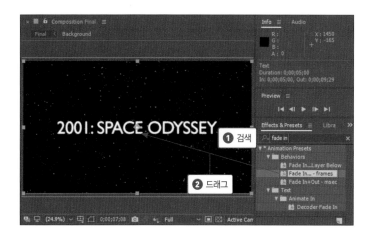

11 Fade In+Out – frames 이펙트를 검색하여 적용합니다.

12 'Background' 컴포지션의 Scale에 애니메이션 키프레임을 설정합니다. 배경이 10초 동안 서서히 확대되면서 마치 움직이는 것처럼 나타내기 위해 0초에서는 Scale을 '100, 100%', 9초 29프레임에서는 Scale을 '105, 105%'로 설정하여 마무리합니다.

13 램 프리뷰를 실행하여 영상을 확인합니다. 아무 것도 없는 검은 우주 공간에 희미한 별빛이 점차 선명하게 나타납니다. 또 우주 공간이 조금씩 커지면서 입체감 있게 나타납니다. 영상 끝에서는 별들이 Glow 효과로 인해 더욱 밝게 보이며, 텍스트 역시 같은 효과로 강조됩니다. 포토샵의 Glow 효과처럼 애프터 이펙트에서도 Fast Blur 효과를 이용해 오브젝트를 강조할 수 있습니다.

SECTION 14
After Effects CC 2018

Null 오브젝트와 카메라 모션 디자인하기

카메라 기능을 활용하여 3D 레이어를 더욱 효과적으로 이용할 수 있습니다. 또한 복잡한 카메라 레이어 설정보다 Null 오브젝트를 이용하여 쉽게 카메라를 활용할 수 있습니다. 이번에는 Null 오브젝트와 카메라를 활용해 간단한 영상을 제작해 봅니다.

▶ **완성 파일 |** Part 1\Null.aep

1 카메라 레이어 적용하기

01 새 프로젝트를 만들고 Ctrl +N 키를 눌러 [Composition Settings] 대화상자에서 Composition Name을 'Background', Frame Rate를 '30', Duration을 '0:00:10:00'으로 설정한 다음 〈OK〉 버튼을 클릭합니다.
Gradient Ramp를 'Linear Ramp'로 적용해 다음과 같이 회색 그러데이션 배경을 만듭니다.

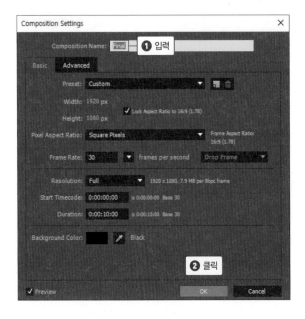

02 Ctrl+N 키를 눌러 [Composition Settings] 대화상자가 표시되면 Composition Name에 'Final'을 입력한 다음 〈OK〉 버튼을 클릭합니다.

03 'Final' 컴포지션에 'Back-
   ground' 컴포지션을 드래그하여
배치합니다.
텍스트 레이어(2초 길이)를 만들어 배
치하고 다음과 같이 문자를 입력합니다.
'3D Layer' 아이콘(⊙)을 클릭해 3D 레
이어 기능을 활성화합니다.
Timeline 패널에서 Transform 속성의
Position을 '960, 540, 0'으로 설정합니다.

04 카메라 레이어를 만들기 위해 Timeline 패널에서 마우스 오른쪽 버튼을 클릭한 다음 **New → Camera**를
   실행합니다.

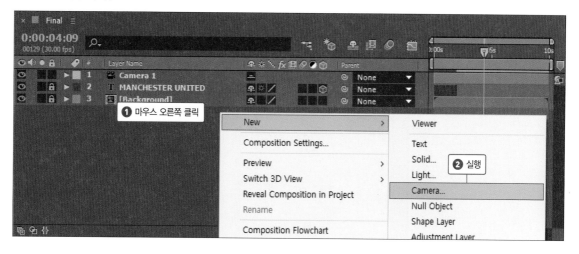

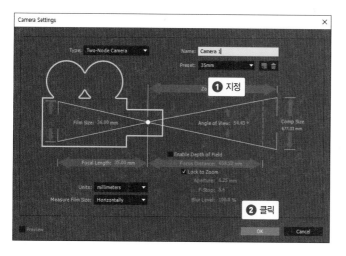

05 [Camera Settings] 대화상자가 표
   시되면 Preset을 '35mm'로 지정하
고 〈OK〉 버튼을 클릭합니다.

2 Null 오브젝트 적용하기

01 이번에는 Timeline 패널에서 마우스 오른쪽 버튼을 클릭한 다음 **New → Null Object**를 실행하여 'Null 1' 레이어를 추가합니다.

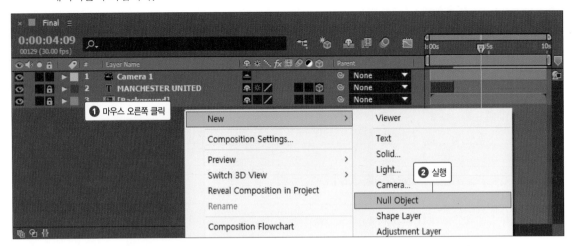

02 'Null 1' 레이어의 Transform 속성에서 Anchor Point를 '50, 50, 0', Position을 '960, 540, 0', Scale 을 '100, 100, 100%', Orientation을 '0°, 0°, 0°'로 설정합니다.

03 'Camera 1' 레이어의 Parent를 'Null 1'로 지정합니다.
'Manchester United' 텍스트 레이어를 복제하고 1초 25프레임부터 4초까지 나타냅니다.

TIP 이후 카메라 앵글은 Null 오브젝트를 따라서 이동하므로 카메라 움직임은 Null 오브젝트를 설정해서 진행합니다.

04 다음과 같이 텍스트를 수정하고 Orientation을 '0°, 270°, 0°'로 설정하여 Y축을 변경합니다.

05 'Null 1' 레이어를 선택하고 1초 25프레임에서는 Position을 '960, 540, 0', Orientation을 '0, 0, 0'로 설정합니다. [F9] 키를 눌러 이지이즈를 적용합니다. 2초에서는 Position을 '960, 540, 372', Orientation을 '0°, 270°, 0°'로 설정합니다.

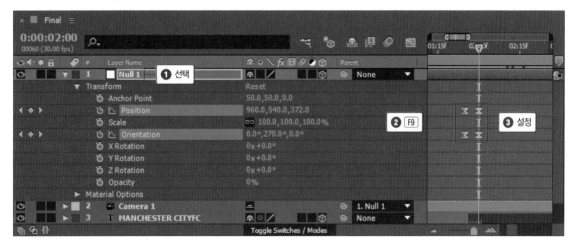

06 설정을 통해 두 개의 텍스트 레이어가 오른쪽으로 회전합니다.

07 'MANCHESTER CITYFC' 레이어를 복제하고 배치합니다. Orientation의 Y축을 이전 레이어에서 90°
더 이동한 '180°'로 설정합니다. 해당 레이어를 3초 25프레임부터 6초까지 나타냅니다.

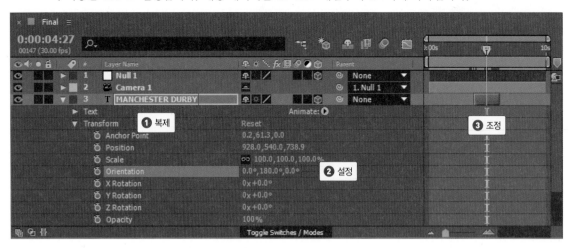

08 두 레이어가 오른쪽으로 회전하도록 'Null 1' 레이어의 3초 25프레임에서 Position을 '960, 540, 372',
Orientation을 '0, 270, 0'로 설정합니다. 4초에서는 Position을 '928, 540, 372', Orientation을 '0',
180°, 0'로 설정합니다.

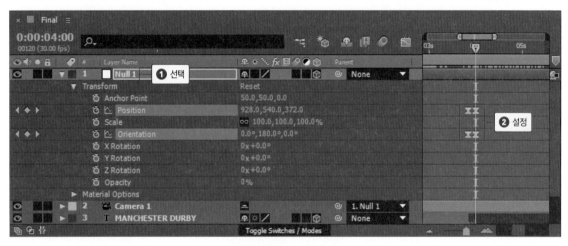

09 텍스트 레이어를 복제하여 배치
하고 다음과 같이 텍스트를 수정
한 다음 5초 25프레임부터 8초까지 나타
냅니다.

10 'Null 1' 레이어를 다음과 같이 설정하여 새로운 레이어가 아래에서 위로 나타나도록 합니다.
5초 25프레임에서는 Position을 '928, 540, 372', Orientation을 '0°, 180°, 0°', 6초에서는 Position을 '928, 540, 540', Orientation을 '270°, 180°, 0°'로 설정합니다.

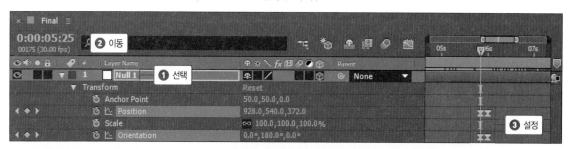

11 마지막 텍스트 레이어를 복제하여 배치하고 다음과 같이 텍스트를 수정한 다음 7초 25프레임부터 9초 24프레임까지 나타냅니다.

12 Timeline 패널에서 Transform 속성의 Position을 '928, 547, 705.2', Orientation을 '0°, 0°, 0°'로 설정합니다.

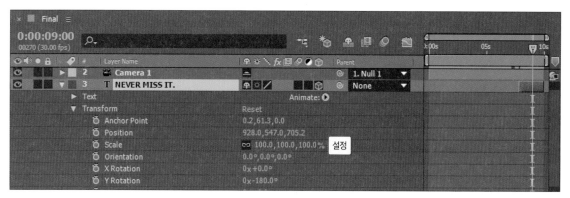

13 위에서 아래로 NEVER MISS IT 텍스트가 나타나도록 다음과 같이 'Null 1' 레이어를 설정합니다. 7초 25프레임에서는 Position을 '928, 540, 540', Orientation을 '270°, 180°, 0°'로 설정합니다.

14 8초에서는 Position을 '928, 540, 540', Orientation을 '0°, 180°, 0°'로 설정하여 마무리합니다.

15 램 프리뷰를 실행하여 영상을 확인합니다. Null 오브젝트를 이용해 복잡한 카메라 앵글을 통해 쉽게 대체할 수 있습니다.

SECTION 15
After Effects CC 2018

Shatter를 활용해 유리가 깨지는 듯한 영상 만들기

Shatter 이펙트를 이용하면 다양한 모양의 깨지거나 부서지는 효과를 연출할 수 있습니다. 예제에서는 Glass Shatter 이펙트를 활용해 유리가 깨지는 효과를 연출해 봅니다.

▶ **완성 파일 ㅣ** Part 1\Glass shatter effect.aep

1 Shatter 이펙트 적용하기

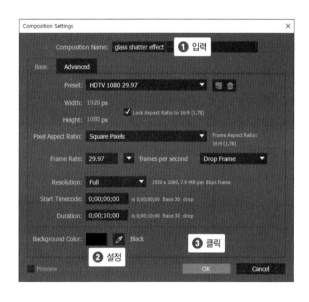

01 새 프로젝트를 만들고 Ctrl+N 키를 눌러 새로운 컴포지션을 만듭니다. [Composition Settings] 대화상자에서 Composition Name을 'galss shatter effect', Duration을 '0;00;10;00'으로 설정하고 〈OK〉 버튼을 클릭합니다.

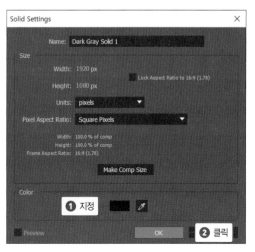

02 Ctrl+Y 키를 눌러 [Solid Settings] 대화상자가 표시되면 Color를 '짙은 회색'으로 지정하고 〈OK〉 버튼을 클릭합니다.

03 Ctrl + Alt + Shift + T 키를 눌러 새로운 텍스트 레이어를 만들고 Composition 패널의 화면 가운데에 'GLASS SHATTER'를 입력합니다.

04 텍스트가 선택된 채 Character 패널에서 글꼴을 'Verdana / Bold Italic', 글자 크기를 '197px', 글자 색을 '갈색(#85634E)'으로 설정합니다.

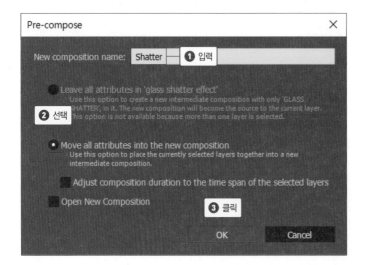

05 솔리드 레이어와 텍스트 레이어를 선택하고 마우스 오른쪽 버튼을 클릭한 다음 **Pre-compose**를 실행합니다.
[Pre-compose] 대화상자가 표시되면 New composition name에 'Shatter'를 입력하고 'Move all attributes into the new composition'을 선택한 다음 〈OK〉 버튼을 클릭합니다.

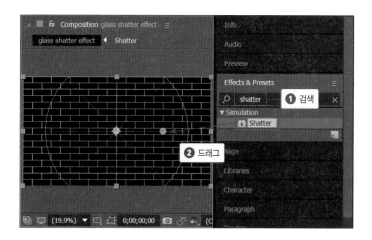

06 Effects & Presets 패널에서 'Shatter'를 검색하고 해당 이펙트를 화면에 드래그하여 적용합니다.

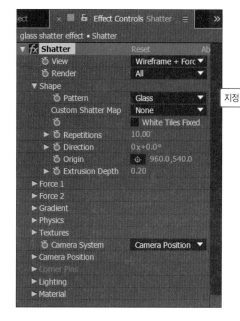

07 유리가 깨지는 효과를 연출하기 위해 Effect Controls 패널에서 Shape 속성의 Pattern을 'Glass'로 지정합니다.

TIP Shatter 이펙트의 Pattern에는 여러 가지 매트리얼이 있습니다. 이중 'Glass'는 유리가 깨지는 효과이며, 'Brick'은 벽돌이 깨지는 효과를 연출할 수 있습니다.

08 Shatter 속성에서 Repetitions 왼쪽의 스톱워치( )를 눌러 활성화합니다.
Timeline 패널을 프레임 단위로 확대하고 4프레임까지 프레임별로 키프레임을 추가합니다.

09 1프레임은 Repetitions를 '20', 2프레임은 Repetitions를 '35', 3프레임은 Repetitions를 '60'으로 설정해 속도감 있게 깨지는 모션을 연출합니다.

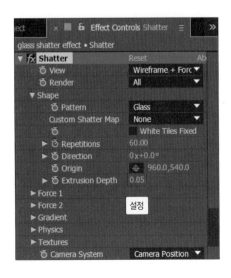

10 Effect Controls 패널에서 Shape 속성의 Extrusion Depth를 '0.05'로 설정합니다.

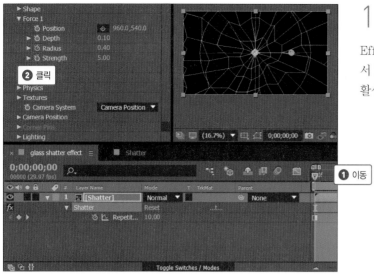

11 현재 시간 표시기를 0초로 이동
합니다.

Effect Controls 패널의 Force 1 속성에
서 Radius 왼쪽의 스톱워치(⏱)를 눌러
활성화합니다.

12 1프레임으로 이동한 다음 키프레임을 추가하고 Effect Controls 패널에서 Radius를 '0.11'로 설정합니다.

13 2프레임에 키프레임을 추가한 다음 Radius를 '0.12'로 설정합니다.

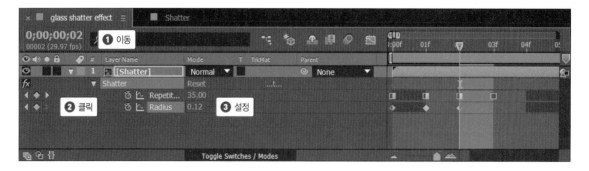

14 3프레임은 건너뛰고 4프레임에 키프레임을 추가한 다음 Radius를 '0.17'로 설정하여 유리가 깨지는 형태를 더욱 자연스럽게 만듭니다.

2 자연스러운 질감 적용하기

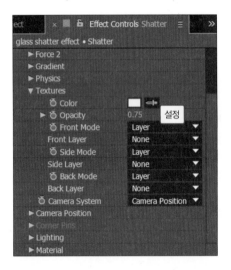

01 Effect Controls 패널에서 Textures 속성의 Opacity를 '0.75'로 설정합니다.

02 Shatter 속성의 View를 'Rendered'로 지정합니다.

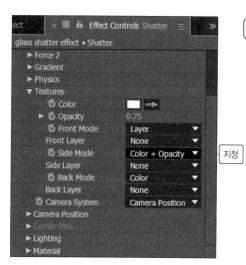

03 Textures 속성의 Front Mode를 'Layer', Side Mode를 'Color + Opacity', Back Mode를 'Color'로 지정합니다.

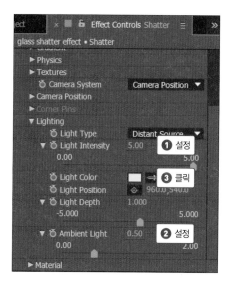

04 Lighting 속성의 Light Intensity를 '5', Ambient Light 를 '0.5'로 설정합니다. Light Color의 색상 상자를 클릭합니다.

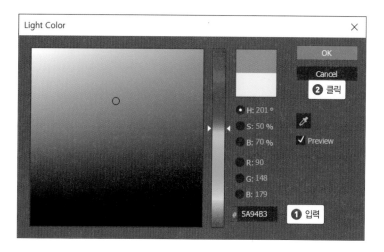

05 [Light Color] 대화상자가 표시되면 #에 '5A94B3'을 입력한 다음 〈OK〉 버튼을 클릭합니다.

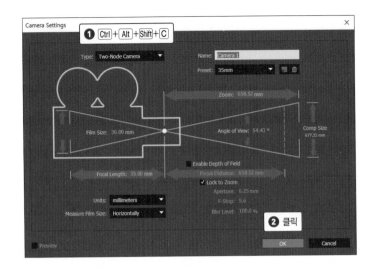

06 Ctrl + Alt + Shift + C 키를 눌러 카메라 레이어를 만듭니다. [Camera Settings] 대화상자가 표시되면 기본 설정으로 두고 〈OK〉 버튼을 클릭합니다.

07 Effect Controls 패널의 Camera System을 'Comp Camera'로 지정합니다.

08 Ctrl + Alt + Shift + Y 키를 눌러 Null 오브젝트 레이어를 만듭니다.

09 'Null 1' 레이어의 '3D Layer' 아이콘()을 클릭해 활성화합니다. 'Camera 1' 레이어의 Parent를 'Null 1'로 지정합니다.

10 Timeline 패널에서 'Null 1' 레이어의 Transform 속성에서 Scale을 '60,60,60%', X Rotation을 '-5°', Y Rotation을 '20°', Z Rotation을 '-1°'로 설정합니다.

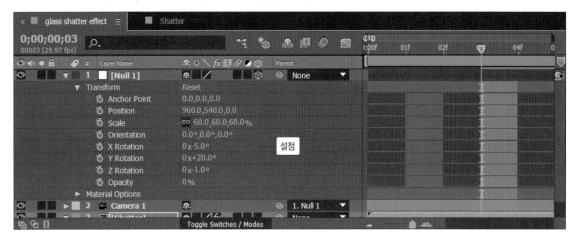

11 Ctrl+Y 키를 눌러 [Solid Settings] 대화 상자가 표시되면 Color를 '검은색'으로 지정하고 〈OK〉 버튼을 클릭합니다.

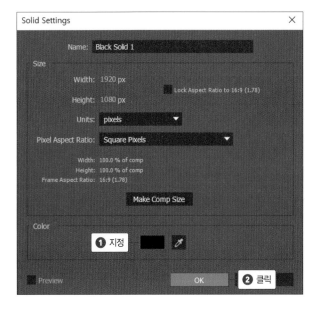

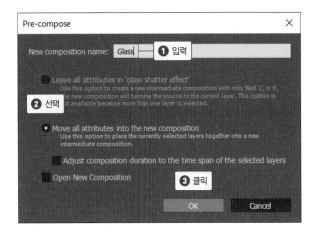

Timeline 패널에서 'Black Solid 1' 레이어
를 맨 아래로 이동합니다. 모든 레이어를
선택하고 마우스 오른쪽 버튼을 클릭한 다음 **Pre-compose**를 실행합니다.
[Pre-compose] 대화상자가 표시되면 New com-position name에 'Glass'를 입력한 다음 'Move all attributes into the new composition'을 선택하고 〈OK〉 버튼을 클릭합니다.

13 Ctrl+Y 키를 눌러 [Solid Settings] 대
화상자가 표시되면 Name에 'BG'를 입
력하고 〈OK〉 버튼을 클릭합니다.

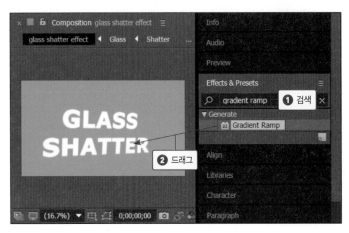

14 Effects & Presets 패널에서
'Gradient Ramp'를 검색하고
'BG' 레이어에 드래그하여 이펙트를 적
용합니다.

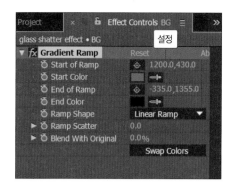

15 Effect Controls 패널에서 Start of Ramp를 '1200, 430', Start Color를 '검은색/40%', End of Ramp를 '−335, 1355', End Color를 '검은색/100%'로 설정합니다.

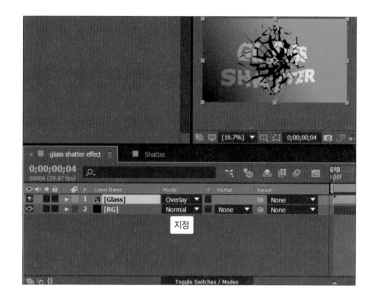

16 Timeline 패널에서 'Glass' 레이어의 Mode를 'Overlay'로 지정하여 마무리합니다.

17 램 프리뷰를 실행하여 영상을 확인합니다. Shatter 옵션은 유리가 깨지는 효과 외에도 여러 가지 모양의 깨지거나 부서지는 효과를 연출할 수 있습니다.

Idea로 상상하는 영상 만들기

Idea 이펙트를 활용하여 아이디어를 상상하는 듯한 타이포그래피 영상을 만들 수 있습니다. 이번에는 Idea 이펙트를 적용하여 특정 단어를 상상하는 듯한 간단한 영상을 제작해 봅니다.

◉ **예제 파일 ┃** Part 1\idea.png ◉ **완성 파일 ┃** Part 1\Idea.aep

1 이미지 불러오고 타이포그래피 디자인하기

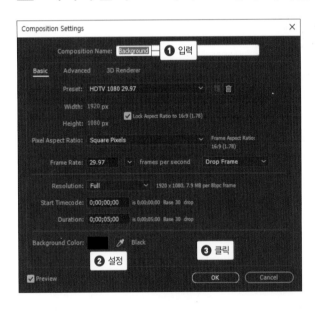

01 새 프로젝트를 만들고 **[Composition]** → **New Composition**(Ctrl+N)을 실행합니다. [Composition Settings] 대화상자에서 Composition Name에 'Background'를 입력하고 Duration을 '0;00;05;00'으로 설정한 다음 〈OK〉 버튼을 클릭하여 새로운 컴포지션을 만듭니다.

02 Ctrl+Y 키를 눌러 흰색 솔리드 레이어를 만들고, 솔리드 레이어를 추가하기 위해 Timeline 패널에서 마우스 오른쪽 버튼을 클릭한 다음 **New → Solid**를 실행합니다.

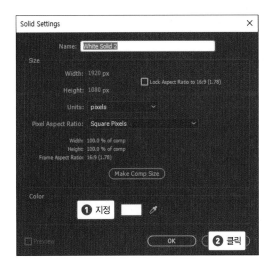

03 [Solid Settings] 대화상자에서 Color를 'White'로
지정하고 〈OK〉 버튼을 클릭합니다.

TIP 이전 과정에서 Color를 'White'로 지정했으므로 〈OK〉 버튼을 클릭해도 됩니다.

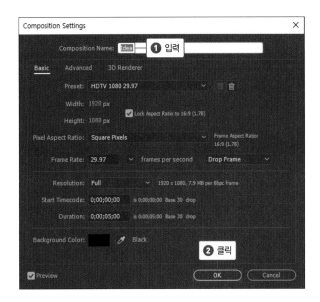

04 Ctrl+N 키를 눌러 [Composition
Settings] 대화상자에서 Composition
Name에 'Idea'를 입력하고 〈OK〉 버튼을 클릭해
새로운 컴포지션을 만듭니다.

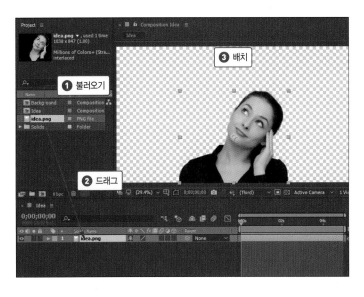

05 [File] → Import → File(Ctrl+I)
을 실행하여 Part 1 폴더에서
'idea.png' 파일을 불러옵니다. 인물 사
진을 'Idea' 컴포지션에 배치합니다.
Align 패널을 이용해 Composition 패널
의 화면 가운데에 배치합니다.

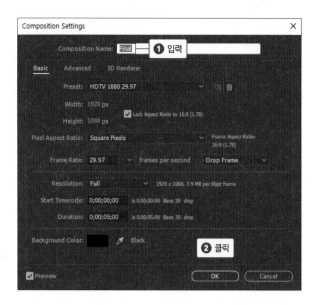

06 다시 Ctrl + N 키를 눌러 [Composition Settings] 대화상자가 표시되면 Composition Name에 'Final'을 입력하고 〈OK〉 버튼을 클릭하여 새로운 컴포지션을 만듭니다.

07 'Final' 컴포지션에 'Idea' 컴포지션과 'Background' 컴포지션을 드래그하여 배치합니다.

08 텍스트 레이어를 추가한 다음 아이디어와 연관된 영단어를 입력하고 다음과 같이 다양한 글꼴과 글자 크기, 색으로 꾸밉니다.

TIP 단어별로 글꼴과 색을 설정하여 다양한 느낌으로 나타냅니다. 또한 각 단어 사이에서 Spacebar 키를 눌러 공백을 적용합니다.

09 Timeline 패널에서 텍스트 레이어를 이동하여 'Idea'와 'Background' 레이어 사이에 배치합니다.

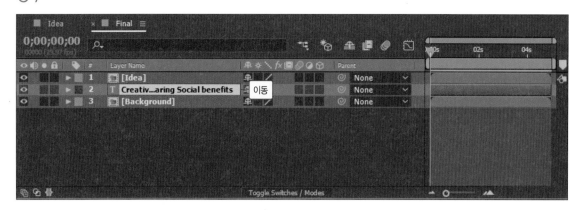

10 Effects & Presets 패널에서 'Idea'를 검색하고 편집한 텍스트에 드래그하여 이펙트를 적용합니다. Spacebar 키를 눌러 램 프리뷰를 실행하면 인물 뒤에 단어별로 움직이며 합쳐졌다가 흩어지는 텍스트 영상을 확인할 수 있습니다.

② 이펙트 설정하기

01 Timeline 패널에서 Wiggly Selector – Wiggle Pos 속성의 Max Amount를 '100%', Min Amount를 '−100%', Based On을 'Words', Wiggles/Second를 '0.1', Correlation을 '50%', Temporal Phase를 '3x +133°'로 설정합니다.

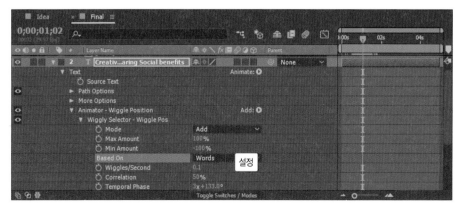

TIP Wiggle Position은 해당 텍스트의 비뚤어진 부분을 조정하며, 각 영역의 수치를 최대/최소로 설정할 수 있습니다. 또한 Based On을 지정해 글자, 단어 등을 기준으로 비틀 수 있습니다.

02 Position을 '390, 530', Rotation을 '4x +140°', Opacity를 '0%'로 설정합니다.

TIP 각 영역을 설정해 효과의 위치, 회전, 투명도와 움직임도 조정할 수 있습니다.

03 Randomize Scale 속성에서 Animator – Randomize Scale\Wiggly Selector – Randomize의 Scale을 '200, 200%'로 설정합니다.

TIP 텍스트 크기와 강도, 조정 기준 등을 랜덤으로 설정할 수 있습니다.

04 램 프리뷰를 실행하여 영상을 확인합니다. Idea 이펙트는 다양한 변수를 통해 원하는 대로 영상을 설정할 수 있습니다. 텍스트의 결합과 해체 등 효과가 나타납니다. 직접 속성을 설정해 각각의 효과 등을 확인합니다.

SECTION 17
After Effects CC 2018

호러 텍스트 애니메이션 제작하기

Liquify 이펙트와 타임라인을 이용하여 손가락 도구로 자연스럽게 흘러내리는 텍스트를 만들어 봅니다. 공포 영화의 타이틀 등을 제작할 때 사용해 보세요.

◉ **예제 파일** ┃ Part 1\Horror BG.jpg ◉ **완성 파일** ┃ Part 1\Horror text.aep

1 공포 분위기 배경과 텍스트 디자인하기

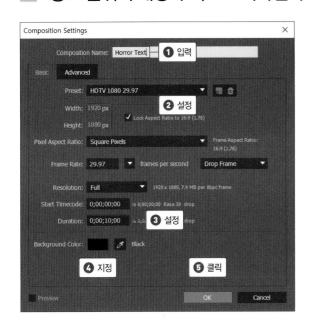

01 새 프로젝트를 만들고 메뉴에서 [Composition] → New Composition(Ctrl+N)을 실행합니다.
[Composition Settings] 대화상자가 표시되면 Composition Name에 'Horror Text'를 입력합니다. Width를 '1920px', Height를 '1080px', Duration을 '0;00;10;00'으로 설정합니다. Background Color를 '검은색'으로 지정한 다음 〈OK〉 버튼을 클릭합니다.

02 Part 1 폴더에서 배경 이미지인 'Horror BG.jpg' 파일을 불러옵니다. Project 패널에서 불러온 이미지를 'Horror Text' 컴포지션으로 드래그합니다. Composition 패널에서 이미지가 화면에 가득 차도록 확대합니다.

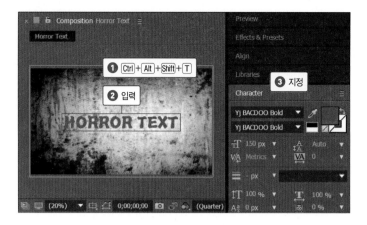

03 Ctrl + Alt + Shift + T 키를 눌러 텍스트 레이어를 추가합니다. Character 패널에서 글꼴을 'Yj BACDOO Bold', 글자 색을 '빨간색', 글자 크기를 '150px'로 지정합니다. Composition 패널의 화면에 'HORROR TEXT'를 입력합니다.

TIP 공포 분위기를 연출하기 위해 피가 흘러내리는 느낌의 빨간색을 이용했지만, 다른 색을 적용해도 상관없습니다. 글꼴, 글자 크기도 원하는 대로 변경해도 좋습니다.

04 Effects & Presets 패널에서 'Liquify'를 검색한 다음 해당 이펙트를 텍스트 레이어로 드래그해 적용합니다.

2 호러 영상 만들기

01 Timeline 패널의 텍스트 레이어가 선택된 상태에서 E 키를 눌러 이펙트를 나타냅니다. Liquify 속성에서 Distortion Mesh의 스톱워치(⏱)를 눌러 활성화한 다음 4초에도 키프레임을 추가합니다.

02 Effect Controls 패널에서 Warp Tool Options 속성의 Brush Size를 '10', Brush Pressure를 '65'로 설정하여 브러시를 설정합니다.

03 현재 시간 표시기를 4초로 이동한 다음 손가락 도구(🖐)를 이용하여 다음과 같이 텍스트를 드래그해서 흘러내리듯이 변형합니다.

TIP 손가락 도구로 텍스트를 드래그하면 자유롭게 변형할 수 있습니다.

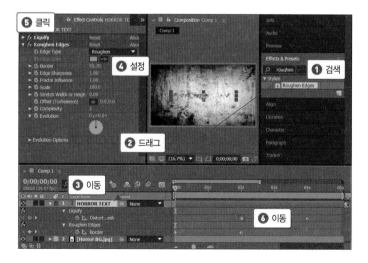

04 Effects & Presets 패널에서 Roughen Edges 이펙트를 검색하고 텍스트 레이어에 드래그하여 적용합니다. Timeline 패널에서 현재 시간 표시기를 0초로 이동합니다.

Effect Controls 패널에서 Roughen Edges의 Border를 '95.7'로 설정한 다음 스톱워치(🕙)를 눌러 활성화합니다.

2초 위치에 키프레임을 만들고 텍스트 레이어의 Liquify 속성에서 Distortion Mesh의 0초 키프레임을 2초로 이동합니다.

05 Timeline 패널에서 현재 시간 표시기를 2초로 이동합니다.
Effect Controls 패널에서 Roughen Edges의 Border를 '20'으로
설정합니다.

06 Timeline 패널에서 텍스트 레이어의 Mode를 'Darken'으로 지정하여 마무리합니다.

07 램 프리뷰를 실행하여 영상을 확인합니다. 손가락 도구로 얼마나 자연스럽게 흘러내리는 텍스트를 완성하
느냐에 따라 흘러내리는 정도를 다르게 연출할 수 있습니다. 이를 응용하여 공포 영화의 타이틀 등을 제
작할 때 사용 가능합니다.

SECTION 18
After Effects CC 2018

로토 브러시 도구로 영상 합성하기

애프터 이펙트의 로토 브러시 도구는 포토샵의 다각형 선택 도구(Polygonal Lasso Tool)와 비슷합니다. 영상의 일부분만 연속적으로 선택해서 배경을 삭제하거나 새로운 레이어로 만드는 등 매우 유용합니다. 이번에는 로토 브러시 도구를 이용해 영상을 합성해 봅니다.

◉ 예제 파일 ㅣ Part 1\Source.mp4, Source_Sky.mp4 　◉ 완성 파일 ㅣ Part 1\Roto brush.aep

1 로토 브러시로 선택 영역 지정하고 배경 정리하기

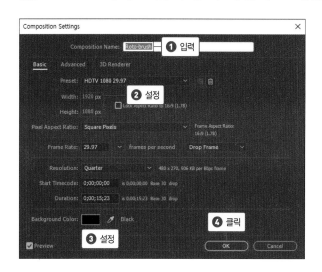

01 새로운 프로젝트를 만들고 Ctrl+N 키를 눌러 새로운 컴포지션을 만듭니다. [Composition Settings] 대화상자에서 Composition Name에 'Roto-brush'를 입력한 다음 Width를 '1920px', Height를 '1080px', Duration을 '0;00;15;23'으로 설정하고 〈OK〉 버튼을 클릭합니다.

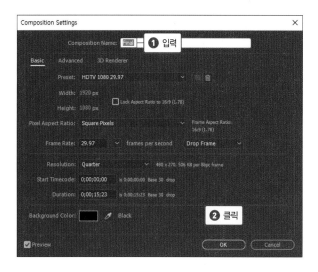

02 같은 길이의 컴포지션도 만들기 위해 다시 Ctrl+N 키를 누릅니다. [Composition Settings] 대화상자에서 Composition Name에 'Final'을 입력하고 〈OK〉 버튼을 클릭합니다.

03 작업할 소스 이미지를 가져오기 위해 Part 1 폴더에서 'Source.mp4', 'Source_Sky.mp4' 파일을 불러옵니다. 'Roto-brush' 컴포지션을 더블클릭하여 엽니다.

04 Project 패널에서 'Source.mp4' 파일을 'Roto-brush' 컴포지션에 드래그하여 배치합니다.

05 영상의 해상도를 설정하기 위해 메뉴에서 [View] → Resolution → Full(Ctrl+J)을 실행합니다.

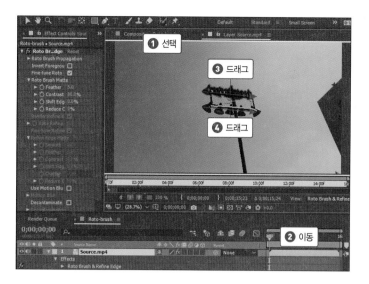

06 Tools 패널에서 로토 브러시 도구(🖌)를 선택합니다.

Timeline 패널에서 현재 시간 표시기를 시작 지점에 위치시키고 가로등만 드래그 하여 선택합니다. 녹색으로 나타나는 마우스 포인터를 드래그하여 선택 영역을 지정합니다.

TIP 로토 브러시 도구로 선택된 영역은 보라색으로 나타납니다.

07 브러시 크기는 Ctrl 키를 누른 채 좌우로 드래그하여 조정하거나 작업 화면 오른쪽 Brushes 패널에서 선택 또는 설정할 수 있습니다. 브러시 크기를 조정하여 세밀하게 선택 영역을 지정합니다.

08 선택 영역을 지정하다가 불필요한 영역이 선택되었을 때는 Alt 키를 누른 채 드래그하면 선택 영역이 바뀌어 자동으로 편집해 조정합니다.

08 클릭 또는 드래그하면서 선택 영역을 추가
합니다.

TIP 기준 프레임에서 바를 원하는 영역까지 드래그하여 늘리면 기준
프레임을 중심으로 선택 영역이 자동으로 나누어집니다. 이때 배경과
선택할 오브젝트의 차이가 불분명하거나 화질이 많이 떨어지면 로토 브
러시 기능이 떨어집니다.

09 편집할 오브젝트가 화면에서 사라지거나 완전히 다른 형태 또는 다른 앵글에서 촬영되면 로토 브러시는
대상을 찾지 못합니다. 그러므로 기준 프레임을 다시 지정하고 로토 브러시 도구(🖌)를 이용하여 선택
영역을 지정합니다.

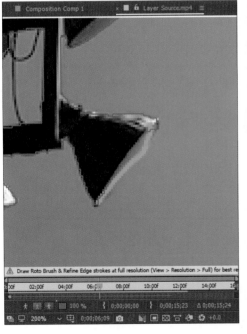

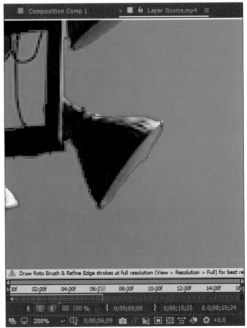

10 기준 프레임에서 1프레임씩 이동하며 선택한 오브젝트가 제대로 나타나는지 확인하고 재편집합니다.

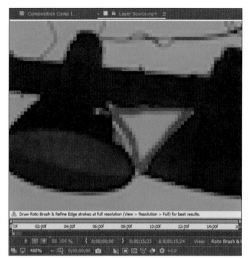
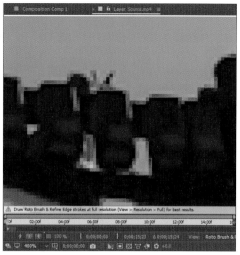

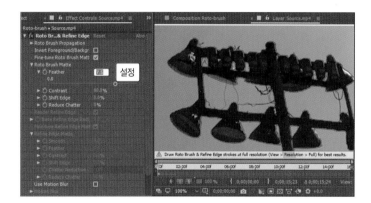

11 Effect Controls 패널에서 Feather를 '7.5'로 설정하여 선택 영역을 부드럽게 조정합니다.

12 Alt+4, Alt+5 키를 눌러 해당 영상을 다양한 모드로 확인할 수 있습니다.

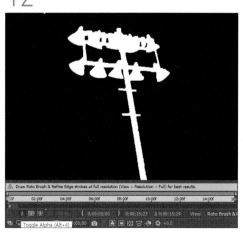

TIP 작업 중 모드 변화를 통해 선택한 오브젝트의 선명도를 비교할 수 있습니다. 특히, 오브젝트의 형태가 복잡할수록 단축키를 눌러 윤곽선의 선명한 정도나 미처 작업이 마무리되지 않은 부분을 확인할 수 있습니다. Alt+4 키를 누르면 오브젝트 색상을 흰색으로 바꾸며 배경 색상을 검은색으로 바꾸어 흑백으로 오브젝트의 로토 브러시 작업이 잘 되었는지 확인할 수 있습니다. Alt+5 키를 누르면 배경 색상을 바꾸어 오브젝트 작업의 정확성을 가늠하는 데 도움이 됩니다.

13 [Spacebar] 키를 눌러 램 프리뷰를 실행해 로토 브러시 작업이 제대로 진행되었는지 꼼꼼하게 확인합니다. 컴퓨터 성능에 따라 작업 시간에 차이가 날 수 있습니다.

2 영상에 감각적인 배경 적용하기

01 편집한 영상에 'Source_Sky. mp4' 파일을 활용해서 배경이 다른 영상을 합성하겠습니다.
'Final' 컴포지션에 'Roto-Brush' 컴포지션을 드래그하여 배치합니다.

02 Project 패널에서 'Source_Sky.mp4' 파일을 해당 컴포지션으로 드래그하여 배치합니다.

03 텍스트 레이어를 추가한 다음 Character 패널에서 글꼴을 'Helvetica Neue LT 97 Black', 글자 크기를 '108px'로 설정합니다. 'ROTO BRUSH / AFTER EFFECT'를 입력한 다음 화면 가운데에 배치합니다. 윗줄은 글자 색을 '흰색', 아랫줄은 '노란색'으로 지정합니다.

04 Timeline 패널에서 텍스트 레이어를 'Roto-brush' 레이어와 'Source_Sky.mp4' 레이어 사이에 배치하여 해당 텍스트 레이어를 'Roto-brush' 레이어 뒤에 배치합니다.

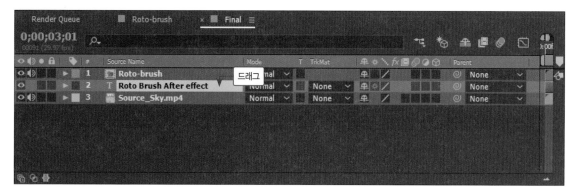

05 화면 오른쪽 끝에서 왼쪽 끝으로 영상의 시작과 끝을 기준으로 움직일 수 있도록 Transform 속성을 설정합니다.

0초 – Position: 2272.2, 513.8   15초 22프레임 – Position: –367.8, 513.8

06 해당 키프레임에서 [F9] 키를 눌러 이지이즈를 적용하여 마무리합니다.

07 램 프리뷰를 실행하여 영상을 확인합니다. 로토 브러시 도구는 영상에서 그래픽 등에 많이 활용하는 기능
으로 더욱 풍요로운 영상미나 시각적인 자극을 주는 데 탁월한 효과를 가집니다. 다만, 컴퓨터 사양 및 원
본 영상물 등의 제한을 고려할 필요가 있습니다.

SECTION 19
After Effects CC 2018

인포그래픽 영상 제작하기 1 – 원형 그래프

데이터를 효과적으로 전달하기 위해 애프터 이펙트의 다양한 효과를 활용하여 인포그래픽을 디자인할 수 있습니다. 그래프 디자인 기법 중 원형 그래프를 만드는 방법에 관해 알아봅니다.

▶ **예제 파일 |** Part 1\참고 그래프.png   ▶ **완성 파일 |** Part 1\Round graph.aep

1 원형 그래프 디자인하기

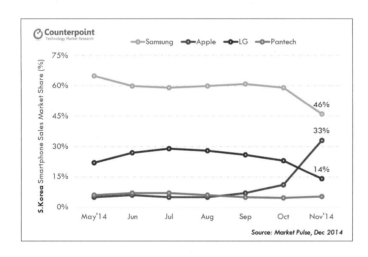

01 Part 1 폴더의 '참고 그래프 .png' 파일을 더블클릭하여 확인합니다. 선 그래프를 원형 그래프 영상으로 구현해 보겠습니다.

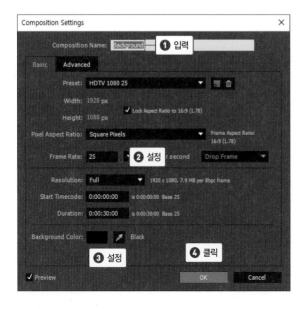

02 새 프로젝트를 만들고 Ctrl+N 키를 눌러 새로운 컴포지션을 만듭니다. [Composition Settings] 대화상자에서 Composition Name을 'Background', Frame Rate를 '25', Duration을 '0:00:30:00'으로 설정한 다음 〈OK〉 버튼을 클릭합니다.

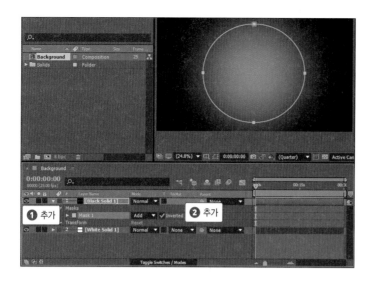

03 Ctrl + Y 키를 눌러 흰색과 검은색 솔리드 레이어를 추가하고 원형 마스크를 적용하여 다음과 같이 그러데이션 배경을 만듭니다.

TIP 원형 마스크를 이용하여 그러데이션 배경을 만드는 방법은 80쪽을 참고합니다.

04 Ctrl + N 키를 눌러 새로운 컴포지션을 만듭니다. [Composition Settings] 대화상자에서 Composition Name에 'Round Graph'를 입력하고 〈OK〉 버튼을 클릭합니다.

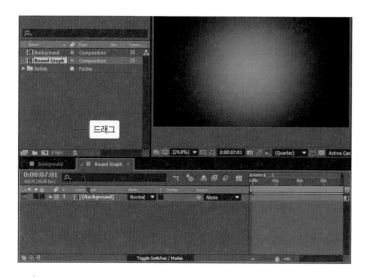

05 Project 패널에서 'Background' 컴포지션을 'Round Graph' 컴포지션으로 드래그하여 삽입합니다.

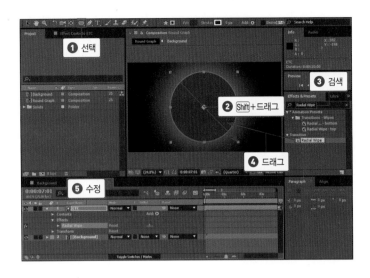

06 원형 도구(◉)를 선택한 다음 Shift 키를 누른 채 화면에 드래그 하여 정원을 그립니다.

Effects & Presets 패널에서 'Radial Wipe'를 검색하고 화면에 드래그하여 이 펙트를 적용합니다.

Timeline 패널에서 원 레이어를 선택 하고 Enter 키를 누른 다음 레이어 이름에 'ETC'를 입력합니다.

2 원형 그래프 애니메이션 만들기

01 Effect Controls 패널에서 Radial Wipe 속성의 5초에서 키프레임을 추가하고 Transition Completion 을 '100%', 6초에서는 Transition Completion을 '0%'로 설정합니다.

TIP Effect Controls 패널의 Transition Completion에서는 원하는 비율만큼 원 그래프의 크기를 설정할 수 있습니다. Start Angle에서는 효과가 시작될 영역을 지정할 수 있습니다. Wipe는 효과가 적용되는 방향과 중심을 설정할 수 있으며, Feather 수치도 설정할 수 있습니다.

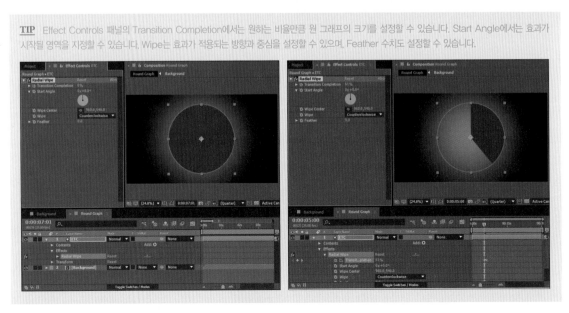

02 Timeline 패널에 새로운 텍스트 레이어를 만들고 레이어 이름을 'ETC 2'로 변경합니다. 다음과 같이 6초
부터 끝까지 나타나도록 타임라인을 조정합니다.

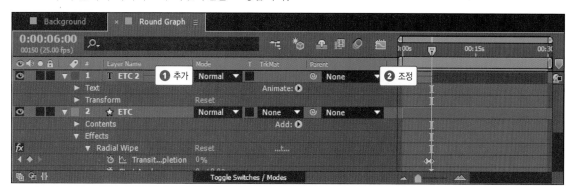

03 'ETC' 레이어를 복제한 다음 레
이어 이름을 'LG'로 변경합니다.
그래프에서 Pantech의 점유율인 7%를
나타내기 위해 먼저 4초에서 Transition
Completion을 '100%'로 설정합니다.

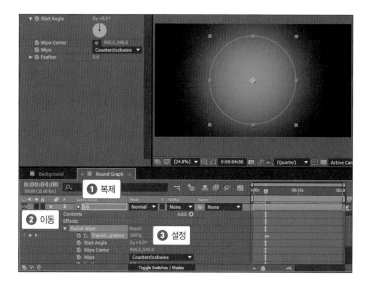

04 5초에서는 Transition Com-
pletion을 '7%'로 설정합니다.

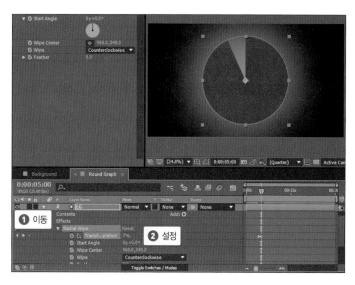

TIP Contents 속성의 Ellipse 1\Fill 1의 Color를 '빨
간색'으로 지정합니다.

05 같은 방법으로 'LG 2' 텍스트 레이어를 만들고 화면에 'LG'를 입력한 다음 다음과 같이 5초부터 끝까지 나타나도록 타임라인을 조정합니다.

06 Timeline 패널에서 'LG' 레이어를 복제하고 레이어 이름을 'Samsung'으로 변경합니다. 3초에서는 Transition Completion을 '100%'로 설정합니다.

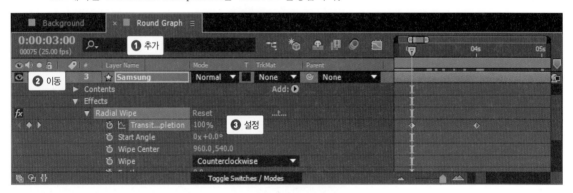

07 4초로 이동한 다음 Transition Completion을 '21%'로 설정합니다.

TIP 4초에서는 Transition Completion을 ETC와 LG의 점유율을 뺀 '21%'로 설정합니다.
Contents 속성의 Ellipse 1\Fill 1의 Color를 '파란색'으로 지정합니다.

08 'Samsung 2' 텍스트 레이어를 추가하고 화면에 'Samsung'을 입력한 다음 4초부터 끝까지 나타나도록 타임라인을 조정합니다.

09 'Samsung' 레이어를 복제한 다음 레이어 이름을 'Apple'로 변경하고 속성을 설정합니다. 100%에서 애플의 점유율 33%를 뺀 '67%'를 나타내기 위해 Transition Completion을 '33%'로 설정합니다. 2초에서는 Transition Completion을 '100%'로 설정합니다.

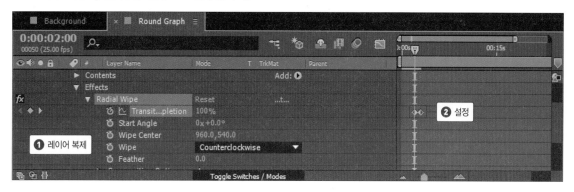

10 3초에서는 Transition Completion을 '67%'로 설정합니다.

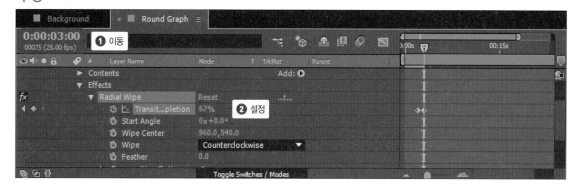

TIP Contents 속성의 Ellipse 1\Fill 1의 Color를 '밝은 회색'으로 지정합니다.

11 마지막 'Apple 2' 텍스트 레이어를 다음과 같이 3초부터 시작하도록 조정하고 화면에 'Apple'을 입력합니다.

12 각 레이어의 순서는 다음과 같습니다. 레이어 순서를 확인하고 작업을 마무리합니다.

13 램 프리뷰를 실행하여 영상을 확인합니다. 회사별 점유율이 해당 값과 같은 순서에 따라 연출됩니다. 이처럼 Radial Wipe 이펙트를 이용해 원형 그래프를 영상에서 훌륭하게 구현할 수 있으며, 다양한 이펙트와 함께 사용하면 더욱 효과적입니다.

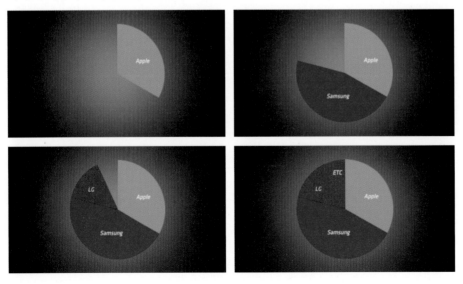

인포그래픽 영상 제작하기 2 - 막대 그래프

다양한 그래프 기법 중 막대(Bar) 그래프를 제작해 봅니다. 예제에서는 그래프의 막대가 순차적으로 나타나며, 크기가 점차 커지는 그래프 막대를 표현해 시각적으로 풍부한 영상미와 효과적인 인포그래픽을 구성하는 방법에 대해 알아봅니다.

▶ **예제 파일** ┃ Part 1\참고 그래프.png　　▶ **완성 파일** ┃ Part 1\Bar graph.aep

1 막대 그래프 디자인하기

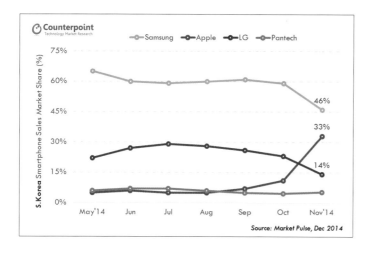

01 Part 1 폴더에서 '참고 그래프.png' 파일을 더블클릭하여 확인합니다. 이번에는 다양한 그래프 형태를 인포그래픽으로 재현하기 위한 기법 중 막대(Bar) 그래프 제작 방법을 살펴보겠습니다.

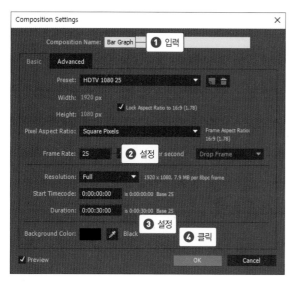

02 새 프로젝트를 만들고 Ctrl+N 키를 눌러 새로운 컴포지션을 만듭니다. [Composition Settings] 대화상자에서 Composition Name을 'Bar Garph', Frame Rate를 '25', Duration을 '0:00:30:00'으로 설정한 다음 〈OK〉 버튼을 클릭합니다.

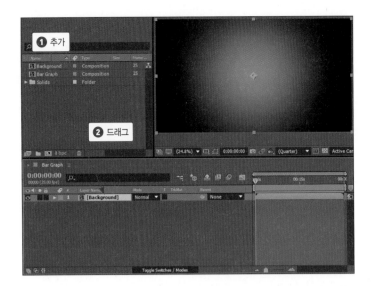

03 이전 과정과 같은 방법으로 'Background' 컴포지션을 추가한 다음 'Bar Garph' 컴포지션에 드래그하여 삽입합니다.

04 펜 도구(✏)를 선택한 다음 선 색을 '밝은 회색'으로 지정하고 다음과 같이 그래프의 X/Y축을 그립니다. Y축의 중간과 끝에는 짧게 구분 선을 추가합니다.

05 Timeline 패널의 Stroke 1 속성에서 Opacity를 '100%', Stroke Width를 '2', Line Cap을 'Round Cap', Line Join을 'Miter Join', Miter Limit를 '4'로 설정하여 선 스타일을 설정합니다.

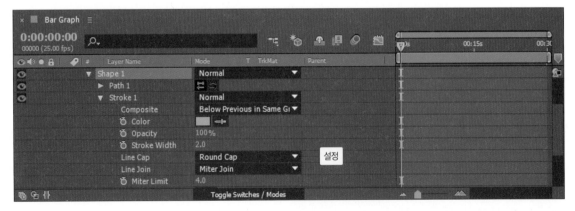

06 메뉴에서 [Layer] → New → Text(Ctrl+Alt+Shift+T)를 실행하여 새로운 텍스트 레이어를 만듭니다. Y축에 기준 값을 입력한 다음 배치합니다. 이때 Y축의 최대 값을 '60%'로 설정합니다. 배치된 각각의 텍스트 레이어 시작 부분을 5프레임에 맞춰 조정합니다.

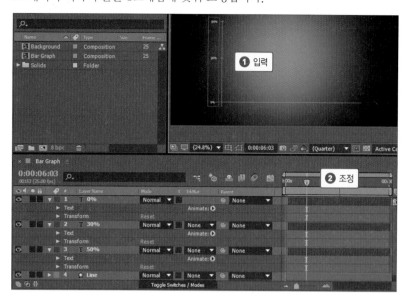

2 막대 그래프 애니메이션 만들기

01 새로운 텍스트 레이어를 만들고 X축 값을 왼쪽부터 각각 Apple, Samsung, LG, Pantech 순으로 입력합니다. Timeline 패널에서 'Apple 2' 레이어의 시작 시간을 1초로 조정하고, 'Samsung 2' 레이어는 시작 시간을 1초 13프레임으로 조정합니다. 또한, 'LG 2' 레이어는 2초, 'Pantech' 레이어는 2초 13프레임으로 시작 부분을 조정합니다.

02 램 프리뷰를 통해 영상을 확인하면 각각의 요소들이 일정한 순서에 따라 나타나는 것을 볼 수 있습니다.

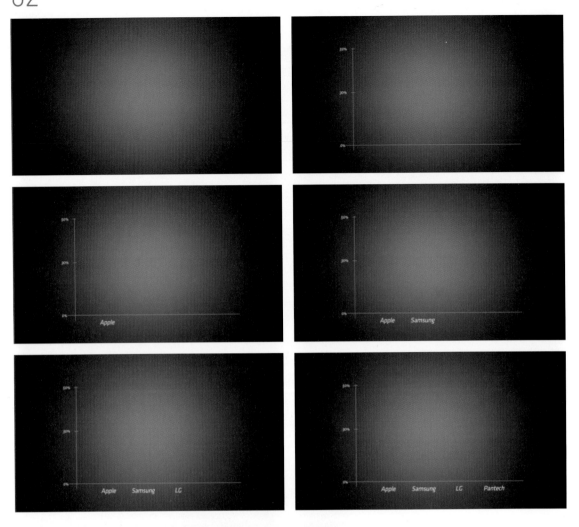

03 사각형 도구(■)를 선택한 다음 Fill을 밝은 회색으로 지정하고 다음과 같이 드래그하여 막대를 만듭니다. Timeline 패널에서 해당 레이어의 이름을 'Apple'로 변경합니다.

04 Rectangle Path 1 속성에서 Size를 '80, 600', Position을 '0, 0', Roundness를 '0'으로 설정합니다.

05 Transform: Bar 속성에서 Position을 '–411.3, 341'으로 설정합니다. 막대 그래프가 아래에서 위로 나타나도록 크기를 조정하기 위해 Scale의 키프레임을 추가하고 막대 크기(600)의 절반인 '300%'로 설정합니다. F9 키를 눌러 이지이즈를 적용합니다.

06 막대 그래프가 선택된 상태에서 Stroke 1 속성의 Color를 '흰색', Fill 1 속성의 Color를 '회색'으로 설정합니다.

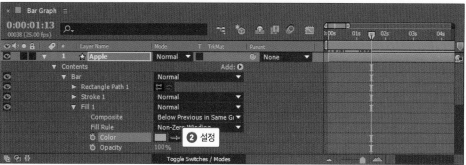

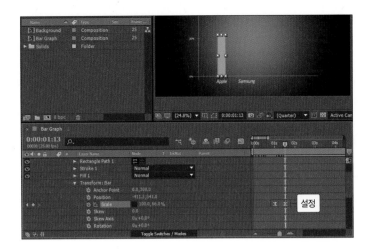

07 이번에는 Contents 속성에서 Transform: Bar의 Scale을 설정합니다. 1초에서는 Scale을 '0, 0%', 1초 13프레임에서는 Scale을 '100, 66%'로 설정합니다. F9 키를 눌러 이지이즈를 적용합니다.

TIP Scale을 설정할 때는 잠금 아이콘을 비활성화한 상태에서 입력해야 비율에 따라 수치가 달라지지 않습니다. 그래프에서 Apple의 막대 크기는 1초에서 '0%', 1초 13프레임에서 '66%'로 실제 값인 33%의 2배로 설정하였습니다. 또한, 1초에서는 X축의 Apple 텍스트가 함께 나타나 1초 13프레임까지 Apple 막대 그래프가 66%까지 높아집니다.

08 'Samsung' 레이어에도 막대 그래프를 만들어 배치하고 Tools 패널 오른쪽에서 Fill을 '파란색'으로 지정합니다. 1초 13프레임에서는 Scale을 '100, 0%', 2초에서는 Scale을 '100, 92%'로 설정합니다. F9 키를 눌러 이지이즈를 적용합니다.

TIP 'Samsung' 레이어의 Scale도 실제 수치인 '46%'의 2배인 '92%'로 설정합니다. Samsung 막대 그래프는 1초 13프레임에 Scale이 '0%'로 시작되어 2초에 '92%'로 고정됩니다.

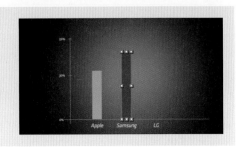

09 'LG' 레이어에 막대 그래프를 만들어 배치하고 Tools 패널 오른쪽에서 Fill을 '빨간색'으로 지정합니다. 프레임 시점에 맞게 2초에서는 Scale을 '100, 0%', 2초 13프레임에서는 Scale을 '100, 28%'로 설정합니다. F9 키를 눌러 이지이즈를 적용합니다.

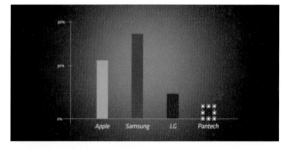

10 마지막으로 'Pantech' 레이어에 막대 그래프를 만들어 배치하고, Tools 패널 오른쪽에서 Fill을 '어두운 회색'으로 지정합니다.
2초 13프레임에서는 Scale을 '100, 0%', 3초에서는 Scale을 '100, 14%'로 설정합니다. F9 키를 눌러 이지이즈를 적용하여 마무리합니다.

11 램 프리뷰를 실행하여 영상을 확인합니다. 시간별로 각각의 막대 그래프 높이가 변화되며 나타납니다. 이처럼 모션을 통한 막대 그래프로 인포그래픽 영상을 조금 더 특별하게 제공할 수 있습니다.

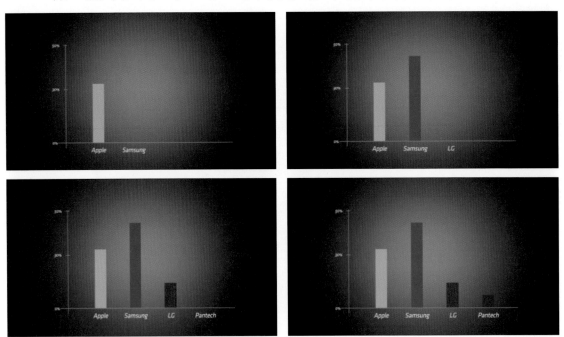

SECTION 21
After Effects CC 2018

인포그래픽 영상 제작하기 3 – 선 그래프

다양한 그래프 효과들을 대조적으로 활용하여 강조하려는 부분을 시각적으로 더욱 부각시킬 수 있습니다. 이번에는 선 그래프 모션 그래픽을 완성하고 강조해 봅니다.

◉ **예제 파일** I Part 1\참고 그래프.png   ◉ **완성 파일** I Part 1\Line graph.aep

1 선 그래프 디자인하기

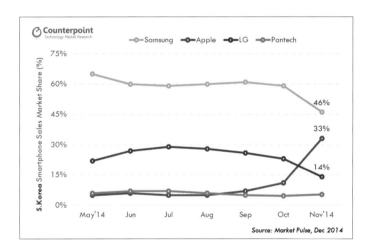

01 Part 1 폴더에서 '참고 그래프.png' 파일을 더블클릭하여 확인합니다. 다음의 그래프를 기준으로 선 그래프 영상을 제작해 보겠습니다.

02 새 프로젝트를 만들고 Ctrl+N 키를 눌러 새로운 컴포지션을 만듭니다. [Composition Settings] 대화상자에서 Composition Name을 'Background', Frame Rate를 '25', Duration을 '0:00:15:00'으로 설정한 다음 〈OK〉 버튼을 클릭합니다.

03 마스크와 Gradient Ramp 이펙트를 활용하여 다음과 같이 그러데이션 배경을 만듭니다.

TIP 원형 마스크를 이용하여 그러데이션 배경을 만드는 방법은 80쪽을 참고합니다.

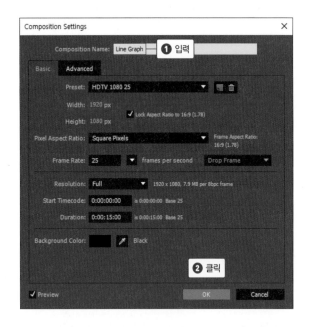

04 Ctrl+N 키를 눌러 새로운 컴포지션을 만듭니다. [Composition Settings] 대화상자에서 Composition Name에 'Line Graph'를 입력하고 〈OK〉 버튼을 클릭합니다.

05 펜 도구(✏)를 이용하여 6개의 수평선을 그려 선 그래프의 Y축을 만듭니다. Y축 선 그래프 간격은 양끝 Alignment 옵션을 활용해 일정 간격으로 맞춥니다.

06 Stroke 1 속성의 Dashes에서 Das를 '2', Gap을 '6', Offset을 '0'으로 설정하여 점선으로 만듭니다.

07 선 그래프 왼쪽에 다음과 같이 아래부터 Y축 값인 '0%', '15%', '30%', '45%', '60%', '75%' 텍스트를 입력하여 배치합니다.

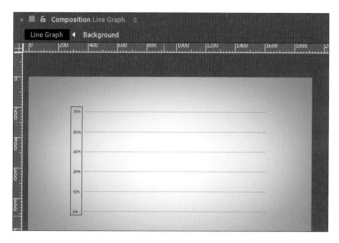

08 'Background' 컴포지션을 제외한 Y축 레이어를 모두 선택하고 마우스 오른쪽 버튼을 클릭한 다음 Pre-compose를 실행하여 묶습니다. 레이어 이름을 'Y Value'로 이름을 수정합니다.

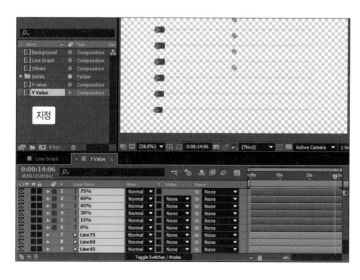

2 선 그래프 애니메이션 만들기

01 Y Value에 Linear Wipe와 Fade In+Out－frames 이펙트를 적용합니다.

02 Fade In+Out－frames 이펙트는 기본으로 적용하고, Linear Wipe 이펙트는 다음과 같이 13프레임 간격으로 100%에서 0%로 작동하도록 설정하겠습니다.

0초에서 Transition Completion 왼쪽의 스톱워치(⏱)를 눌러 활성화하고 수치를 '100%'로 설정합니다. 13프레임에서는 Transition Completion을 '0%'로 설정합니다.

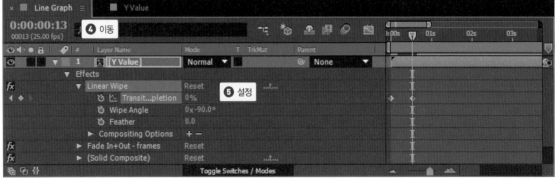

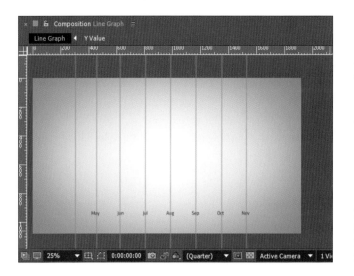

03 이번에는 텍스트 레이어에 X축 항목을 입력하겠습니다.

왼쪽에서부터 'May', 'Jun', 'Jul', 'Aug', 'Sep', 'Oct', 'Nov'를 입력합니다. 텍스트를 일정한 간격으로 배치하기 위해 Align 패널을 이용하여 가운데 정렬합니다.

TIP Ctrl+R 키를 눌러 눈금자를 활성화하고 예제와 같이 세로 안내선을 활용하여 텍스트를 정렬하면 더욱 편리합니다. 안내선을 숨기려면 표시된 안내선 방향을 반대로 이동하여 여백으로 드래그합니다.

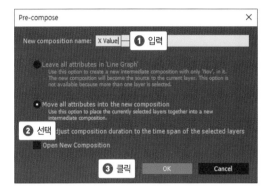

04 Timeline 패널에서 X축 레이어들을 모두 선택하고 마우스 오른쪽 버튼을 클릭한 다음 **Pre-compose**를 실행합니다.

[Pre-compose] 대화상자가 표시되면 New composition name에 'X Value'를 입력하고 'Move all attributes into the new composition'을 선택한 다음 〈OK〉 버튼을 클릭합니다.

05 X Value 레이어에 Linear Wipe, Fade In+Out – frames 이펙트를 적용합니다.

Linear Wipe 이펙트를 13프레임 간격으로 100%에서 0%로 작동하도록 0초에서는 Transition Completion을 '100%', 13프레임에서는 Transition Completion을 '0%'로 설정합니다.

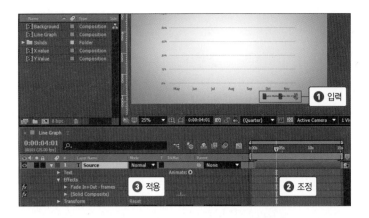

06 컴포지션 화면 오른쪽 아래에 텍스트 레이어를 추가하여 그래프 소스 정보를 입력합니다.

13프레임에 해당 소스가 나타나도록 배치하고 Fade In+Out – frames 이펙트를 적용합니다.

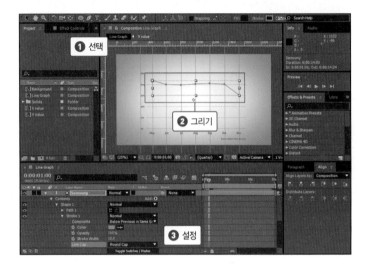

07 펜 도구()를 이용하여 다음과 같이 1초에서 시작하는 Samsung의 선 그래프를 그립니다.

Timeline 패널에서 Color를 '밝은 파란색', Opacity를 '100%', Stroke Width를 '10', Line Cap을 'Round Cap'으로 지정합니다.

08 선에 Linear Wipe, Fade In+Out – frames 이펙트를 적용합니다. 1초에서는 Linear Wipe 속성의 Transition Completion 왼쪽의 스톱워치()를 눌러 활성화하고 수치를 '100%'로 설정합니다. 2초에서는 Transition Completion을 '0%'로 설정합니다.

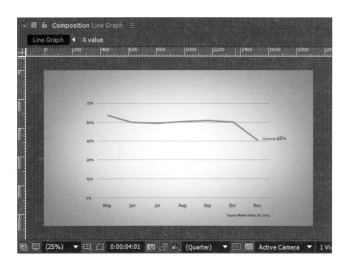

09 텍스트 레이어를 만들고 'Samsung 46%'를 입력한 다음 선 그래프 오른쪽에 배치합니다.

10 2초에 해당 텍스트가 화면에 나타나도록 배치한 다음 Fade In+Out − frames 이펙트를 적용합니다.

11 첫 번째 선과 같은 방법으로 Apple 을 제외한 다른 선 그래프와 소스 제공 텍스트를 추가합니다.

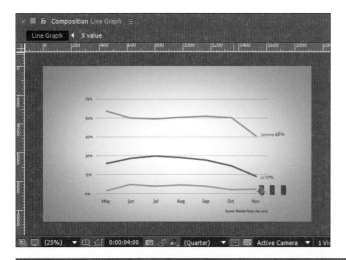

TIP 회사마다 선 그래프의 출현 시간은 1초 간격이며, 해당 회사의 수치가 나타나는 시간과 다음 회사의 그래프 시작 값은 같습니다.

12 회사별 선 그래프를 선택하고 마우스 오른쪽 버튼을 클릭한 다음 **Pre-compose**를 실행하여 'Others'로 묶습니다.

13 ⓪ 키를 눌러 램 프리뷰를 실행해 영상에서 Linear Wipe 이펙트로 X, Y축이 나타나고 이후 관련 그래프가 일정 간격대로 나타나는 영상을 확인할 수 있습니다.

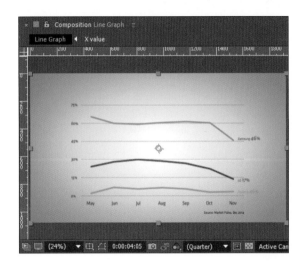

14 Apple 선 그래프를 강조하기 위해 'Others' 컴포지션의 Transform 속성을 펼칩니다. 5초에서는 Opacity 왼쪽의 스톱워치(◉)를 눌러 활성화하고 수치를 '100%'로 설정합니다. 5초 12프레임에서는 Opacity를 '20%', 13초에서는 Opacity를 '20%', 13초 13프레임에서는 Opacity를 '100%'로 설정합니다.

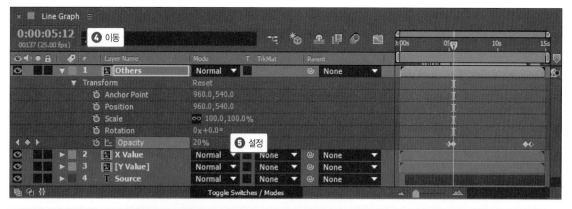

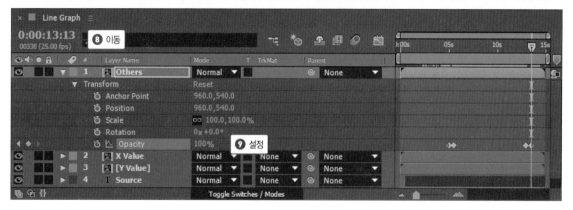

③ 선 그래프 강조하기

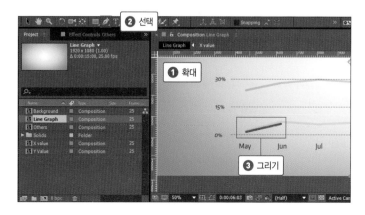

01 Composition 패널의 화면을 확대하고 펜 도구(✎)를 이용해 이전 회사들과 같은 굵기로 다음과 같이 짙은 회색 선을 그립니다.

02 짙은 회색 선의 시작 부분을 5초 13프레임으로 지정합니다. Linear Wipe 이펙트를 적용하고 Wipe Angle을 '-90"로 설정합니다. 5초로 이동하고 Transition Completion 왼쪽의 스톱워치(⏱)를 눌러 활성화한 다음 수치를 '100%'로 설정합니다. F9 키를 눌러 Easy Ease 모드를 적용합니다. 6초에서는 Transition Completion을 '0%'로 설정합니다.

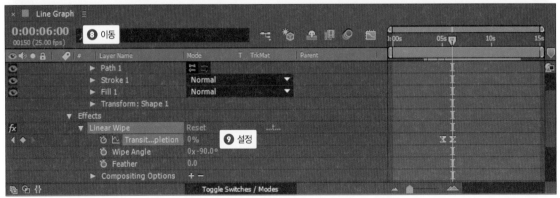

03 선의 움직임을 더욱 역동적으로 표현하기 위해 'Graph Editor' 아이콘(▣)을 클릭하여 다음과 같이 움직임을 설정합니다. 램 프리뷰를 확인하면 선이 느리게 나타났다가 빠르게 이동하는 것을 확인할 수 있습니다.

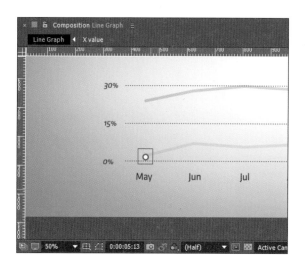

04 X축의 월별 지표가 Apple의 실적 변화를 더 강조하도록 원형 도구(◯)를 이용하여 다음과 같이 원을 그립니다. 이때 면 색상은 '흰색', 선 색상은 Apple 선 그래프 색상과 같게 설정합니다.

05 원이 13프레임 간격으로 점차 커지도록 5초에서는 Scale을 '0, 0%', 5초 13프레임에서는 Scale을 '45, 45%'로 설정합니다. 키프레임을 만들고 F9 키를 눌러 이지이즈를 적용합니다.

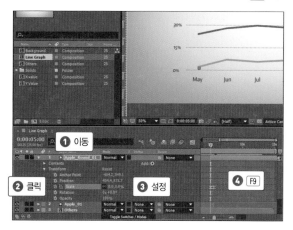
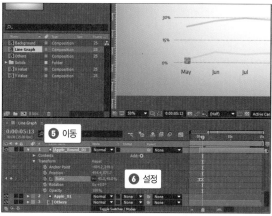

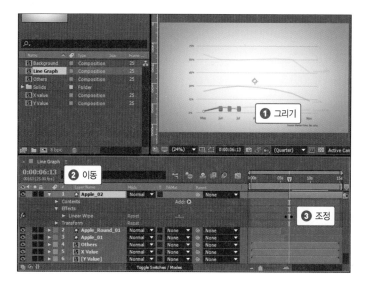

06 같은 방법으로 두 번째 선을 만들어 이전에 만든 선과 1초 간격인 6초 13프레임부터 시작하도록 타임라인을 조정합니다.

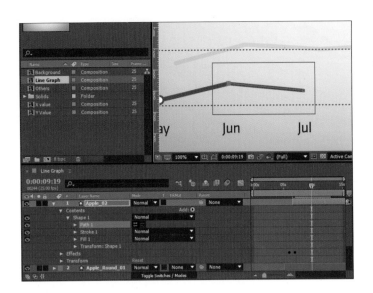

07 선 그래프의 Y축을 참고 그래프 (Jun–Jul)의 Apple처럼 배치합니다.

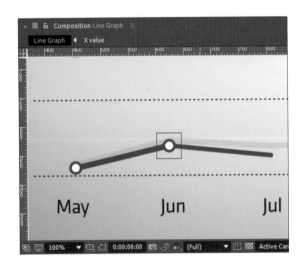

08 두 번째 원도 Jun에 해당하는 선 그래프 위에 배치합니다.

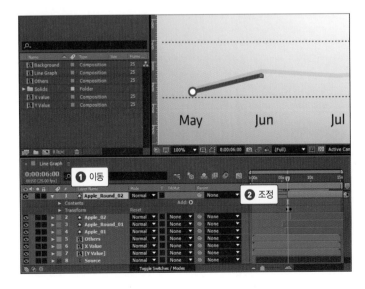

09 원의 시작 부분을 이전 원과 1초 간격인 6초로 조정합니다.

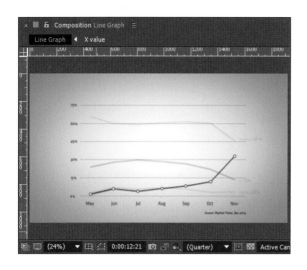

10 나머지 4개의 선과 5개의 원을 다음과 같이 설정합니다.

11 마지막으로 Apple 선 그래프의 수치를 텍스트 레이어를 추가한 다음 입력하고, 12초에 나타나게 배치합니다. 또한 Fade In+Out – frames 이펙트를 기본으로 적용해 마무리합니다.

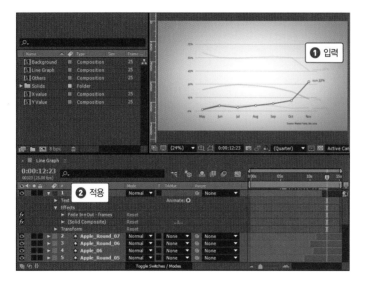

12 램 프리뷰를 실행하여 영상을 확인합니다. 영상을 확인하면 Apple을 제외한 회사별 그래프가 일정 순서대로 나타난 다음 잠시 투명해지고, Apple의 월별 실적이 시간 순으로 나타나며, 지표를 통해 강조됩니다.

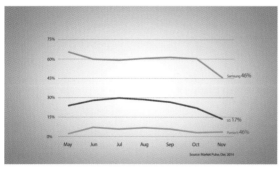
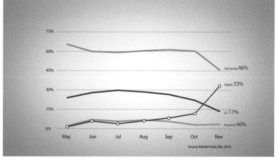

TIP 영상을 통하여 사용자에게 보여줄 정보가 복잡한지 단순한지를 파악할 필요가 있습니다. 그 이유는 사용자가 더욱 효율적으로 해당 정보를 인지할 수 있도록 제공할 의무가 있기 때문입니다. 따라서 제공할 정보에 대한 복잡성 유무와 효과적인 시각화 방안에 대하여 스스로 고민해 봅니다.

일러스트를 이용해 타이틀 바와 영상 제작하기

일러스트레이터에는 펜 도구로 구현하기 힘든 다양한 형태의 오브젝트를 만들 수 있어 여러모로 활용합니다. 이번에는 일러스트 파일을 이용하여 타이틀 바와 함께 로고 영상을 제작해 봅니다.

▶ **예제 파일** ┃ Part 1\EPL Logo.ai, Logo_Broadcast Company.ai, Source_01_Title Bar.ai, Source_02_Title Bar.ai, Source_03_Stadium.ai
▶ **완성 파일** ┃ Part 1\Title bar.aep

1 일러스트레이터 파일 불러오기

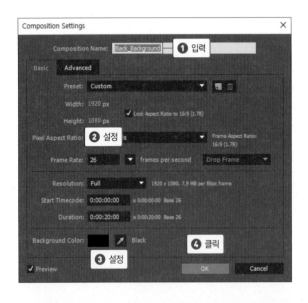

01 새 프로젝트를 만들고 Ctrl+N 키를 눌러 새로운 컴포지션을 만듭니다. [Composition Settings] 대화상자에서 Composition Name을 'Black_Background', Frame Rate를 '26', Duration을 '0:00:20:00'으로 설정하고 〈OK〉 버튼을 클릭합니다.

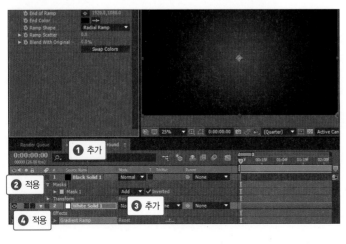

02 Ctrl+Y 키를 눌러 검은색 솔리드 레이어를 만들고 마스크를 적용하여 다음과 같이 검은색 원형 그러데이션 배경을 만듭니다.
또한 흰색 솔리드 레이어를 만들고 Gradient Ramp 이펙트를 적용합니다.

TIP 원형 마스크를 이용하여 그러데이션 배경을 만드는 방법은 80쪽을 참고합니다.

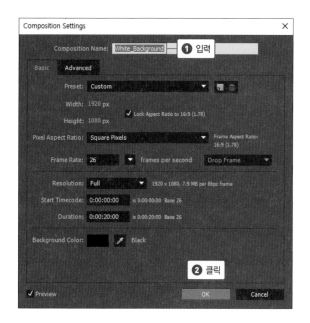

03 두 개의 솔리드 레이어 배경을 활용하기 위해 Ctrl+N 키를 눌러 새로운 컴포지션을 만듭니다. [Composition Settings] 대화상자에서 Composition Name에 'White_Background'를 입력하고 〈OK〉 버튼을 클릭합니다.

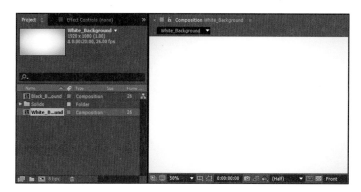

04 흰색 솔리드 레이어를 추가하고 다음과 같이 흰색 원형 그러데이션 배경을 만듭니다.

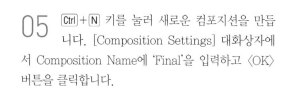

TIP 원형 마스크를 이용하여 그러데이션 배경을 만드는 방법은 000쪽을 참고합니다.

05 Ctrl+N 키를 눌러 새로운 컴포지션을 만듭니다. [Composition Settings] 대화상자에서 Composition Name에 'Final'을 입력하고 〈OK〉 버튼을 클릭합니다.

06 Project 패널에서 'White_Background'와 'Black_Background' 컴포지션을 Final 컴포지션에 드래그하여 삽입합니다.

07 6초에 흰색 배경이 나타나도록 Timeline 패널에서 'Black_Background' 레이어를 0초~6초, 'White_Background' 레이어를 6초부터 끝까지 조정합니다.

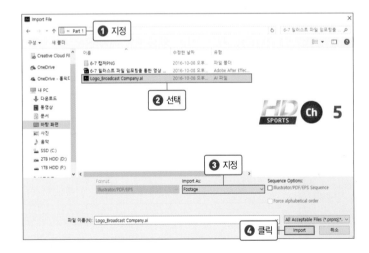

08 Ctrl+I 키를 눌러 [Import File] 대화상자가 표시되면 Part 1 폴더에서 'Logo_Broadcast Company.ai' 파일을 선택한 다음 Import As를 'Footage'로 지정하고 〈Import〉 버튼을 클릭하여 로고 이미지를 불러옵니다.

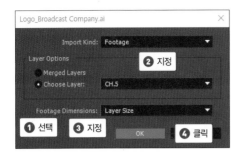

09 파일 불러오기에 관한 대화상자가 표시되면 Layer Options 항목에서 'Choose Layer'를 선택하고 'Ch. 5'로 지정합니다. Footage Dimensions를 'Layer Size'로 지정하고 〈OK〉 버튼을 클릭합니다.

TIP 일러스트 파일을 불러올 때 레이어별로 각각 선택하여 불러올 수 있습니다. Footage Dimensions를 'Layer Size'로 지정한 다음 불러들여야 컴포지션 화면 전체가 아닌 해당 일러스트 파일 크기에 맞게 편집할 수 있습니다.

10 같은 방법으로 'Logo_Broadcast Company. ai' 파일의 다른 레이어인 'Ch. Logo'와 'HD Sports' 레이어를 각각 선택하여 불러옵니다.

파일 불러오기에 관한 대화상자의 Layer Options 항목에서 'Choose Layer'를 선택한 다음 'Ch. Logo', 'HD Sports'를 각각 선택합니다. Footage Dimensions를 모두 'Layer Size'로 지정하고 〈OK〉 버튼을 클릭하여 일러스트 파일을 불러옵니다.

11 Project 패널에서 'Final' 컴포지션에 불러들인 일러스트(AI) 파일을 드래그하여 배치한 다음 마우스 오른쪽 버튼을 클릭하고 **Pre-compose**를 실행하여 'Ch.5'로 묶습니다.

② 일러스트 파일을 이용해 타이틀 바 만들기

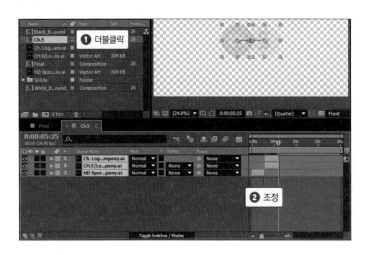

01 Project 패널에서 'Ch.5' 컴포지션을 더블클릭합니다. Timeline 패널에서 'HD sports company' 레이어는 0초~2초 25프레임, 'CH.5'와 'Ch. Logo' 레이어는 2초 25프레임~5초 25프레임으로 조정합니다.

02 먼저 HD Sports 로고에 Fade In+Out – frames와 Lens Flare 이펙트를 적용합니다.

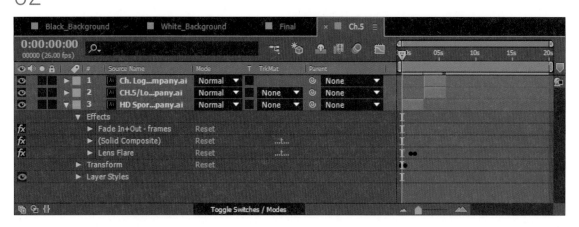

03 Timeline 패널에서 Lens Flare 속성을 펼치고 1초 7프레임에서는 Flare Center를 '677.6, 169.2', 1초 20프레임에서는 Flare Center를 '1242.4, 169.2'로 설정하여 로고를 한 번 강조합니다. F9 키를 눌러 이지이즈 모드를 실행합니다.

TIP 이지이즈 모드는 애니메이션이 같은 속도로 나타나는 게 아니라 처음에는 천천히 시작하여 마지막으로 갈수록 빠르게 나타나는 효과입니다. 이지이즈 모드가 적용되지 않은 애니메이션의 키프레임은 직선 그래프처럼 같은 속도로 움직이는 반면, 이지이즈 모드가 적용된 애니메이션의 키프레임은 곡선 그래프처럼 점점 가속도가 붙으면서 해당 모션이 실행됩니다. 따라서 더욱 자연스럽습니다.

04 Fade In+Out – frames의 속
성을 펼치고 Fade In Duration
(frames)을 '5'으로 설정합니다.

05 화면 외부에서 큰 로고가 등장하여 배치되는 것처럼 연출하기 위해 Scale을 설정하겠습니다. 0초에서
Scale 왼쪽의 스톱워치(◯)를 눌러 활성화하고 수치를 '50000, 50000%'로 설정합니다. F9 키를 눌러
이지이즈를 적용합니다. 15프레임에서는 Scale을 '100, 100%'로 설정합니다. 램 프리뷰를 통해 해당 부분을 재생
하면 마치 멀리서 원근감 있게 로고가 다가와 화면에 배치되는 것 같은 입체감을 구현할 수 있습니다.

06 Ch.5 로고에 이펙트를 적용하기 위해 두 개의 일러스트 파일(Ch. Logo, Ch.5)에 Fade In+Out−frames 이펙트를 적용하고 Timeline 패널에서 Fade In Duration을 각각 '0'으로 설정합니다.

07 두 개의 원형 로고가 화면 가운데에 나타났다가 양 옆으로 퍼지는 듯한 영상을 만들기 위해 먼저 빨간색 원형 로고(Ch)의 Transform 속성을 펼칩니다. 3초에서는 Position을 '960, 540', 3초 13프레임에서는 Position을 '826, 540'으로 설정합니다. 키프레임을 만들고 F9 키를 눌러 이지이즈를 적용합니다.

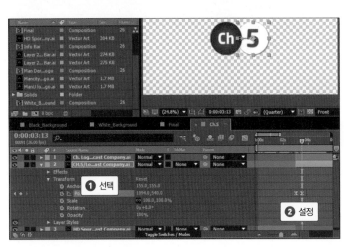

08 흰색 원형 로고(5)의 Transform 속성에서 3초에서는 Position을 '960, 540', 3초 13프레임에서는 Position을 '1094, 540'으로 설정합니다. 키프레임을 만들고 F9 키를 눌러 이지이즈를 적용합니다.

09 램 프리뷰를 실행하면 'Ch.5' 컴포지션의 전체 영상에서 HD Sports 로고가 입체감 있게 화면에 일정 시간 동안 등장한 다음 사라지고 곧이어 Ch.5 원형 로고들이 양 옆으로 퍼지는 영상이 구현됩니다.

3 타이틀 바 애니메이션 구현하기

01 'Source_01_Title Bar.ai', 'Source_02_Title Bar.ai' 파일을 불러옵니다.
파일 불러오기 관련 대화상자에서 Import Kind를 'Footage'로 지정한 다음 해당 레이어를 선택하고 Footage Dimensions를 'Layer Size'로 지정한 다음 〈OK〉 버튼을 클릭하여 불러옵니다.

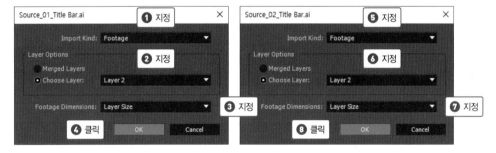

02 'Source_01_Title Bar.ai' 레이어에 Gradient Ramp 이펙트를 적용합니다.
Timeline 패널에서 Gradient Ramp 속성을 펼치고 Start of Ramp를 '449.5, 0', Start Color를 '회색', End of Ramp를 '449.5, 160', End Color를 '검은색', Ramp Shape를 'Linear Ramp'로 설정합니다.

03 Timeline 패널에서 마우스 오른쪽 버튼을 클릭하고 **Layer Styles → Drop Shadow**를 실행하여 오브젝트
에 입체감을 적용합니다.

Drop Shadow 속성에서 Blend Mode를 'Multiply', Color를 '검은색', Opacity를 '75%', Use Global Light를
'Off', Angle을 '120°', Distance를 '5', Spread를 '0%', Size를 '5', Noise를 '0%'로 설정합니다.

04 두 개의 AI 파일을 다음과 같이 배치합니다. 'Source_01_Title Bar.ai' 레이어는 5초 25프레임,
'Source_02_Title Bar.ai' 레이어는 6초 11프레임부터 시작하도록 설정합니다.

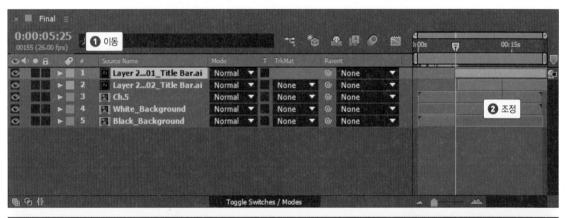

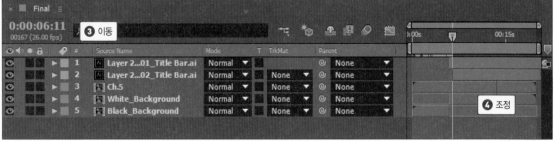

05 Transform 속성을 펼치고 Scale과 Position을 설정하여 키프레임을 적용합니다. F9 키를 눌러 키프레임에 이지이즈를 활성화합니다.

5초 25프레임에서는 Scale을 '49.1, 0', 6초 11프레임에서는 Scale을 '49.1, 51.8', 8초에서는 Position을 '527.4, 540', 8초 13프레임에서는 Position을 '527.4, 926.2', 10초 13프레임에서는 Scale을 '49.1 51.8%', 11초에서는 Scale을 '49.1, 0%'로 설정합니다.

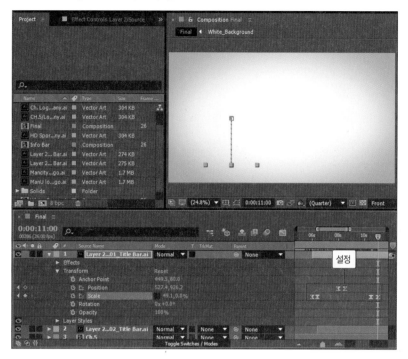

06 'Source_02_Title Bar.ai' 레이어에서 마우스 오른쪽 버튼을 클릭하고 **Layer Styles → Drop Shadow**를 실행합니다. Drop Shadow 속성을 펼치고 03번 과정처럼 설정합니다.

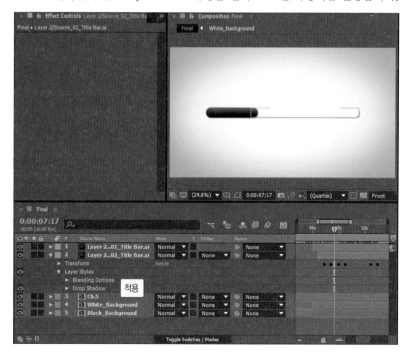

07 Timeline 패널에서 Transform 속성을 펼치고 Scale과 Position을 다음과 같이 설정하여 키프레임을 적용합니다. [F9] 키를 눌러 두 키프레임에 이지이즈를 활성화합니다.

6초 24프레임에서는 Scale을 '48.1, 0%', 7초 11프레임에서는 Scale을 '48.1, 48.1%', 8초에서는 Position을 '1151.4, 540', 8초 13프레임에서는 Position을 '1151.4, 926.2', 10초 13프레임에서는 Scale을 '48.1, 48.1%', 11 초에서는 Scale을 '48.1, 0%'로 설정합니다.

08 램 프리뷰를 통해 영상을 확인하면 3D 레이어로 만들지 않아도 간단하게 입체 효과가 나타납니다.

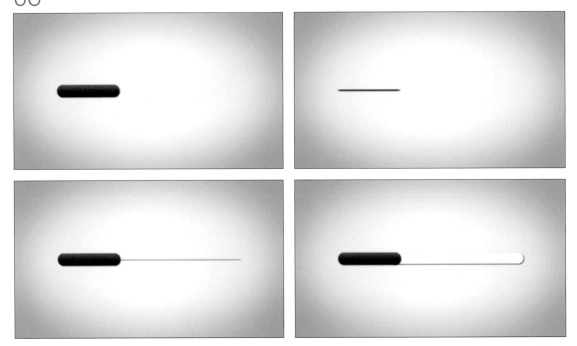

09 두 개의 타이틀 바가 화면 가운데에서 나타나 아래로 이동하는 영상도 확인할 수 있습니다.

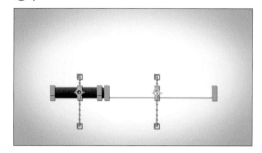 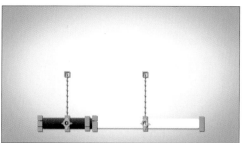

10 모션이 적용된 타이틀 바 위에 다음과 같이 텍스트 레이어를 만들어 배치합니다.

'Coming up NEXT' 레이어는 Parent를 'Source_01_Title Bar.ai', 'English Premier League : Manchester Derby' 레이어는 Parent를 'Source_02_Title Bar.ai'로 지정합니다.

11 구현된 효과를 확인하면 별도의 키프레임을 설정하지 않아도 마치 해당 오브젝트에 붙어 있는 것처럼 불러들인 타이틀 바의 움직임과 같아집니다.

이처럼 Parents 기능을 활용하면 간단하게 특정 오브젝트와 연결된 움직임을 연출할 수 있습니다.

 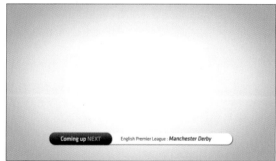

4 로고 애니메이션 만들기

01 잉글리시 프리미어리그 맨체스터 더비 두 팀의 로고를 배치해 영상 작업을 마무리하겠습니다. 먼저 두 팀의 AI 파일 로고를 각각 불러옵니다.

'EPL Logo.ai' 파일에서 Import Kind를 모두 'Footage'로 지정하고 Layer Options 항목에서 'Choose Layer'를 선택한 다음 각각 'ManU logo'와 'Mancity Logo'를 선택합니다. Footage Dimensions에서는 모두 'Layer Size'로 지정한 다음 〈OK〉 버튼을 클릭합니다.

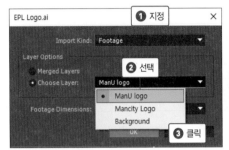 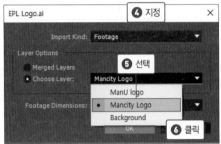

02 불러들인 두 팀의 로고를 선택하고 마우스 오른쪽 버튼을 클릭한 다음 **Pre-compose**를 실행하여 'Man Derby Logo'로 묶고 다음과 같이 배치합니다.

03 맨체스터 유나이티드(붉은색) 로고의 Position을 다음과 같이 설정하고 F9 키를 눌러 해당 키프레임에 이지이즈 모드를 적용합니다.

0초에서는 Position을 '960, 540', 15프레임에서는 Position을 '1260, 540'으로 설정합니다.

04 맨시티(흰색과 파란색) 로고의 Position을 다음과 같이 설정하고, F9 키를 눌러 이지이즈 모드를 적용합니다.

0초에서는 Position을 '960, 540', 15프레임에서는 Position을 '660, 540'으로 설정합니다.

05 마지막으로 두 팀 로고에서 마우스 오른쪽 버튼을 클릭한 다음 각각 **Layer Styles → Drop Shadow**를 실행합니다. Timeline 패널에서 Drop Shadow 속성을 펼치고 Angle을 '90°'로 설정합니다.

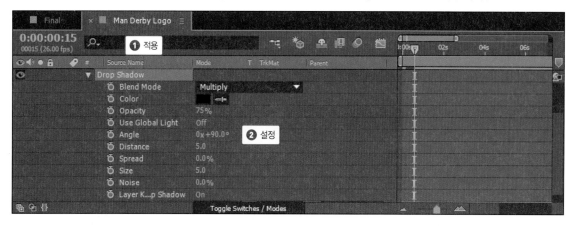

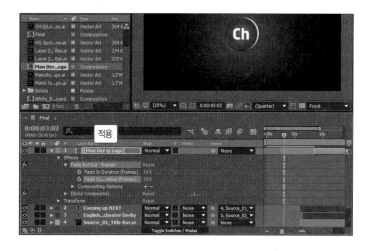

06 다시 Final 컴포지션의 'Man Derby Logo' 컴포지션에서 Fade In+Out-frames 이펙트를 적용합니다.

07 텍스트 레이어를 추가하여 다음과 같이 두 팀의 이름을 입력합니다.

08 영상에 나타나는 시간을 11초 13 프레임에서 시작하도록 설정하고, Fade In+Out – frames 이펙트를 적용하여 마무리합니다.

09 램 프리뷰를 실행하여 영상을 확인합니다. 가상 채널에 관한 인트로 영상이 입체감과 더불어 간단한 움직임으로 구현됩니다. 배경색의 변화와 함께 곧이어 시작될 경기에 대한 영상 분위기가 전환됩니다. 타이틀 바의 목적에 맞는 정보가 제공되며, 곧이어 해당 정보에 알맞은 두 팀의 로고가 나타납니다. 마지막으로 양 팀 이름이 나타나면서 해당 정보를 다시 한 번 강조합니다.

SECTION 23
After Effects CC 2018

일러스트 레이어를 활용해 로고 영상 제작하기

일러스트레이터의 레이어 기능을 활용해 로고 영상을 제작해 봅니다. 이때 일러스트레이터 파일의 레이어를 그대로 활용합니다.

▶ **예제 파일** ┃ Part 1\Mancity Logo.ai　　▶ **완성 파일** ┃ Part 1\Logo.aep

1 일러스트레이터 파일의 레이어 그대로 불러오기

01 새 프로젝트를 만들고 'Background' 컴포지션을 만든 다음 검은색과 흰색 솔리드 레이어 두 개를 만듭니다.
Gradient Ramp 이펙트와 마스크를 적용하여 다음과 같이 회색 그러데이션 배경을 만듭니다.

TIP 마스크를 이용하여 그러데이션 배경을 만드는 방법은 80쪽을 참고합니다.

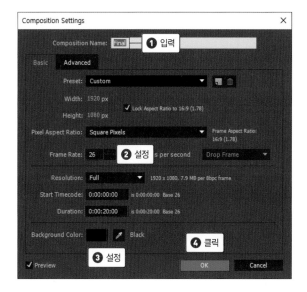

02 Ctrl+N 키를 눌러 새로운 컴포지션을 만듭니다. [Composition Settings] 대화상자에서 Composition Name을 'Final', Frame Rate를 '26', Duration을 '0:00:20:00'으로 설정하고 〈OK〉 버튼을 클릭합니다.

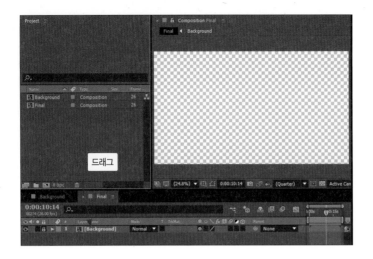

03 'Final' 컴포지션에 'Back-ground' 컴포지션을 드래그하여 배치합니다.

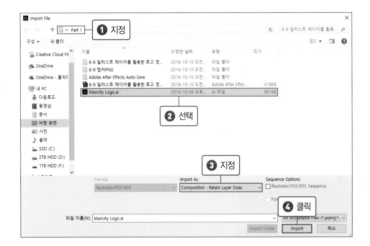

04 Ctrl+I 키를 눌러 [Import File] 대화상자에서 Part 1 폴더의 'Mancity Logo.ai' 파일을 선택합니다. Import As를 'Composition-Retain Layer Sizes'로 지정한 다음 〈Import〉 버튼을 클릭합니다.

TIP 'Mancity Logo.ai' 파일에는 각각의 요소들이 레이어별로 나뉘어 있습니다. 애프터 이펙트에서는 일러스트레이터 레이어에 따라 나뉜 항목들을 불러들여 각각 애니메이션으로 만들 수 있습니다.

05 불러들인 컴포지션을 'Final' 컴포지션에 배치합니다. 'Mancity Logo' 컴포지션을 더블클릭하여 엽니다.

06 'Mancity Logo' 컴포지션을 살펴보면 일러스트레이터 파일의 레이어 그대로 나눠진 레이어들을 확인할 수 있습니다.

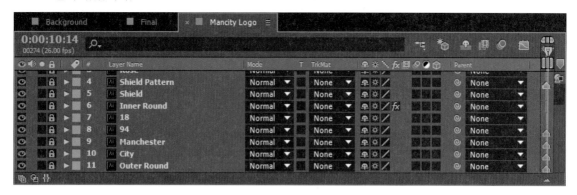

2 애니메이션 이펙트 적용하기

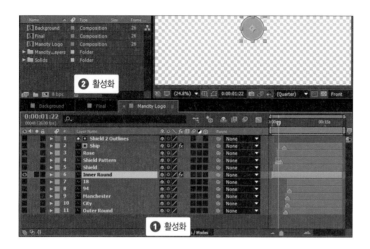

01 일러스트 레이어에 머릿속에 구상해둔 애니메이션 이펙트를 적용하겠습니다.

먼저 일러스트레이터 파일을 애프터 이펙트에서도 깨끗하게 표시하기 위해 'For Comp layer' 아이콘(🔆)을 클릭하여 모두 활성화합니다.

'Final' 컴포지션의 'Mancity Logo' 컴포지션에도 동일하게 해당 아이콘을 활성화합니다.

02 'Inner Round' 레이어를 선택하고, Scale을 설정하여 영상에서 나타나는 시점을 설정합니다. 0초에서는 Scale을 '0, 0%', 13프레임에서는 Scale을 '100, 100%'로 설정합니다. F9 키를 눌러 이지이즈를 적용합니다.

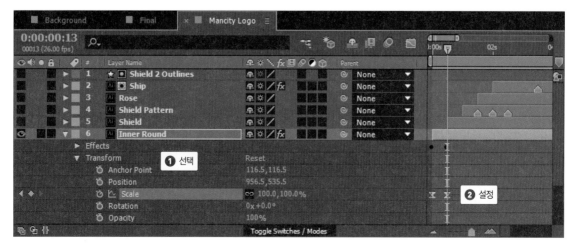

03 Radial Wipe 이펙트를 적용하고 양쪽에서 원이 그려지도록 효과를 설정합니다. 0초에서는 Transition Completion을 '100%', 13프레임에서는 Transition Completion을 '0%'으로 설정합니다. F9 키를 눌러 이지이즈를 적용합니다.

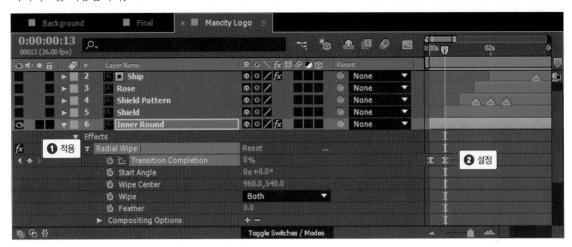

04 'Shield' 레이어는 화면 밖에서 안으로 원근감 있게 나타나도록 다음과 같이 Scale과 Opacity를 설정합니다. 특히 앞서 작업한 'Inner Round' 레이어와 연출 시점에서 13프레임 차이(0:00:00:13에서 시작)를 적용합니다. 13프레임에서 Scale을 '2500, 2500%', Opacity를 '0%', 1초에서는 Scale을 '100, 100%', Opacity를 '100%'로 설정합니다. F9 키를 눌러 이지이즈를 적용합니다.

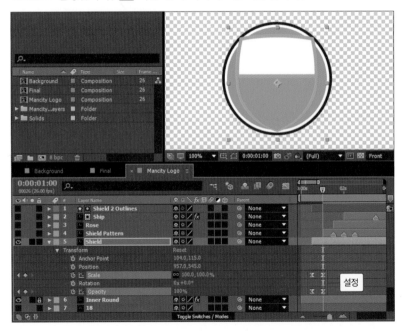

05 방패 안의 문양이 사선으로 연출되도록 마스크를 적용합니다. 'Shield Pattern' 레이어에 3개의 마스크 (Mask 1, Mask 2, Mask 3)를 만듭니다.

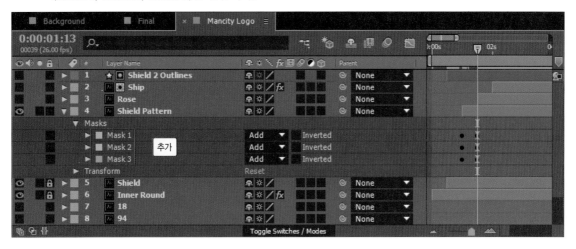

06 각각의 마스크 모양을 3개의 사선과 같게 설정한 다음 1초 13프레임에서 Mask Path에 키프레임을 적용합니다. F9 키를 눌러 이지이즈를 적용합니다.

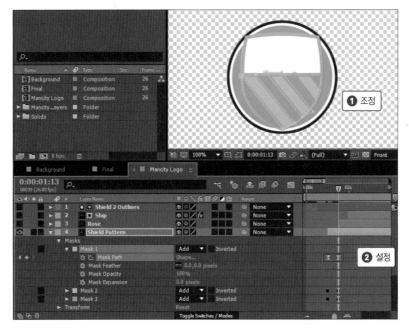

07 1초로 이동하고 마스크 위치가 사선에 따라 왼쪽 위로 올라가도록 합니다. 마스크가 사선처럼 이동할 수 있도록 설정합니다.

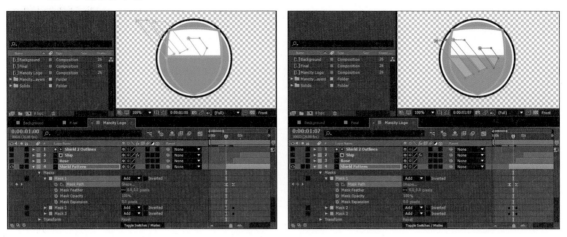

08 이번에는 'Rose' 레이어의 장미 오브젝트를 나타내겠습니다. 1초 13프레임에서는 Scale을 '0, 0%', Rotation을 '500x +359°', 2초에서는 Scale을 '100, 100%', Rotation을 '0°'로 설정합니다. [F9] 키를 눌러 이지이즈를 적용합니다. Rotation에서는 이지이즈를 적용하지 않습니다.

09 'Ship' 레이어에서 배 오브젝트를 방패 오른쪽에서 왼쪽으로 이동하겠습니다. 다음과 같이 2초에서는 Position을 '1091, 490', 3초 13프레임에서는 Position을 '950, 490'으로 설정합니다. F9 키를 눌러 이지 이즈를 적용합니다.

10 배 모양이 방패 밖에서는 보이지 않도록 먼저 'Shield' 레이어를 복제하여 화면 맨 위로 이동합니다. 해당 레이어를 선택한 다음 마우스 오른쪽 버튼을 클릭하고 **Create Shapes from Vector Layer**를 실행합니다. 다음과 같이 해당 레이어가 단계별로 배치됩니다.

11 'Ship' 레이어의 Track Matte 항목을 'Alpha Matte "Shield 2 Outlines"'로 지정합니다. 영상을 재생하면 배 오브젝트에 마스크가 적용되어 방패를 벗어나면 보이지 않습니다.

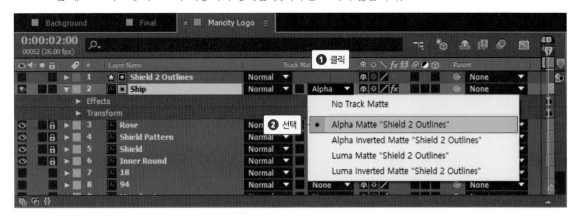

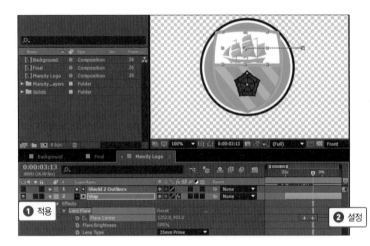

12 'Ship' 레이어를 좀 더 강조하기 위해 다음과 같이 Lens Flare 이펙트를 적용합니다. 3초에서는 Flare Center를 '632, 492', 3초 13프레임에서는 Flare Center를 '1252, 492'로 설정하고 키프레임을 만듭니다.

13 'Outer Round' 레이어를 선택하고 Scale을 설정하여 로고가 점점 커지도록 연출합니다. 3초 13프레임에서는 Scale을 '0, 0%', 4초에서는 Scale을 '100, 100%'로 설정합니다. **F9** 키를 눌러 이지이즈를 적용합니다.

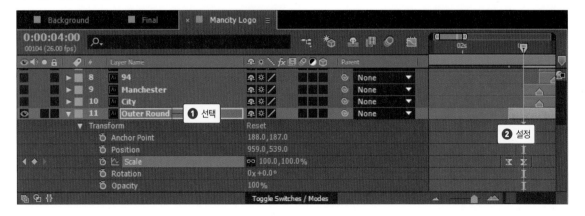

14 Manchester와 City 텍스트가 화면 밖에서 안으로 들어오도록 Scale과 Opacity를 설정합니다.

4초에서는 'Manchester' 레이어의 Scale을 '2500, 2500%', Opacity를 '0%', 'City' 레이어의 Scale을 '1000, 1000%', Opacity를 '0%'로 설정합니다. F9 키를 눌러 이지이즈를 적용합니다.

4초 13프레임에서는 'Manchester' 레이어의 Scale을 '100, 100%', Opacity를 '100%', 'City' 레이어의 Scale을 '100, 100%', Opacity를 '100%'로 설정합니다. F9 키를 눌러 이지이즈를 적용합니다.

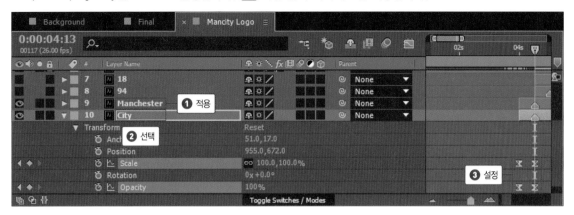

15 '18'과 '94' 레이어가 Inner Round에서 원래대로 돌아가도록 다음과 같이 Position을 설정합니다.

4초 13프레임에서는 '18' 레이어의 Position을 '860, 535', '94' 레이어의 Position을 '1053, 536'으로 설정합니다. F9 키를 눌러 이지이즈를 적용합니다.

5초에서는 '18' 레이어의 Position을 '820, 535', '94' 레이어의 Position을 '1093, 536'으로 설정합니다. F9 키를 눌러 이지이즈를 적용합니다.

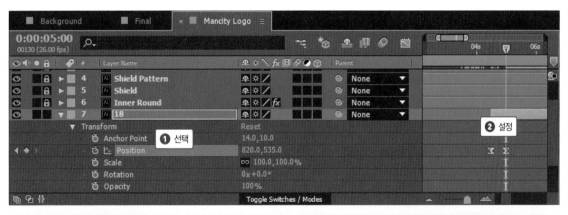

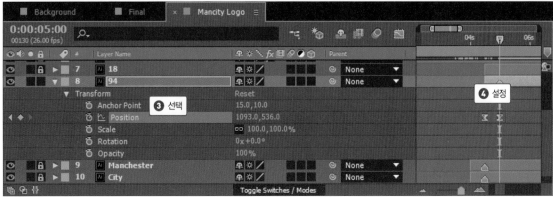

16 램 프리뷰를 실행하여 레이어별로 의도한 연출에 이상이 없는지 확인합니다.

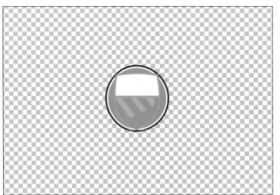

17 'Final' 컴포지션에서 'Mancity Logo' 컴포지션에 Lens Flare 이펙트를 적용하고 그러데이션 배경을 만듭니다. 6초에서는 Flare Center를 '127, −76.5', 7초에서는 Flare Center를 '1076.8, 1080.4'로 설정합니다. F9 키를 눌러 이지이즈를 적용합니다.

18 텍스트 레이어를 배치하고 로고를 이동하기 위해 다음과 같이 Position을 설정합니다.

5초 13프레임에서는 Position을 '960, 540', 6초에서는 Position을 '582, 540'으로 설정합니다. F9 키를 눌러 이지이즈를 적용합니다.

19 마지막으로 해당 텍스트를 6초부터 시작하도록 타임라인을 조정하고, Fade In+Out－frames 이펙트를 적용하여 마무리합니다.

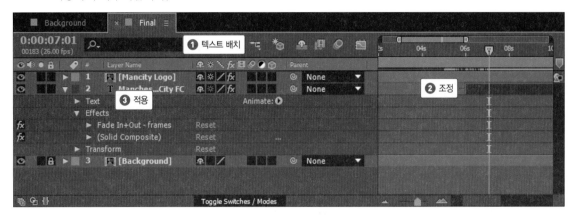

20 램 프리뷰를 실행하여 영상을 확인합니다. 이처럼 일러스트레이터의 레이어를 이용하여 애프터 이펙트에서 애니메이션을 더욱 풍성하게 구현할 수 있습니다. 영상을 미리 기획한 다음 일러스트레이터에서 레이어 분할 및 애프터 이펙트 불러오기를 통해 작업할 수 있습니다.

3D 레이어 기능을 활용해 인트로 영상 제작하기

애프터 이펙트에서는 2D 뿐만 아니라 3D 레이어를 통해 더욱 효과적이며, 입체적인 영상물을 구현할 수 있습니다. 3D 레이어 기능을 이용하여 텍스트 레이어 및 오브젝트를 변환해 봅니다.

◐ **예제 파일** | Part 1\Mancity Logo.ai   ◐ **완성 파일** | Part 1\Intro.aep

1 3D 텍스트 인트로 만들기

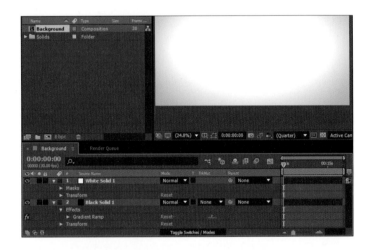

01 새 프로젝트를 만들고 Ctrl+N 키를 눌러 'Background' 컴포지션을 만듭니다. 마스크와 솔리드 레이어를 만들고 Gradient Ramp 이펙트를 적용하여 다음과 같이 그러데이션 배경을 만듭니다.

02 최종 결과물이 적용될 'Final' 컴포지션을 만들고 'Background' 컴포지션을 드래그하여 배치합니다.

❷ 입력

❶ 추가　❸ 클릭　❹ 지정　❺ 조정

03 텍스트 레이어를 만들고 다음과 같이 화면에 텍스트를 입력합니다. 각 레이어의 '3D Layer' 아이콘(■)을 클릭해 3D 기능을 활성화합니다. 'CITY FC' 레이어의 Parent를 'Manchester'로 지정합니다. 레이어들이 0초부터 2초 15프레임에 나타나도록 조정합니다.

04 Timeline 패널에서 'Manchester' 레이어를 선택하고 Transform 속성의 Orientation을 설정하여 텍스트를 입체화합니다. 2초에서는 Orientation을 '0, 0, 0°', 2초 15프레임에서는 Orientation을 '0, 90, 0°'로 설정합니다. [F9] 키를 눌러 이지이즈를 적용합니다.

설정

TIP Parents 기능으로 인해 'City FC' 레이어도 동일하게 움직입니다.

❶ 검색

❷ 드래그

05 Effects & Presets 패널에서 3D Fly Down Behind Camera 이펙트를 검색하고 텍스트에 드래그하여 적용합니다.

06 다음과 같이 Range Selector 속성에서 Offset을 설정합니다. 0초에서는 Animator 1\Range Selector 1 의 Offset을 '33%', 15프레임에서는 Animator 1\Range Selector 1의 Offset을 '100%'로 설정합니다. 시점에 상관없이 Animator 1\Range Selector 1의 Start를 '0%', Animator 1\Range Selector 1의 End를 '33%' 로 설정합니다. F9 키를 눌러 이지이즈를 적용합니다.

07 Advanced 속성은 다음과 같이 설정합니다.
Range Selector 1 속성에서 Anchor Point를 '0, −24, 0', Position을 '0, 0, −1000', Scale을 '500, 500, 500', Opacity를 '0%', Blur를 '5, 5'으로 설정합니다.
Animator 1\Range Selector 1\Advanced 속성을 펼치고 Units를 'Percentage', Based On을 'Characters Excluding', Mode를 'Add', Amount를 '100%', Shape를 'Ramp Up', Ease High를 '0%', Ease Low를 '0%', Randomize Order를 'Off'로 설정합니다.

08 'City FC' 레이어에 Scale Up 이펙트를 적용합니다. 15프레임에서는 Scale을 '0%', 1초에서는 Scale을 '100%'으로 설정합니다. [F9] 키를 눌러 이지이즈를 적용합니다.

09 속성을 다음과 같이 설정합니다.
　　Animator 1\Range Selector 1 속성을 펼치고 Start를 '0%', End를 '100%', Offset을 '0%'로 설정합니다. Animator 1\Range Selector 1\Advanced 속성을 펼치고 Units를 'Percentage', Based On을 'Characters', Mode를 'Add', Amount를 '100%', Shape를 'Square', Smoothness를 '100%', Ease High를 '100%', Ease Low를 '0%', Randomize Order를 'Off'로 지정합니다.

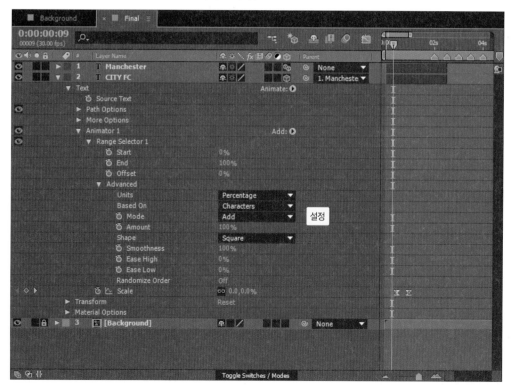

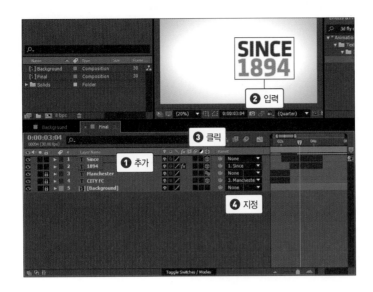

10 'Since'와 '1894 3D' 텍스트 레이어를 만들어 배치하고 화면에 다음과 같이 텍스트를 입력합니다. '1894' 레이어의 Parent를 'Since'로 지정합니다.

11 레이어를 배치하여 출현 시점을 설정합니다. 'Since' 레이어는 2초부터 4초 15프레임, '1894' 레이어는 2초 15프레임부터 4초 15프레임까지 나타냅니다.

12 'Since' 레이어의 Orientation을 다음과 같이 설정합니다. '1894' 레이어도 'Since' 레이어와 동일하게 움직이는 것을 확인할 수 있습니다. 2초에서는 Orientation을 '0, 270, 0˚', 2초 15프레임에서는 Orientation을 '0, 45, 0˚', 4초에서는 Orientation을 '0, 45, 0˚', 4초 15프레임에서는 Orientation을 '0, 90, 0˚'로 설정합니다. F9 키를 눌러 이지이즈를 적용합니다.

13 1894 년도가 카운트되어 나타나도록 Effects & Presets 패널에서 'Slider Control'를 검색하고 해당 이펙트를 드래그하여 숫자에 적용합니다.

14 Slider를 다음과 같이 설정합니다. 2초 15프레임에서는 Slider Control의 Slider를 '1', 3초에서는 Slider Control의 Slider를 '1894'로 설정합니다.

15 1부터 1894까지 카운트하기 위해 먼저 [Alt] 키를 누른 채 Source Text 오른쪽의 스톱워치(◎)를 누릅니다. Expression: Source Text의 로프를 Effects\Slider Control 속성의 Slider로 드래그해 연결합니다.

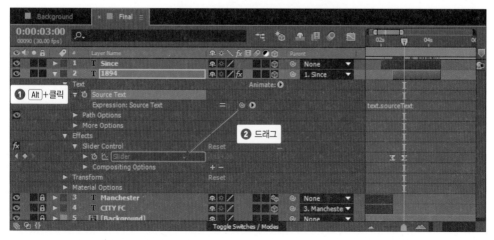

16 소수점 없이 '1894'로 카운팅되도록 Expression: Source Text 오른쪽 서식 입력 창에 'Math.round (effect ("Slider Control")("Slider"))'를 입력합니다.

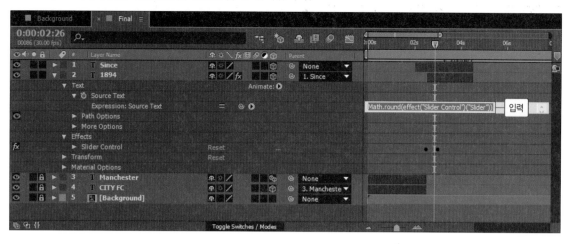

17 램 프리뷰를 실행하면 SINCE 텍스트 아래에 소수점 없이 1에서 1894가 카운트됩니다.

2 3D 텍스트와 3D 오브젝트 추가하기

01 화면 가운데를 기준으로 나뉘는 3D 텍스트 레이어 두 개(The, Finest)를 만들어 다음과 같이 배치합니다.

추가된 텍스트 레이어를 4초 15프레임부터 6초 15프레임까지 조정합니다.

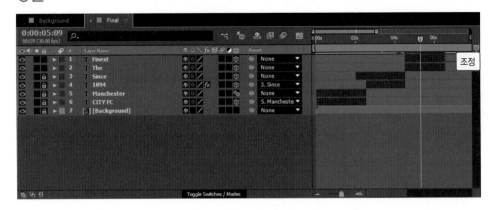

03 'The' 레이어를 선택하고 4초 15프레임에서는 Orientation을 '0, 90, 0', 5초와 6초에서는 Orientation 을 '0, 0, 0', 6초 15프레임에서는 Orientation을 '0, 270, 0'로 설정합니다. F9 키를 눌러 이지이즈를 적용합니다.

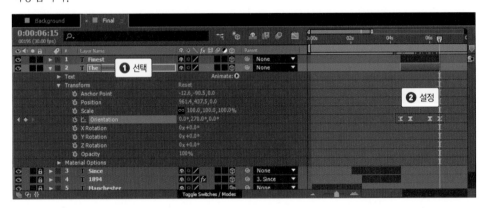

04 'Finest' 레이어를 선택하고 4초 15프레임에서는 Orientation을 '0, 270, 0', 5초와 6초에서는 Orientation을 '0, 0, 0', 6초 15프레임에서는 Orientation을 '0, 90, 0'로 설정합니다. F9 키를 눌러 이지이즈를 적용합니다.

05 'The'와 'Finest' 레이어 위, 아래에 3D 텍스트 (Team, Football)를 배치합니다. 화면에 다음과 같이 텍스트를 입력합니다.

06 3D 텍스트(Team, Football) 레이어는 5초 15프레임부터 8초 15프레임까지 나타냅니다.

07 'Football' 레이어를 선택하고 5초 15프레임에서는 Orientation을 '0, 90, 0°', 6초와 8초에서는 Orientation을 '0, 0, 0°', 8초 15프레임에서는 Orientation을 '0, 90, 0°'로 설정합니다. F9 키를 눌러 이 지이즈를 적용합니다.

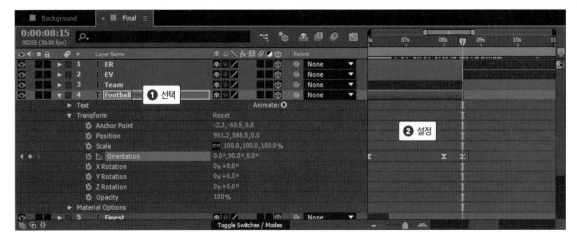

08 'Team' 레이어를 선택하고 5초 15프레임에서는 Orientation을 '0, 270, 0°', 6초와 8초에서는 Orientation을 '0, 0, 0°', 8초 15프레임에서는 Orientation을 '0, 90, 0°'로 설정합니다. F9 키를 눌러 이지이즈를 적용합니다.

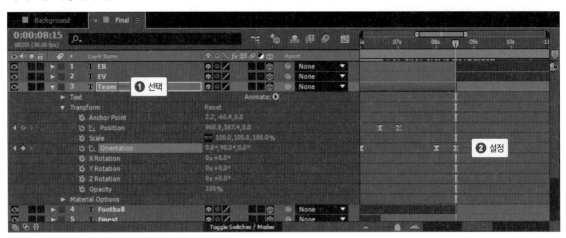

09 The Finest 텍스트가 사라진 다음 Team 텍스트가 아래로 움직이도록 하겠습니다. 6초 15프레임에서는 Position을 '960.9, 466.4, 0', 7초에서는 Position을 '960.9, 587.4, 0'으로 설정합니다. F9 키를 눌러 이지이즈를 적용합니다.

10 다음과 같이 'EV'와 'ER' 텍스트 레이어를 만들어 배치합니다. 화면에 다음과 같이 텍스트를 입력합니다. 두 레이어의 위, 아래가 정확히 맞도록 Align 패널을 이용해 정렬합니다.

11 'EV'와 'ER' 텍스트 레이어는 8초 15프레임부터 11초까지 나타냅니다.

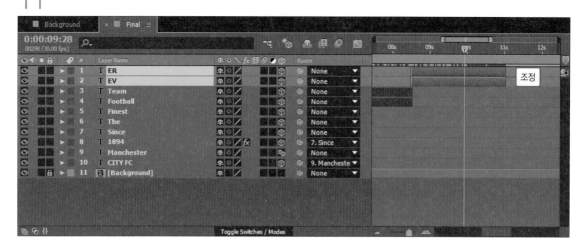

12 'EV' 레이어를 선택하고 8초 15프레임에서는 Orientation을 '0, 90, 0', 9초와 10초 15프레임에서는
    Orientation을 '0, 0, 0', 11초에서는 Orientation을 '0, 90, 0'로 설정합니다. F9 키를 눌러 이지이즈를
적용합니다.

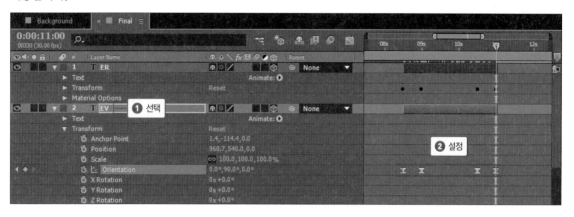

13 'ER' 레이어를 선택하고 8초 15프레임에서는 Orientation을 '0, 270, 0', 9초와 10초 15프레임에서는
    Orientation을 '0, 0, 0', 11초에서는 Orientation을 '0, 90, 0'로 설정합니다. F9 키를 눌러 이지이즈를
적용합니다.

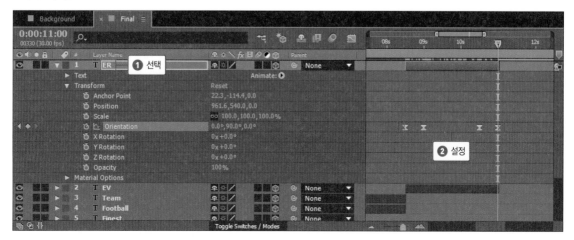

14 Part 1 폴더에서 'Mancity Logo.ai' 파일을 불러오고 11초부터 시작하도록 조정합니다. 앞서 만든 레이어들과 동일하게 '3D Layer' 아이콘(🎲)을 클릭해 3D 레이어 기능을 활성화합니다.

15 텍스트가 회전하면서 나타나도록 설정하겠습니다. 11초 15프레임에서는 Orientation을 '0, 270, 0°', 12초에서는 Orientation을 '0, 0, 0°'로 설정하고 F9 키를 눌러 이지이즈를 적용하여 마무리합니다.

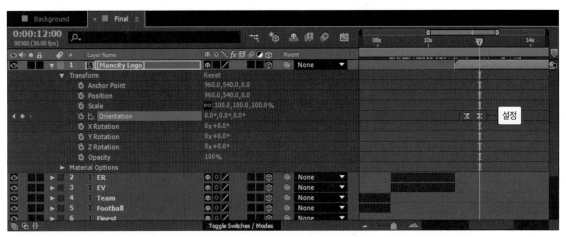

16 램 프리뷰를 실행하여 영상을 확인합니다. 텍스트 및 오브젝트 레이어의 3D 회전 기능을 이용하여 영상을 제작합니다. 이처럼 단면에 입체감을 나타낼 수 있는 회전 이펙트를 적용하여 더욱 풍요롭고 효과적인 시각물을 구현할 수 있습니다.

SECTION 25

After Effects CC 2018

파티클 로고 효과 적용하기

파티클(Particle)을 이용하여 로고 이미지가 흩어졌다 다시 나타나는 효과를 연출해 봅니다. 파티클 기능을 이해하고, 더 많은 부분을 응용할 수 있도록 연습하세요.

◐ **예제 파일** ┃ Part 1\Logo Adobe.png   ◐ **완성 파일** ┃ Part 1\Particle LOGO Effect.aep, Particle LOGO Effect 2.aep

1 로고 이미지를 활용하여 컴포지션 만들기 1

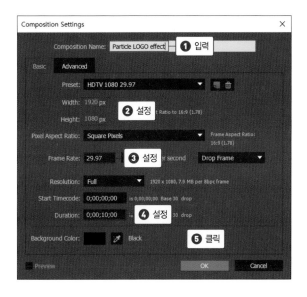

01 새로운 프로젝트를 만들고 컴포지션을 만들기 위해 **[Composition]** → **New Composition**(Ctrl+N)을 실행합니다.

[Composition Settings] 대화상자에서 Composition Name에 'Particle LOGO effect'를 입력합니다. Width를 '1920px', Height를 '1080px', Frame Rate를 '29.97', Duration을 '0;00;10;00'으로 설정하고 〈OK〉 버튼을 클릭합니다.

TIP Trap Code는 다음의 웹 사이트에서 무료 시험 버전을 다운로드할 수 있습니다.
https://www.redgiant.com/

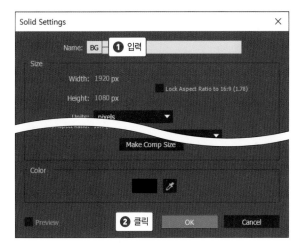

02 솔리드 레이어를 만들기 위해 Timeline 패널의 여백에서 마우스 오른쪽 버튼을 클릭한 다음 **New → Solid**를 실행합니다.

[Solid Settings] 대화상자에서 Name에 'BG'를 입력한 다음 〈OK〉 버튼을 클릭합니다.

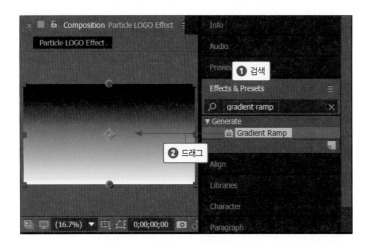

03 Effects & Presets 패널에서 'Gradient Ramp'를 검색한 다음 'BG' 레이어로 드래그하여 이펙트를 적용합니다.

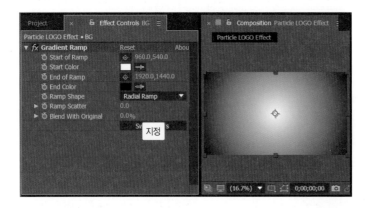

04 Effect Controls 패널에서 Start of Ramp를 '960,540'으로 설정하여 그러데이션이 시작되는 좌표 값을 입력하고, Start Color를 '흰색'으로 지정합니다. End of Ramp를 '1920,1440'으로 설정하여 그러데이션이 끝나는 좌표를 입력하고, End Color를 '검은색'으로 지정합니다.

Ramp Shape를 'Radial Ramp'로 지정하여 원형 그러데이션을 적용합니다.

05 로고 이미지를 불러오기 위해 [File] → Import → File(Ctrl+I)을 실행합니다. [Import File] 대화상자에서 Part 1 폴더의 'Logo Adobe.png' 파일을 불러옵니다.

Project 패널에서 불러온 로고를 'BG' 레이어 위로 드래그합니다.

06 로고 레이어에서 마우스 오른쪽 버튼을 클릭하고 **Pre-compose**를 실행합니다.

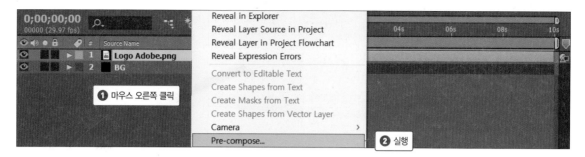

07 [Pre-compose] 대화상자에서 New composition name에 새로운 컴포지션의 이름인 'Logo Comp1' 을 입력하고 〈OK〉 버튼을 클릭합니다.

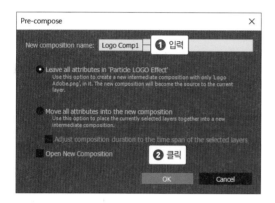

08 같은 방법으로 'Logo Comp1' 레이어에서 마우스 오른쪽 버튼을 클릭하고 **Pre-compose**를 실행합니다.
[Pre-compose] 대화상자에서 New composition name 에 'Logo Comp2'를 입력하고 〈OK〉 버튼을 클릭합니다.

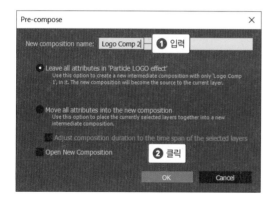

2 배경과 로고에 이펙트 적용하기

01 배경을 투명하게 만들기 위해 Composition 패널 오른쪽 아래 의 'Transparency Grid' 아이콘(▨)을 클릭합니다.

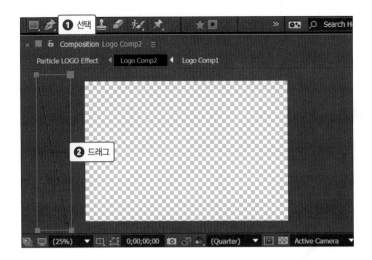

02 'Logo Comp 1' 레이어를 선택한 채 Tools 패널에서 사각형 마스크 도구(▬)를 선택합니다. 다음과 같이 Composition 패널의 왼쪽 여백에 드래그하여 세로로 긴 직사각형을 그리면 마스크가 적용됩니다.

03 Timeline 패널의 현재 시간 표시기를 8초로 이동하고 Mask Path 왼쪽의 스톱워치(⏱)를 누릅니다. Mask Path의 8초 부분에 키프레임이 추가됩니다.

04 현재 시간 표시기를 2초로 이동한 다음 왼쪽의 사각형 마스크를 오른쪽으로 이동합니다. 타임라인의 2초 지점에 키프레임이 추가됩니다.
중간 지점인 1초 29프레임으로 이동한 다음 Mask Feather를 '50, 50pixels'로 설정합니다.

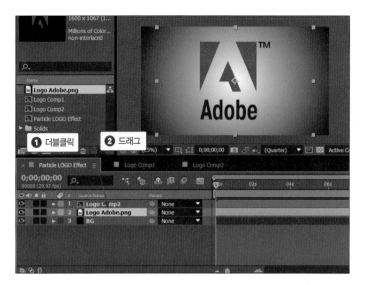

05 Project 패널에서 'Particle LOGO Effect' 컴포지션을 더블 클릭하여 엽니다. 'Logo Adobe.png' 파일을 드래그하여 Timeline 패널의 'BG' 레이어 위로 이동합니다.

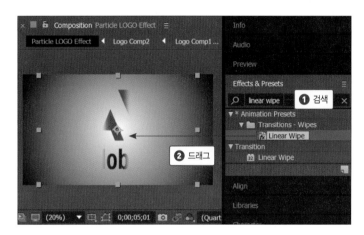

06 Effects & Presets 패널에서 'Linear Wipe'를 검색한 다음 Composition 패널의 화면에 드래그하여 이펙트를 적용합니다.

07 Effect Controls 패널에서 Transition Completion 왼쪽의 스톱 워치(⏱)를 눌러 비활성화합니다. 수치를 '100%'로 설정합니다.

08 현재 시간 표시기를 이동해 로고 이미지가 나타나는 시점으로 이동합니다. Effect Controls 패널에서
Transition Completion 왼쪽의 스톱워치(⏱)를 눌러 활성화합니다.

09 현재 시간 표시기를 왼쪽으로 이동하여 로고가 사라지는 지점으로 이동합니다.

10 Effect Controls 패널에서 Transition Completion을 '0%',
Feather를 '20'으로 설정합니다.

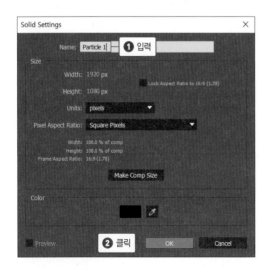

11 Timeline 패널의 여백에서 마우스 오른쪽 버튼을
클릭하고 **New → Solid**를 실행하여 새로운 솔리드
레이어를 만듭니다.
[Solid Settings] 대화상자에서 Name에 'Particle 1'을 입력
한 다음 〈OK〉 버튼을 클릭합니다.

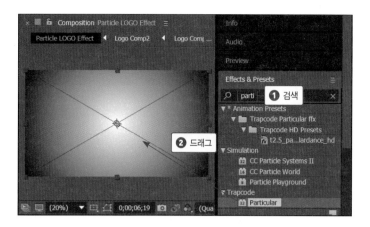

12 Effects & Presets 패널에서 'Particular'를 검색하여 새로 만든 'Particle 1' 레이어로 드래그해서 적용합니다.

13 'Logo Comp2' 레이어의 '3D Layer'() 아이콘을 클릭하여 활성화합니다.

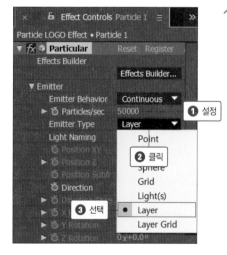

14 Effect Controls 패널에서 Particle/sec을 '50000'으로 설정하고, Emitter Type을 'Layer'로 지정합니다.

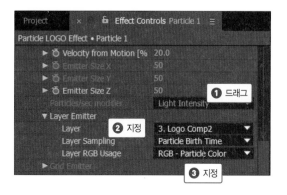

15 Layer Emitter 속성에서 Layer를 'Logo Comp 2', Layer Sampling을 'Particle Birth Time'으로 지정합니다.

16 Particle 속성에서 Life를 '1.5', Sphere Feather 를 '5'로 설정합니다.

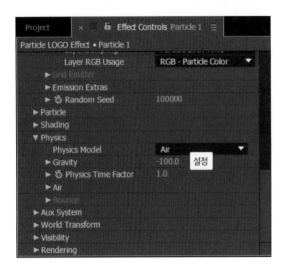

17 Physics 속성에서 Gravity를 '-100'으로 설정하여 하나의 파티클 로고를 마무리합니다.

3 로고 이미지를 활용하여 컴포지션 만들기 2

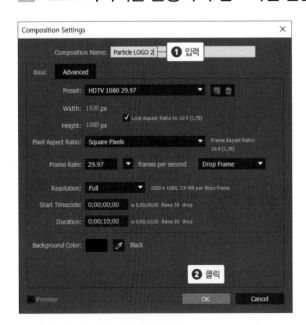

01 새 프로젝트를 만들고 Project 패널의 여백에서 마우스 오른쪽 버튼을 클릭하고 New Composition을 실행하여 새로운 컴포지션을 만듭니다.

[Composition Settings] 대화상자에서 Composition Name에 'Particle LOGO 2'를 입력한 다음 〈OK〉 버튼을 클릭합니다.

02 **[File]** → **Import** → **File**(Ctrl+I)을 실행하여 Part 1 폴더에서 'Logo Adobe.png' 파일을 불러옵니다.

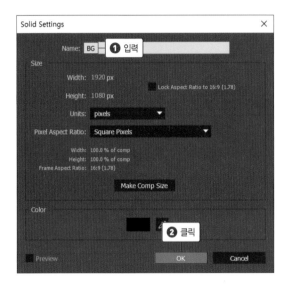

03 Ctrl+Y 키를 눌러 [Solid Settings] 대화상자가 표시되면 Name에 'BG'를 입력하고 〈OK〉 버튼을 클릭합니다.

04 Effects & Presets 패널에서 'Gradient Ramp'를 검색하고 'BG' 레이어에 드래그해 적용합니다.

05 Effect Controls 패널에서 Start of Ramp를 '2090, −130', End of Ramp를 '−80,4 50'으로 설정합니다. 그러데이션의 시작과 끝 부분을 지정하는 것이므로 원하는 대로 설정합니다. 예제에서는 Start Color를 '#FD00FF'로 지정했습니다.

 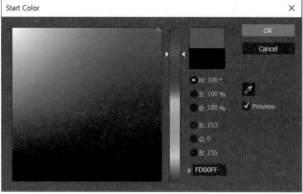

4 로고에 이펙트 추가하기

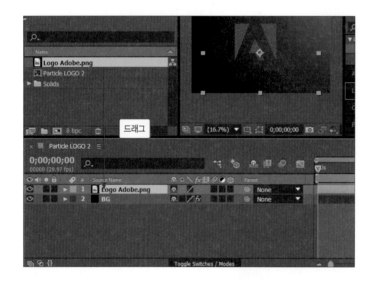

01 Project 패널에서 로고 이미지를 Timeline 패널의 'BG' 레이어 위로 드래그하여 배치합니다.

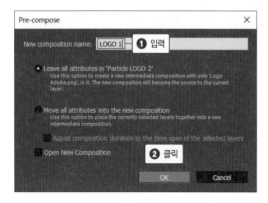

02 로고 레이어에서 마우스 오른쪽 버튼을 클릭하고 **Pre-compose**를 실행합니다.
[Pre-compose] 대화상자에서 New composition name에 'LOGO 1'을 입력한 다음 〈OK〉 버튼을 클릭합니다.

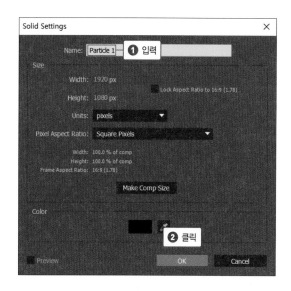

03 Ctrl+Y 키를 눌러 [Solid Settings] 대화상자가 표시되면 Name에 'Particle 1'을 입력하고 〈OK〉 버튼을 클릭하여 새로운 솔리드 레이어를 만듭니다.

04 Effects & Presets 패널에서 'Particular'를 검색한 다음 'Particle 1' 레이어에 드래그하여 적용합니다.

05 'LOGO 1' 레이어의 '3D Layer' 아이콘(🎲)을 클릭하여 활성화합니다.

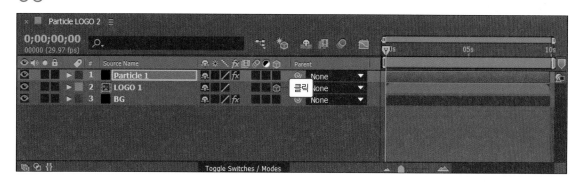

06 Effect Controls 패널에서 Emitter 속성의 Particles/sec 를 '20000'으로 설정하고 Emitter Type을 'Layer'로 지정합니다.

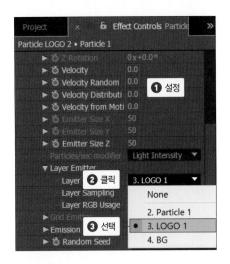

07 Velocity에 관한 속성들을 모두 '0'으로 설정하고, Layer Emitter의 Layer를 'LOGO 1'로 지정합니다.

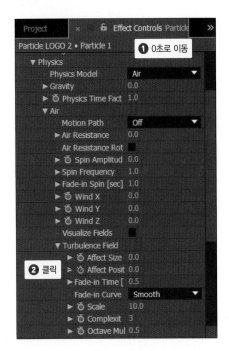

08 Timeline 패널에서 현재 시간 표시기를 0초로 이동합니다. Effect Controls 패널에서 Physics\Air\Turbulence Field 의 Affect Position 왼쪽 스톱워치(⏱)를 눌러 활성화합니다.

09 Timeline 패널에서 현재 시간 표시기를 2초로 이동합니다.

10 Effect Controls 패널에서 Affect Position을 '1300'으로 설정합니다.

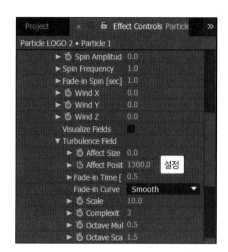

11 Timeline 패널에서 현재 시간 표시기를 5초로 이동합니다.

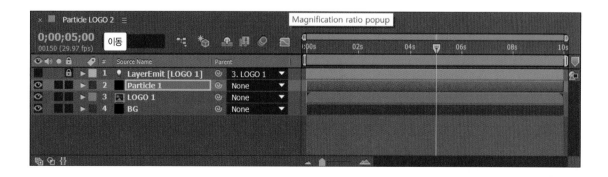

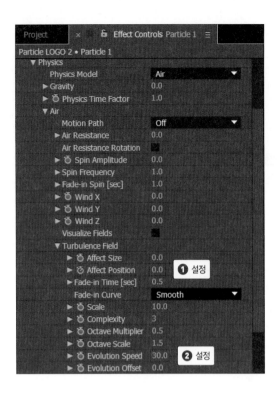

12 Effect Controls 패널에서 Affect Position을 '0', Evolution Speed를 '30'으로 설정합니다.

13 Timeline 패널에서 'LOGO 1' 레이어를 맨 위로 이동하고 눈 아이콘(◉)을 클릭하여 나타냅니다.

14 현재 시간 표시기를 4초로 이동한 다음 'LOGO 1' 레이어에서 Transform 속성의 Opacity 왼쪽 스톱워치(◉)를 눌러 활성화하고 '0%'로 설정합니다.

15 현재 시간 표시기를 6초로 이동한 다음 Opacity를 '100%'로 설정합니다.

16 램 프리뷰를 실행하여 영상을 확인합니다. 로고 이미지가 투명했다가 점차 또렷해집니다.

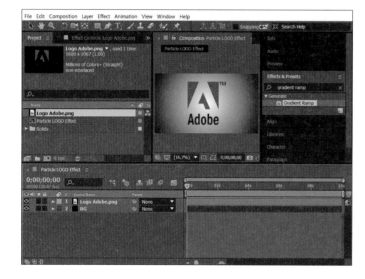

흩어졌다 모이며 뚜렷해지는 파티클 텍스트 디자인하기

Particle과 Lens Flare 이펙트를 이용하여 텍스트에 여러 효과를 겹쳐 하나의 오브젝트로 만들어 봅니다. 파티클(Particle)을 이용하여 텍스트 안에 쪼개진 조각들의 움직임을 보여 줍니다.

▶ **완성 파일 |** Part 1\Particle Text Effect.aep

1 배경과 텍스트 디자인하기

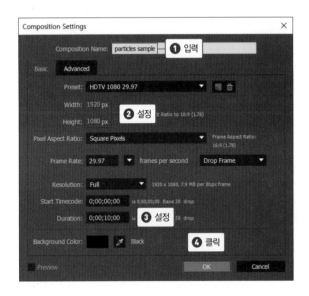

01 새 프로젝트를 만들고 컴포지션을 만들기 위해 **[Composition] → New Composition**을 실행합니다.
[Composition Settings] 대화상자가 표시되면 Composition Name에 'particles sample'을 입력합니다. Width를 '1920px', Height를 '1080px', Duration을 '0;00;10;00'으로 설정한 다음 〈OK〉 버튼을 클릭합니다.

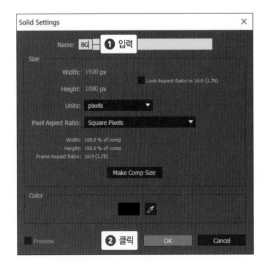

02 새로운 솔리드 레이어를 만들기 위해 Timeline 패널에서 마우스 오른쪽 버튼을 클릭하고 **New → Solid**(Ctrl+Y)를 실행합니다. [Solid Settings] 대화상자에서 Name에 'BG'를 입력한 다음 〈OK〉 버튼을 클릭합니다.

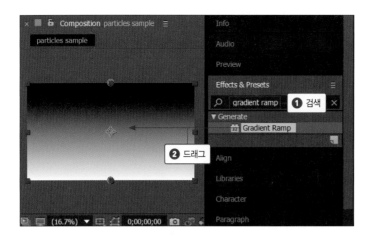

03 Effect & Presets 패널에서 'Gradient Ramp'를 검색하고 Composition 패널의 화면에 드래그하여 이펙트를 적용합니다.

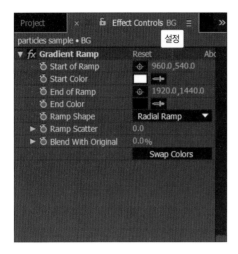

04 Effect Controls 패널에서 Start of Ramp를 '960, 540', End of Ramp를 '1960, 1440'으로 설정한 다음 Ramp Shape를 'Radial Ramp'로 지정합니다.

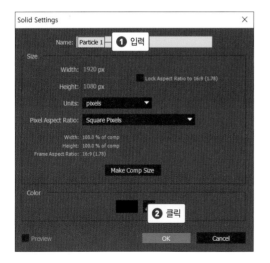

05 솔리드 레이어를 추가하기 위해 Ctrl+Y 키를 누르고 [Solid Settings] 대화상자에서 Name에 'Particle 1'을 입력한 다음 〈OK〉 버튼을 클릭합니다.

2 파티클 이펙트 적용하기

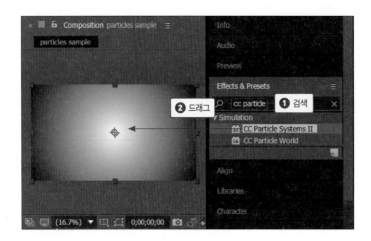

01 Effects & Presets 패널에서 'CC Particle Systems II'를 검색하고 Composition 패널의 화면으로 드래그하여 이펙트를 적용합니다.

TIP [Effect] → Simulation → CC Particle Systems II를 실행하여 이펙트를 적용할 수도 있습니다.

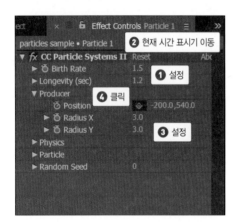

02 Effect Controls 패널에서 Birth Rate를 '1.5', Longevity (sec)를 '1.2'로 설정합니다.
Timeline 패널에서 현재 시간 표시기를 0초로 이동합니다.
Effect Controls 패널에서 Producer 속성의 Position을 '-200, 540'으로 설정하고 왼쪽의 스톱워치(⏱)를 눌러 활성화합니다.

03 Timeline 패널에서 현재 시간 표시기를 3초로 이동합니다.

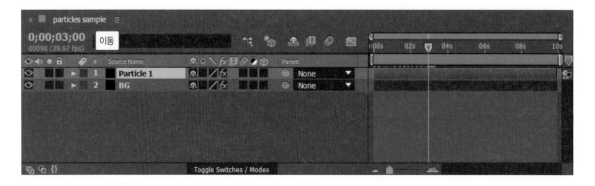

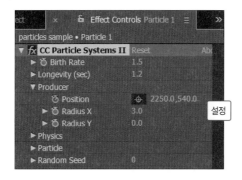

04   Effect Controls 패널에서 Producer 속성의 Position을 '2250, 540', Radius Y를 '0'으로 설정합니다.

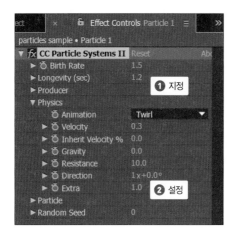

05   Physics 속성의 Animation을 'Twirl'로 지정합니다. Velocity를 '0.3', Gravity를 '0', Resistance를 '10'으로 설정합니다.

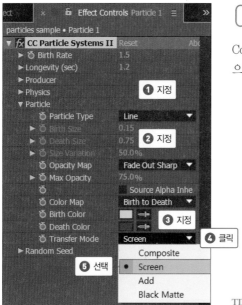

06   Particle 속성의 Particle Type을 'Line', Opacity Map을 'Fade Out Sharp'로 지정합니다. Birth Color와 Death Color는 원하는 색상으로 지정합니다. Transfer Mode를 'Screen'으로 지정합니다.

TIP   예제에서는 Birth Color를 '#FAFA20', Death Color를 '#C81010'으로 지정했습니다.

③ Lens Flare 이펙트 적용하기

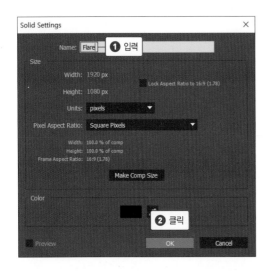

01 새로운 솔리드 레이어를 만들기 위해 Ctrl+Y 키를 눌러 [Solid Settings] 대화상자에서 Name에 'Flare'를 입력하고 〈OK〉 버튼을 클릭합니다.

02 Effects & Presets 패널에서 'Lens Flare'를 검색하고 Composition 패널의 화면으로 드래그해 이펙트를 적용합니다.

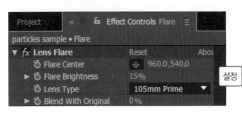

03 Effect Controls 패널에서 Flare Center를 '960, 540', Flare Brightness를 '15%'로 설정하고 Lens Type을 '105mm Prime'으로 지정합니다.

04 Timeline 패널에서 'Flare' 레이어의 Mode를 'Add'로 지정합니다. 'Particle 1' 레이어를 선택한 다음 P 키를 눌러 Position이 활성화되어 선택하고 Ctrl+C 키를 눌러 복사합니다.

05 'Flare' 레이어를 선택하고 P 키를 눌러 Position을 활성화한 다음 Ctrl+V 키를 눌러 붙여 넣습니다. 'Particle' 레이어의 Position 정보가 그대로 복제됩니다.

06 현재 시간 표시기를 0초로 이동하고 Blend with Original을 '100%'로 설정한 다음 왼쪽의 스톱워치(ⓞ)를 눌러 활성화합니다.

07 Ctrl+→ 키를 6번 눌러 현재 시간 표시기를 6프레임으로 이동한 다음 Blend with Original을 '0%'로 설정합니다.

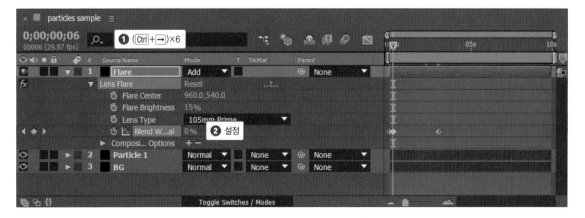

08 현재 시간 표시기를 3초로 이동한 다음 스톱워치(⏱)를 눌러 키프레임을 추가합니다.

09 07~08번과 같은 방법으로 Ctrl+← 키를 6번 눌러 현재 시간 표시기를 6프레임 앞으로 이동한 다음 스톱워치(⏱)를 눌러 키프레임을 추가합니다.

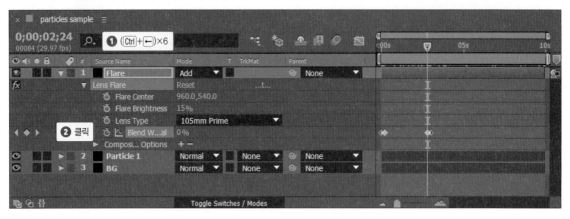

10 이전 키프레임 위치(3초)로 돌아가 다시 Blend with Original을 '100%'로 설정합니다.

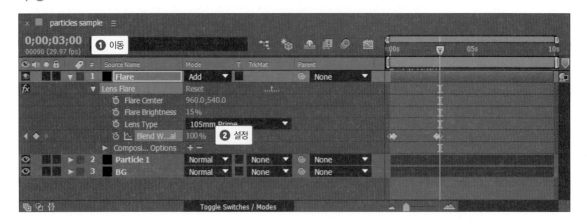

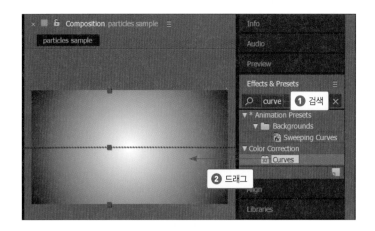

11 Effects & Presets 패널에서 'Curves'를 검색한 다음 Composition 패널의 화면으로 드래그해 이펙트를 적용합니다.

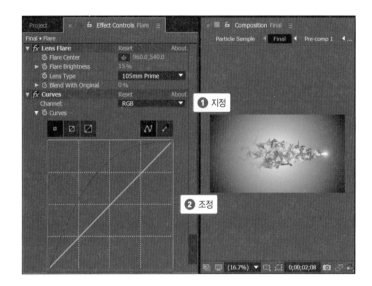

12 Effect Controls 패널에서 Channel을 'RGB'로 지정하고 커브 선을 조정해서 빛을 빨간색으로 바꿉니다.

4 텍스트 레이어에 이펙트 추가하기

01 솔리드 레이어를 추가하기 위해 Ctrl+Y 키를 누릅니다.
[Solid Settings] 대화상자에서 Color를 '흰색'으로 지정한 다음 〈OK〉 버튼을 클릭합니다.

02 Timeline 패널에서 마우스 오른쪽 버튼을 클릭한 다음 **New → Text**를 실행하여 새로운 텍스트 레이어를 만듭니다.

03 Character 패널에서 글꼴을 'Verdana', 글자 색을 '검은색'으로 지정하고, 글자 크기를 '250px'로 설정합니다.

04 Composition 패널의 화면을 클릭한 다음 'SAMPLE'을 입력합니다.

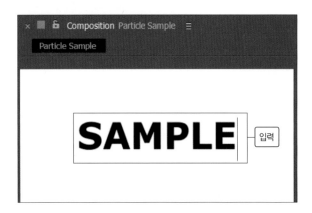

05 Timeline 패널에서 [Ctrl] 키를 누른 채 'SAMPLE' 레이어와 'White Solid 1' 레이어를 선택한 다음 마우스 오른쪽 버튼을 클릭하고 **Pre-compose**를 실행합니다.

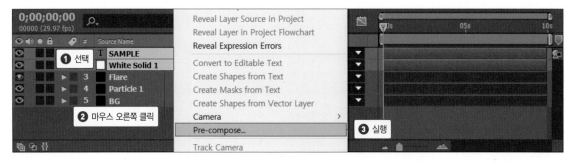

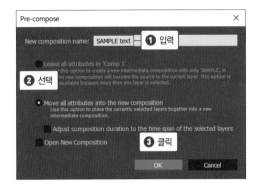

06 [Pre-compose] 대화상자에서 New composition name에 'SAMPLE text'를 입력하고 'Move all attributes into the new composition'을 선택한 다음 〈OK〉 버튼을 클릭합니다.

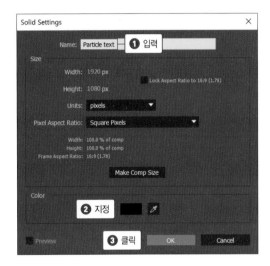

07 Ctrl+Y 키를 눌러 [Solid Settings] 대화상자에서 Name에 'Particle text'를 입력한 다음 Color를 '검은색'으로 지정하고 〈OK〉 버튼을 클릭하여 새로운 솔리드 레이어를 만듭니다.

08 Effects & Presets 패널에서 'CC Particle Systems II'를 검색하고 텍스트에 드래그하여 이펙트를 적용합니다.

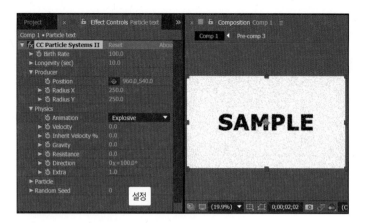

09 Effect Controls 패널에서 Birth Rate를 '100', Longevity (sec)를 '10'으로 설정합니다. Producer 속성의 Radius X/Y를 '250', Physics 속성의 Velocity/Inherit Velocity %/Gravity/Resistance를 각각 '0', Direction을 '100', Extra를 '1'로 설정합니다.

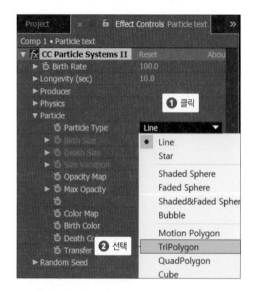

10 Particle 속성의 Particle Type을 'TriPolygon'으로 지정합니다.

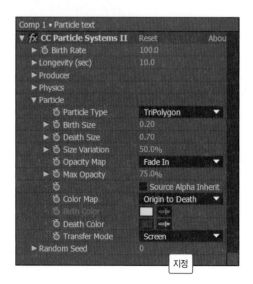

11 Particle 속성의 Opacity Map을 'Fade In', Color Map을 'Origin to Death', Transfer Mode를 'Screen'으로 지정합니다.

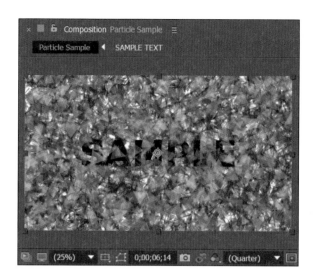

12 램 프리뷰를 실행하면 배경에 파티클 효과
가 적용됩니다.

13 Timeline 패널에서 'Particle text' 레이어를 드래그해 'SAMPLE text' 레이어 아래로 이동합니다.
'Particle text' 레이어의 Track Matte를 'Luma Inverted Matte "SAMPLE text"'로 지정합니다.

14 Ctrl 키를 누른 채 'SAMPLE text' 레이어와 'Particle text' 레이어를 선택한 다음 마우스 오른쪽 버튼을
클릭하고 Pre-compose를 실행합니다.

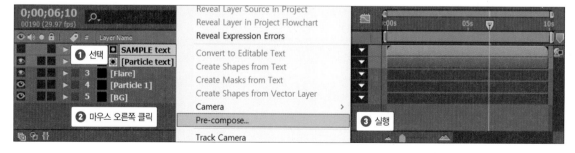

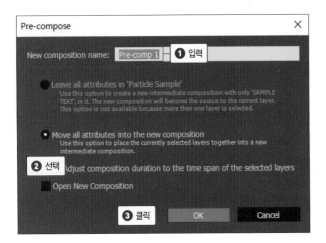

15 [Pre-compose] 대화상자가 표시되면 New composition name에 'Pre-comp 1'을 입력하고 'Move all attributes into the new composition'을 선택한 다음 〈OK〉 버튼을 클릭합니다.

16 Timeline 패널에서 'Pre-comp 1' 레이어를 'Particle 1' 레이어 아래로 이동합니다. 'Particle 1' 레이어를 선택한 다음 Ctrl+D 키를 눌러 복제하고 해당 레이어의 눈 아이콘(👁)을 클릭하여 Video를 비활성화합니다.

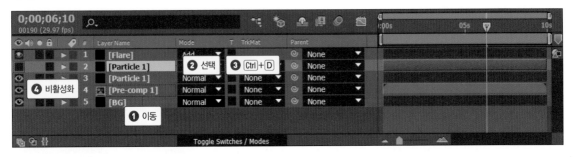

17 'Particle 1' 레이어는 다음과 같이 설정합니다.
Effect Controls 패널에서 Opacity Map을 'Constant', Color Map을 'Birth to Death', Birth와 Death Color를 '흰색', Transfer Mode를 'Screen'으로 지정합니다.

18 Ctrl+Y 키를 눌러 [Solid Settings] 대화상자에서 Name에 'White Solid 2'를 입력하고 Color를 '흰색'으로 지정한 다음 〈OK〉 버튼을 클릭하여 새로운 솔리드 레이어를 만듭니다.

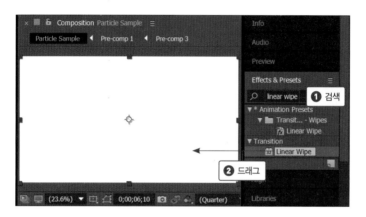

19 Effects & Presets 패널에서 'Linear Wipe'를 검색한 다음 Composition 패널의 화면에 드래그해 이펙트를 적용합니다.

20 Effect Controls 패널에서 Transition Completion을 '100%', Wipe Angle을 '-90°', Feather를 '200'으로 설정합니다.

21 Timeline 패널에서 현재 시간 표시기를 오브젝트 끝부분이 화면에 모두 나타날 때쯤인 약 1초 16프레임 즈음으로 이동합니다.
Transition Complete의 스톱워치(◎)를 눌러 활성화합니다.

22 타임라인을 조정하여 왼쪽에서 시작되는 파티클이 모두 사라질 때쯤(약 3초 27프레임 정도)으로 이동합니다.

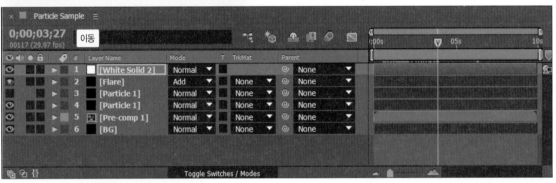

23 Effect Controls 패널에서 Transition Complete를 '0%'로 설정합니다.

24 Ctrl 키를 누른 채 'White Solid 2' 레이어와 'Particle 1' 레이어를 선택한 다음 마우스 오른쪽 버튼을 클릭하고 **Pre-compose**를 실행합니다.

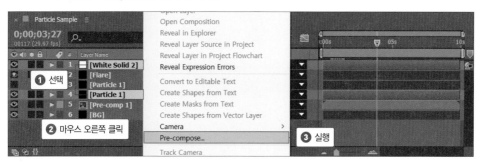

25 [Pre-compose] 대화상자에서 New composition name에 'Pre-comp 2'를 입력한 다음 'Move all attributes into the new composition'을 선택하고 〈OK〉 버튼을 클릭합니다.

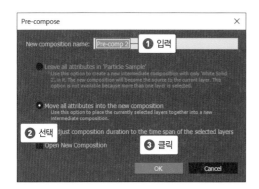

26 Timeline 패널에서 'Pre-comp 2' 레이어를 'Pre-Comp 1' 레이어 위로 이동합니다. 'Pre-comp 1' 레이어의 Track Matte를 'Luma Matte "[Pre-comp 2]"'로 지정합니다.

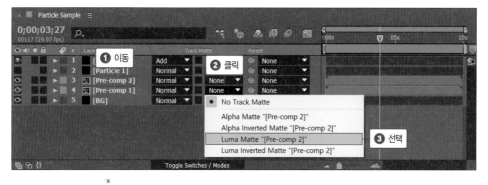

27 램 프리뷰를 실행하여 영상을 확인하면 파티클이 지나가면서 텍스트의 형태가 희미하게 나타납니다.

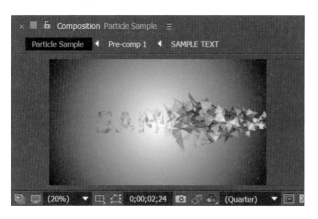

28 전체 레이어를 선택하고 마우스 오른쪽 버튼을 클릭한 다음 **Pre-compose**를 실행합니다.

29 [Pre-compose] 대화상자에서 New composition name에 'Final'을 입력한 다음 'Move all attributes into the new composition'을 선택하고 〈OK〉 버튼을 클릭합니다.

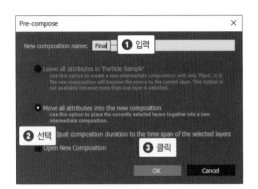

30 컴포지션이 조정되면 작업을 마무리합니다.

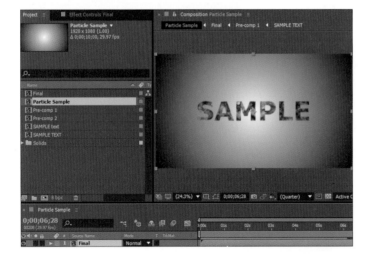

31 램 프리뷰를 실행하여 영상을 확인합니다. 파티클이 빛을 따라 모이면서 텍스트가 나타나고 내부에 파티클 효과가 적용됩니다.

SECTION 27

After Effects CC 2018

스모크 텍스트 이펙트 적용하기

파티클과 비슷한 효과인 파티큘러(Particular)를 이용하여 나무 질감이 적용된 텍스트가 연기처럼 사라지는 효과를 만들어 봅니다. 앞서 연습했던 여러 가지 효과들을 파티큘러와 함께 사용하여 새로운 연기 효과를 만듭니다.

▶ **예제 파일** | Part 1\space-1.jpg, old-wood-panel-1920x1200.jpg　▶ **완성 파일** | Part 1\Smoke Text Effect.aep

1　신비로운 우주 배경 만들기

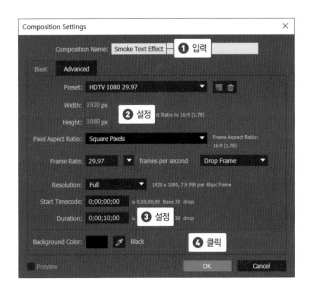

01 새 프로젝트를 만들고 [Composition] → **New Composition**(Ctrl+N)을 실행합니다. [Composition Settings] 대화상자가 표시되면 Composition Name에 'Smoke Text Effect'를 입력합니다. Width를 '1920px', Height를 '1080px', Duration을 '0;00;10;00'으로 설정하고 〈OK〉 버튼을 클릭합니다.

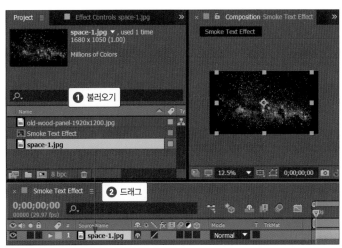

02 [File] → Import → File(Ctrl +I)을 실행해 Part 1 폴더에서 'space-1.jpg(배경 이미지)'와 'old-wood-panel-1920x1200.jpg(텍스트에 적용할 질감 이미지)'를 불러온 다음 먼저 배경 이미지를 컴포지션에 드래그하여 적용합니다.

TIP BG 이미지 출처는 다음과 같습니다.
http://www.storywarren.com/space/

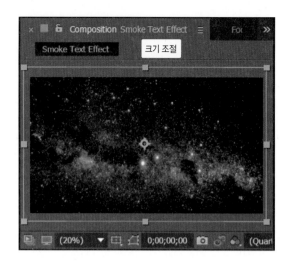

03 배경 이미지가 화면에 꽉 차도록 크기를 조절해 확대합니다.

04 Timeline 패널에서 레이어 이름을 'BG'로 수정합니다.

05 Ctrl + D 키를 눌러 'BG' 레이어를 복제하고 레이어 이름을 'Floor'로 바꿉니다. 'Floor' 레이어에서 '3D Layer' 아이콘(🔲)을 클릭하여 활성화하고 X Rotation을 '-90°'로 설정합니다.

06 Effects & Presets 패널에서 'Fast Blur'를 검색한 다음 Composition 패널의 화면에 드래그하여 적용합니다. Effect Controls 패널에서 Blurriness를 '50'으로 설정합니다.

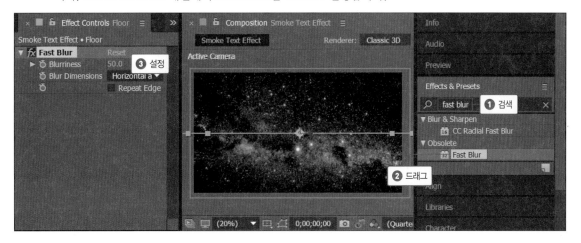

07 레이어 크기와 위치를 다음과 같이 조정해 3차원 느낌의 우주 배경을 만듭니다.

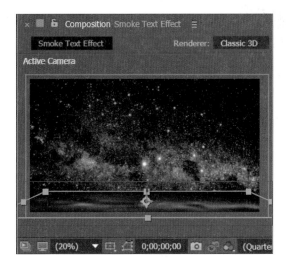

08 Timeline 패널에서 Position을 '980, 985, -55'로 설정합니다.

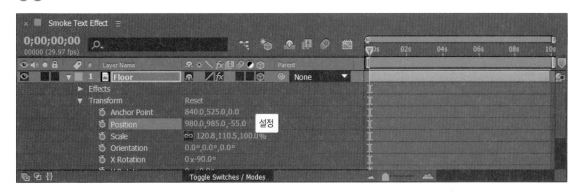

2 텍스트 디자인하기

01 새로운 텍스트 레이어를 만들고 Character 패널에서 글꼴을 'Verdana', 글자 크기를 '200px'로 설정합니다. Composition 패널의 화면에 'SMOKE TEXT'를 입력합니다.

02 Project 패널에서 불러들였던 낡은 나무 이미지를 Timeline 패널의 텍스트 레이어 위로 드래그하여 배치합니다.

TIP 나무 이미지 출처는 다음과 같습니다.
http://keywordsuggest.org/gallery/195593.html

03 텍스트 레이어의 Track Matte를 'Luma Matte "[old-wood-panel-1920x1200.jpg]"'로 지정합니다.

04 낡은 나무 이미지를 텍스트 크기에 맞춰 조정해서 텍스트에 질감을 표현합니다.

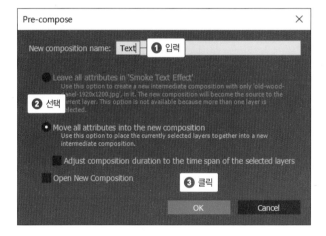

05 Timeline 패널에서 텍스트 레이어와 낡은 나무 이미지를 선택하고 마우스 오른쪽 버튼을 클릭한 다음 **Pre-compose**를 실행합니다. [Pre-compose] 대화상자에서 New composition name에 'Text'를 입력하고 'Move all attributes into the new composition'을 선택한 다음 〈OK〉 버튼을 클릭합니다.

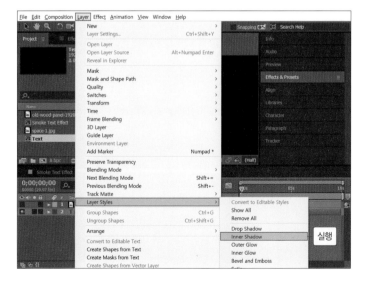

06 텍스트 안쪽에 그림자를 적용하기 위해 [Layer] → Layer Styles → Inner Shadow를 실행합니다.

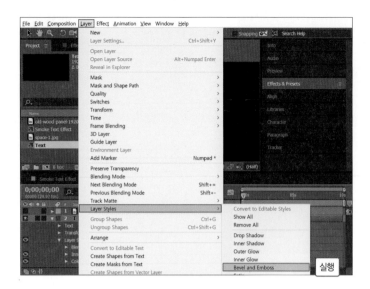

07 텍스트에 입체감을 나타내기 위해 [Layer] → Layer Styles → Bevel and Emboss를 실행합니다.

08 Inner Shadow와 Bevel and Emboss의 Angle을 각각 '90°'로 설정합니다.

③ 마스크 적용하기

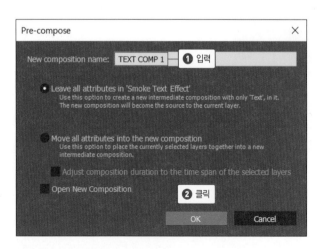

01 Pre-compose를 적용했던 'TEXT' 레이어에서 다시 한 번 마우스 오른쪽 버튼을 클릭한 다음 **Pre-compose**를 실행합니다. [Pre-compose] 대화상자에서 New composition name에 'TEXT COMP 1'을 입력하고 〈OK〉 버튼을 클릭합니다.

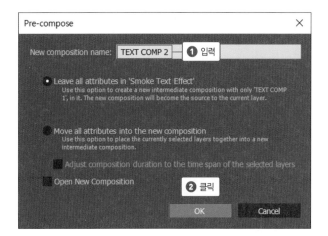

02 같은 방법으로 'TEXT COMP 1' 레이어에서 다시 **Pre-compose**를 실행합니다. [Pre-compose] 대화상자에서 New composition name에 'TEXT COMP 2'를 입력하고 〈OK〉 버튼을 클릭합니다.

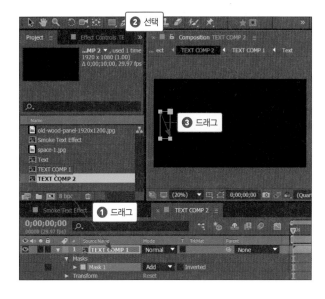

03 Project 패널에서 'TEXT COMP 1' 레이어를 'TEXT COMP 2' 컴포지션으로 드래그합니다.

Tools 패널에서 사각형 마스크 도구(■)를 선택한 다음 Composition 패널의 화면에 드래그하여 사각형 마스크를 만듭니다.

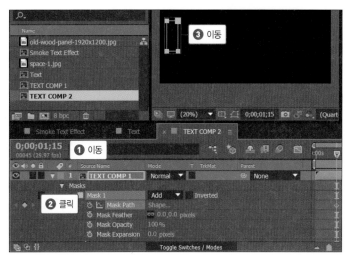

04 현재 시간 표시기를 1초 15프레임으로 이동하고 Mask Path 왼쪽의 스톱워치(⏱)를 눌러 활성화합니다. Composition 패널의 화면에서 사각형 마스크를 텍스트 내용이 보이기 직전 위치로 이동합니다.

05 사각형 마스크를 텍스트 끝 부분 (오른쪽)으로 드래그하여 이동한 다음 현재 시간 표시기를 4초 15프레임으로 이동하고 Mask Feather를 '30, 30pixels'로 설정합니다.

06 다시 'Smoke Text Effect' 컴포지션을 선택합니다. Project 패널의 'TEXT COMP 1'을 'TEXT COMP 2' 레이어 아래로 드래그해 배치합니다. Effects & Presets 패널에서 'Linear Wipe'를 검색하고 Composition 패널의 화면으로 드래그하여 적용합니다.

07 현재 시간 표시기를 1초 15프레임으로 이동하고 Transition Completion 왼쪽의 스톱워치(⏱)를 눌러 활성화한 다음 '0%'로 설정합니다.

08 현재 시간 표시기를 4초 15프레임으로 이동한 다음 Transition Completion을 '100%'로 설정합니다.

09 'TEXT COMP 2' 레이어의 '3D Layer'(아이콘)를 클릭하여 활성화합니다.

4 파티클 이펙트 적용하기

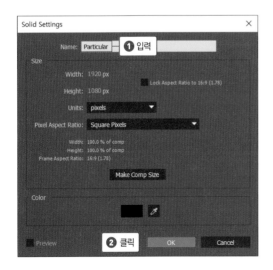

01 Ctrl + Y 키를 눌러 [Solid Settings] 대화상자에서 Name에 'Particular'를 입력하고 〈OK〉 버튼을 클릭합니다.

02 Effects & Presets 패널에서 'Particular'를 검색한 다음 Composition 패널의 화면에 드래그하여 이펙트를 적용합니다.

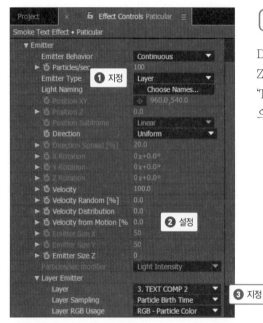

03 Effect Controls 패널에서 Emitter Type을 'Layer', Velocity를 '100', Velocity Random [%]/Velocity Distribution/Velocity from Motion [%]을 '0', Emitter Size Z를 '0'으로 설정합니다. Layer Emitter 속성의 Layer를 'TEXT COMP 2', Layer Sampling을 'Particle Birth Time'으로 지정합니다.

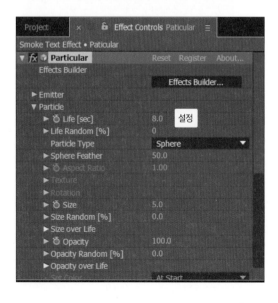

04 Particle의 Life [sec]를 '8'로 설정합니다.

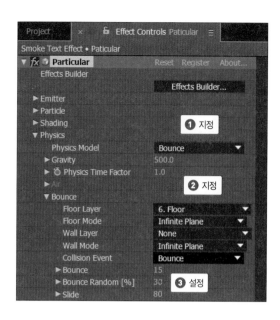

05 Physics 속성의 Physics Model을 'Bounce', Gravity를 '500'으로 설정합니다. Bounce의 Floor Layer를 'Floor', Bounce를 '15'로 설정합니다.

06 Timeline 패널에서 'Particular' 레이어를 선택하고 Ctrl+D 키를 눌러 복제한 다음 레이어 이름에 'Smoke'를 입력합니다.

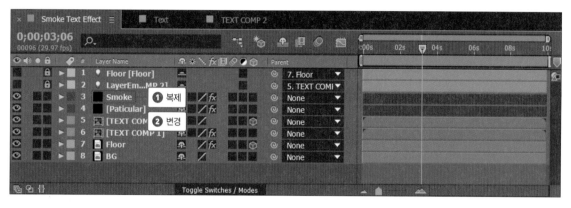

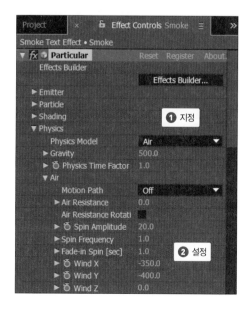

07 Effect Controls 패널에서 Physics 속성의 Physics Model을 'Air'로 지정합니다. Air 속성의 Spin Amplitude를 '20', Wind X를 '-350', Wind Y를 '-400'으로 설정합니다.

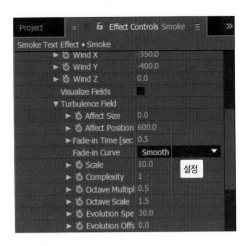

08 Turbulence Field 속성에서 Affect Position을 '600', Complexity를 '1', Evolution Speed를 '30'으로 설정합니다.

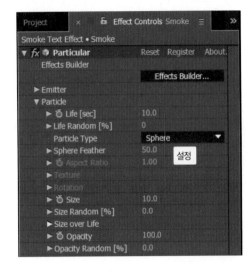

09 Particle의 Life [sec]와 Size를 각각 '10'으로 설정합니다.

10 Effects & Presets 패널에서 'Fast Blur'를 검색한 다음 Composition 패널의 화면으로 드래그하여 이펙트를 적용합니다. Effect Controls 패널에서 Blurriness를 '40'으로 설정합니다.

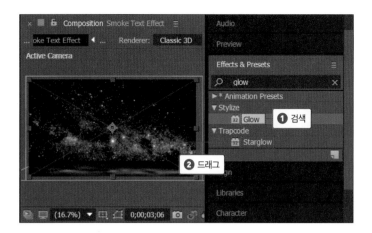

11 Effects & Presets 패널에서 'Glow'를 검색하고 Composition 패널의 화면에 드래그해 이펙트를 적용합니다.

12 'Text' 레이어를 선택한 다음 Character 패널에서 글자 색을 지정합니다. 예제에서는 #를 '85634E(갈색)'로 설정하였습니다.

13 Timeline 패널에서 'Smoke' 레이어의 Opacity를 '80%'로 설정하여 마무리합니다.

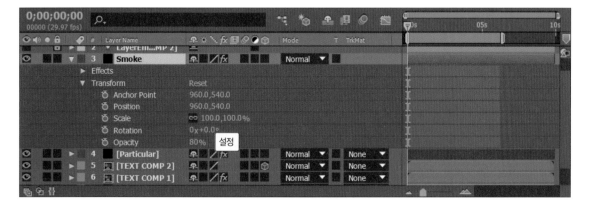

SECTION 28
After Effects CC 2018

이글이글 불타오르는 텍스트 만들기

Saber 플러그인 이용하여 불에 타는 듯한 텍스트를 연출해 봅니다. Saber 플러그인은 불꽃 외에도 여러 가지 효과를 표현할 수 있으므로 더 많은 효과들을 적용해 보세요.

◉ 예제 파일 | Part 1\cement img.jpg   ◉ 완성 파일 | Part 1\TEXT Fire Effect.aep

1 텍스트 디자인하기

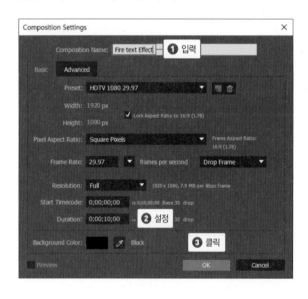

01 새로운 프로젝트를 만들고 [Composition] → New Composition(Ctrl+N)을 실행합니다. [Composition Settings] 대화상자가 표시되면 Composition Name에 'Fire text Effect'를 입력하고 Duration을 '0;00;10;00'으로 설정한 다음 〈OK〉 버튼을 클릭해 새로운 컴포지션을 만듭니다.

02 Ctrl+Alt+Shift+T 키를 눌러 새로운 텍스트 레이어를 만듭니다. Character 패널에서 글꼴을 'Verdana / Bold Italic', 글자 색을 '흰색', 글자 크기를 '150pt'로 설정합니다. Composition 패널의 화면에 'FIRE TEXT EFFECT'를 입력합니다.

03 [File] → Import → File(Ctrl+I)
을 실행하여 Part 1 폴더에서 시멘
트 벽 이미지인 'cement img.jpg' 파일을
불러옵니다.
Timeline 패널에서 불러들인 이미지를 텍
스트 레이어 아래로 드래그해 배치합니다.
화면에서 이미지 크기를 다음과 같이 텍스
트에 맞춰 조정합니다.

04 이미지 레이어가 선택된 상태로 Timeline 패널에서 Track Matte를 'Alpha Matte "FIRE TEXT
EFFECT"'로 지정합니다.

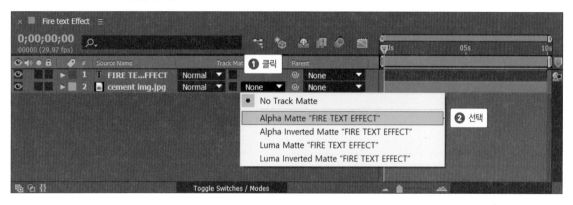

05 Effect & Presets 패널에서 'Curves'를 검색하고 이미지 레이어에 드래그하여 이펙트를 적용합니다.
Effect Controls 패널에서 커브 선을 조정하여 이미지 톤을 설정합니다.

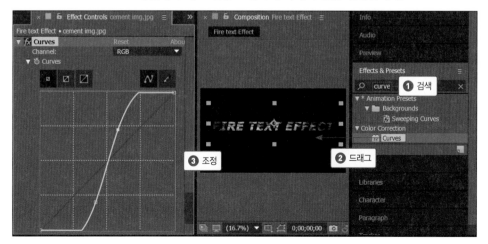

06 텍스트 레이어를 선택한 다음 Ctrl + D 키를 눌러 복제하고 복제된 레이어의 눈 아이콘(👁)을 클릭하여 Video를 활성화합니다.

07 Effects & Presets 패널에서 'Bevel Alpha'를 검색한 다음 텍스트로 드래그해 이펙트를 적용합니다. Effect Controls 패널에서 Light Angle을 '0°', Light Intensity를 '0.5'로 설정합니다.

08 복제한 텍스트 레이어가 선택된 상태에서 다시 Ctrl + D 키를 눌러 복제합니다.
Effect Controls 패널에서 Edge Thickness를 '1.5', Light Angle을 '120°', Light Intensity를 '0.3'으로 설정합니다.

09 다시 한 번 Ctrl+D 키를 눌러 레이어를 복제합니다. Timeline 패널에서 'Fire text Effect 2'~'Fire text Effect 4' 레이어의 Mode를 각각 'Add'로 지정합니다. 'Fire text Effect 4' 레이어를 제외한 다른 레이어들을 선택하고 마우스 오른쪽 버튼을 클릭한 다음 **Pre-compose**를 실행합니다.

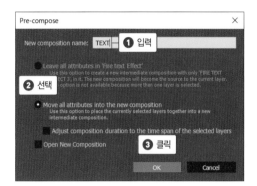

10 [Pre-compose] 대화상자에서 New composition name에 'TEXT'를 입력하고 'Move all attributes into the new composition'을 선택한 다음 〈OK〉 버튼을 클릭합니다.

11 'TEXT' 레이어의 '3D Layer'(📦) 아이콘을 클릭하여 활성화합니다. 현재 시간 표시기를 맨 앞으로 이동합니다.

12 텍스트 레이어에서 ⓟ 키를 눌러 표시된 Position 왼쪽의 스톱워치(⏱)를 눌러 활성화하고 '960, 540, −2700'으로 설정합니다.

13 현재 시간 표시기를 1초 15프레임으로 이동하고 Position을 '960, 540, 0'으로 설정합니다.

14 'TEXT' 레이어에서 'Motion Blur' 아이콘(◉)을 클릭하여 모션 블러를 적용합니다.

2 카메라 레이어 적용하기

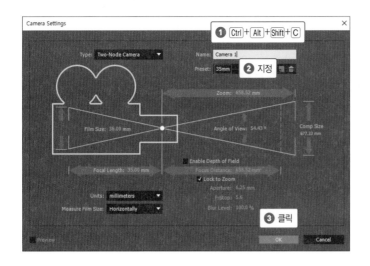

01 Ctrl + Alt + Shift + C 키를 눌러 카메라 레이어를 만듭니다.
[Camera Settings] 대화상자에서 Preset을 '35mm'로 지정하고 〈OK〉 버튼을 클릭합니다.

02 Timeline 패널에서 현재 시간 표시기를 1초 15프레임으로 이동합니다. 카메라 레이어의 Camera Options 속성에서 Zoom 왼쪽 스톱워치(⏱)를 눌러 활성화합니다.

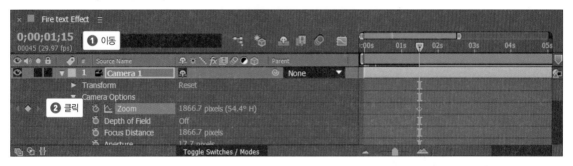

03 현재 시간 표시기를 5초로 이동한 다음 Zoom을 '2100pixels'로 설정합니다.

③ Saber 플러그인 적용하기

01 Ctrl+Y 키를 눌러 [Solid Settings] 대화상자에서 Name에 새로운 솔리드 레이어 이름을 'saber'로 입력하고 〈OK〉 버튼을 클릭합니다.

TIP 다음의 웹 주소에서 Saber 플러그인을 무료로 다운로드할 수 있습니다.
http://www.videocopilot.net/blog/2016/03/new-plug-in-saber-now-available-100-free/

02 Effects & Presets 패널에서 'Saber'를 검색한 다음 화면으로 드래그해 적용합니다.

03 Effect Controls 패널에서 Preset을 'Burning', Glow Intensity를 '40%'로 설정합니다. Customize Core 속성의 Core Type을 'Text Layer', Text Layer를 'FIRE TEXT EFFECT 4'로 지정합니다.

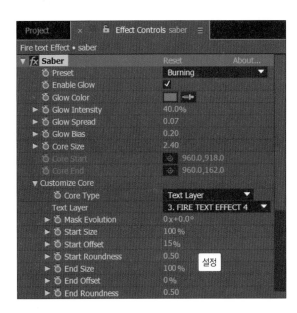

04 Customize Core 속성의 Start Offset을 '15%', End Offset을 '0%'로 설정합니다.

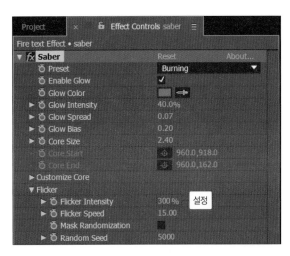

05 Flicker 속성의 Flicker Intensity를 '300%'로 설정합니다.

06 Distortion 속성의 Core Distortion Amount를 '20', Wind Speed를 '1.5'로 설정합니다.

07 Timeline 패널에서 'saber' 레이어의 Mode를 'Add'로 지정한 다음 '3D Layer' 아이콘(⬡)을 클릭하여 활성화합니다.

08 'saber' 레이어의 시작 지점을 다음과 같이 앞서 설정했던 카메라 줌의 시작 지점인 1초 15프레임으로 조정합니다.

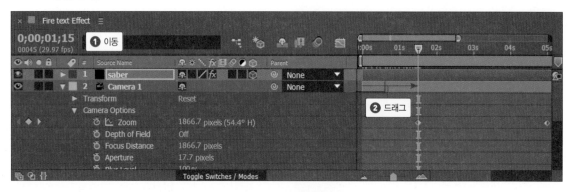

09 Effect Controls 패널의 Start Offset 왼쪽 스톱워치(⏱)를 누르고 '0%'로 설정합니다.

10 현재 시간 표시기를 4초로 이동하고 Start Offset을 '15%'로 설정한 다음 End Offset 왼쪽의 스톱워치 (⏱)를 눌러 활성화합니다.

11 Ctrl+Y 키를 눌러 [Solid Settings] 대화상 자에서 Name에 'BG'를 입력하고 Color를 '어두운 회색(#333333)'으로 지정한 다음 〈OK〉 버튼을 클릭합니다.

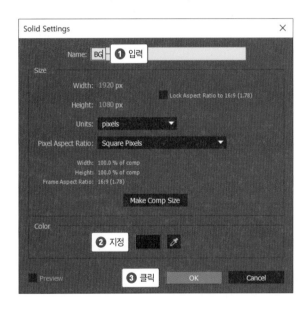

12 다시 한 번 Ctrl+Y 키를 눌러 [Solid Settings] 대화상자에서 Name에 'BG Fire'를 입력하고 Color를 '검은색'으로 지정한 다음 〈OK〉 버튼을 클릭합니다.

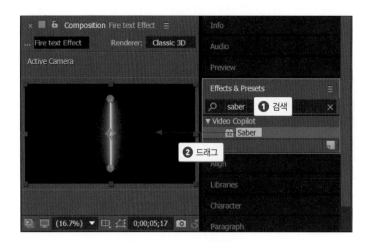

13 Effects & Presets 패널에서 'Saber'를 검색하고 Composition 패널의 화면에 드래그해 적용합니다.

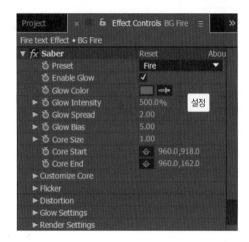

14 Effect Controls 패널에서 Preset을 'Fire', Glow Intensity를 '500%', Glow Spread를 '2', Glow Bias를 '5', Core Size를 '1'로 설정합니다.

15 Composition 패널에서 화면 크기를 조정해 다음과 같이 자연스럽게 불꽃을 표현합니다. Timeline 패널에서 'BG Fire' 레이어를 'BG' 레이어 위로 드래그하여 이동합니다.

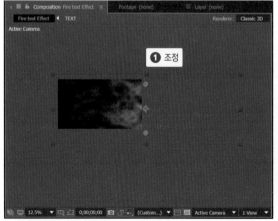

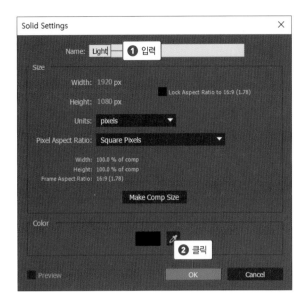

16 Ctrl+Y 키를 눌러 [Solid Settings] 대화
상자에서 Name에 'Light'를 입력한 다음
〈OK〉 버튼을 클릭합니다.

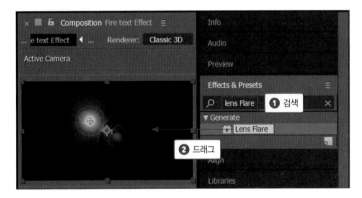

17 Effects & Presets 패널에서
'Lens Flare'를 검색하고 'Light'
레이어에 드래그하여 적용합니다.

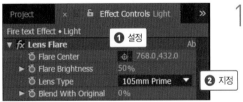

18 Effect Controls 패널에서 Flare Brightness를 '50%',
Lens Type을 '105mm Prime'으로 지정합니다.

19 Timeline 패널에서 'Light' 레이어를 'BG Fire' 레이어 위로 드래그하여 이동하고 Mode를 'Add'로 지정
합니다.

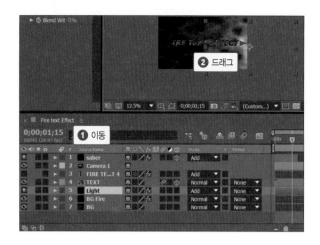

20 현재 시간 표시기를 1초 15프레임으로 이 동한 다음 다음과 같이 화면에서 'Light' 레이어 위치를 Effect의 T자 옆으로 드래그하여 이동합니다.

21 현재 시간 표시기를 0초로 이동합니다. 'Light' 레이어에서 Transform의 Position 스톱워치(⏱)를 눌러 활성화하고 '2350, 725'로 설정합니다. Opacity 왼쪽 스톱워치(⏱)를 눌러 활성화한 다음 '0%'로 설정합 니다.

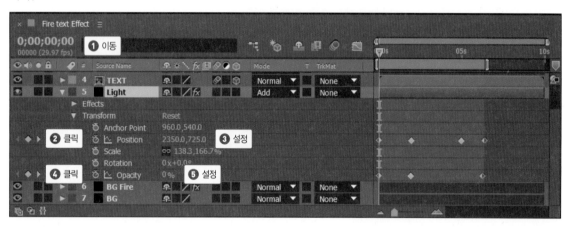

22 현재 시간 표시기를 2초로 이동한 다음 Position을 '1944, 724'로 설정하고, Opacity를 '100%'로 설정합 니다.

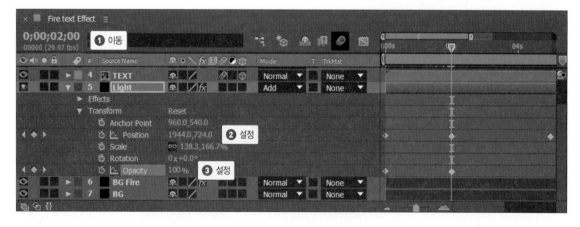

23 현재 시간 표시기를 5초로 이동한 다음 Position을 '416, 724'로 설정합니다.

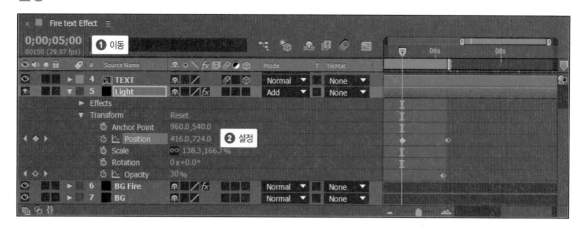

24 현재 시간 표시기를 6초 15프레임으로 이동한 다음 Position을 ' – 56, 724', Opacity를 '0%'로 설정하여 마무리합니다.

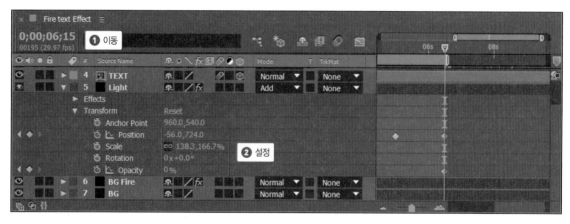

25 램 프리뷰를 실행하여 영상을 확인하면 텍스트가 이글이글 불타오릅니다.

SECTION 29
After Effects CC 2018

루프 액션으로 반복되는 캐릭터 애니메이션 만들기

일러스트레이터에서 만든 캐릭터 디자인에 퍼핏 핀 도구로 고정점을 추가하고 뒤로 팬 도구로 고정점을 이동하여 자연스럽게 반복하여 움직이는 캐릭터 애니메이션을 만들어 봅니다.

◐ **예제 파일 I** Part 1\운전캐릭터.ai, 배경.ai, 걷기캐릭터.ai ◐ **완성 파일 I** Part 1\캐릭터애니메이션.aep

1 캐릭터 일러스트 불러오기

01 Part 1 폴더에서 '운전캐릭터.ai' 파일을 더블클릭합니다. 일러스트레이터가 실행되고 파일이 열리면 Layers 패널에서 여러 개의 레이어로 나뉜 캐릭터 일러스트를 확인합니다.

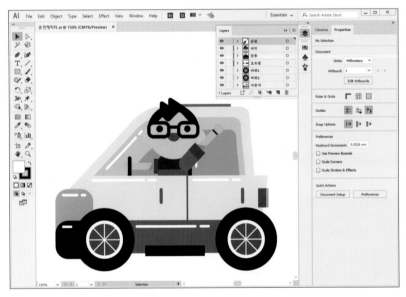

TIP 일러스트를 작업할 때는 레이어를 나누기보다 그룹으로 설정하는 것이 효과적입니다. 그러나 애프터 이펙트에서는 레이어마다 동작을 추가하면 훨씬 자연스럽게 표현할 수 있습니다.

TIP 애프터 이펙트에서는 작업할 때 주로 비트맵 이미지(psd, jpg, png 등)를 사용하지만 예제에서는 패스 선이 살아 있는 벡터 이미지를 활용했습니다.

02 애프터 이펙트를 실행하고 새 프로젝트에서 컴포지션을 만듭니다.

캐릭터 일러스트 파일을 불러오기 위해 메뉴에서 **[File] → Import → File**(**Ctrl**+**I**)을 실행합니다. [Import File] 대화상자가 표시되면 Part 1 폴더에서 '운전캐릭터.ai' 파일을 선택하고 Import As를 'Composition – Retain Layer Sizes'로 지정한 다음 〈Import〉 버튼을 클릭합니다.

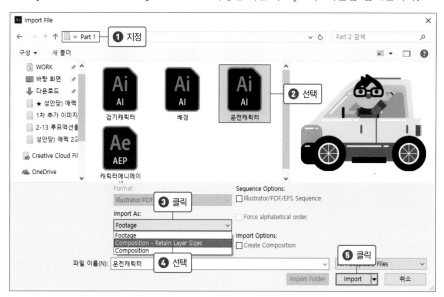

TIP Import As를 'Composition – Retain Layer Sizes'로 지정해야 이미지를 구성하는 레이어를 유지한 채 각각 불러올 수 있습니다.

03 Project 패널에 일러스트 파일이 불러들여지면 '운전캐릭터' 컴포지션을 더블클릭합니다. 일러스트 파일의 레이어 그대로 Timeline 패널에 여러 개의 레이어로 나뉘어 표시됩니다. Timeline 패널과 일러스트레이터의 레이어 이름이 같은 것을 확인할 수 있습니다.

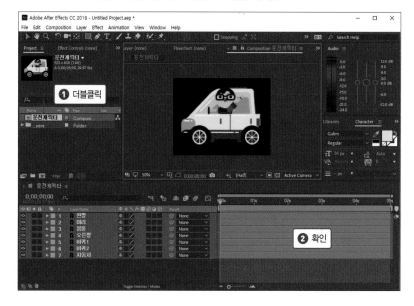

2 뒤로 팬 도구와 퍼핏 핀 도구로 자연스러운 움직임 만들기

01 '운전캐릭터' 컴포지션의 설정을 변경하기 위해 Ctrl+K 키를 누릅니다.
[Composition Settings] 대화상자가 표시되면 Duration을 '0;00;10;00'으로 설정하고 ⟨OK⟩ 버튼을 클릭합니다.

TIP Frame Rate 수치를 크게 설정하면 캐릭터 동작을 빠르게 표현할 수 있습니다. 예제에서는 기본으로 진행합니다.

02 캐릭터의 왼팔을 자연스럽게 움직여 봅니다. Timeline 패널에서 '왼팔' 레이어를 선택하고 Tools 패널에서 뒤로 팬 도구(⬚)를 선택합니다. '왼팔' 레이어에 고정점이 활성화됩니다.

03 팔꿈치 부분의 고정점을 왼쪽 아래의 어깨 부분으로 드래그하여 이동합니다.

TIP 퍼핏 핀 도구를 선택하여 활성화된 고정점을 팔꿈치가 아닌 어깨에 배치해야 캐릭터의 왼팔을 자연스럽게 흔들 수 있습니다.

04 캐릭터의 왼팔을 약간 둥글게 만들어 자연스럽게 나타내겠습니다. Tools 패널에서 퍼핏 핀 도구()를 선택하고 마우스 포인터가 핀 모양으로 바뀌면 왼팔의 어깨와 팔꿈치, 손목 부분을 클릭합니다.

TIP 마우스 포인터가 핀 모양일 때 오브젝트를 클릭하면 노란색 작은 원이 표시되면서 핀이 추가됩니다.

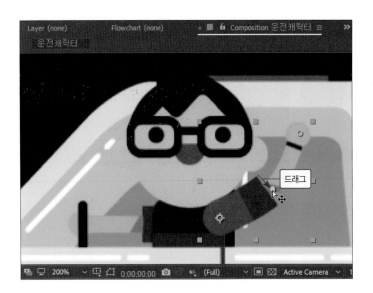

05 팔꿈치 부분의 핀을 오른쪽 아래로 살짝 드래그하여 팔을 약간 둥글게 만듭니다.

06 Timeline 패널의 '왼팔' 레이어가 선택된 상태에서 R 키를 눌러 Rotation 속성을 펼칩니다.

07 0초에서 스톱워치(⏱)를 눌러 키프레임을 추가합니다. 15프레임으로 이동하고 Rotation을 '−8°'로 설정해서 약간 회전시켜 손을 흔드는 움직임을 만듭니다.

3 루프 기능으로 반복 애니메이션 만들기

01 이번에는 반복되는 움직임을 만들기 위해 Alt 키를 누른 채 Rotation의 스톱워치( )를 눌러 서식 입력 창을 활성화합니다.

02 적용한 애니메이션을 반복하기 위해 서식을 'loopOut(type="pingpong")'으로 수정합니다.

TIP 서식을 수정한 다음 현재 시간 표시기를 이동하며 반복되는 애니메이션을 확인합니다. 이때 Out의 'O'를 소문자로 입력하지 않도록 주의합니다.

TIP 액션 서식을 'loopOut (type="pingpong")' 또는 'loopOut(type=cycle)'으로 수정하면 적용한 효과가 자동으로 연출됩니다. 캐릭터가 팔을 흔드는 것은 양방향으로 일어나는 동작이므로 'pingpong' 형식을 지정했습니다.

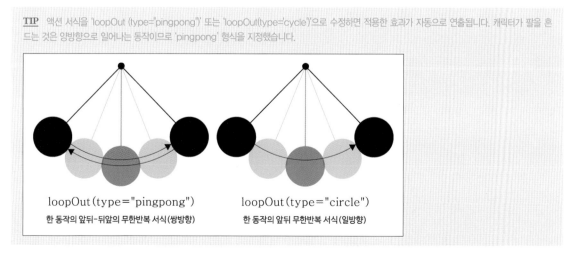

03   Timeline 패널에서 Ctrl 키를 누른 채 '머리', '몸통', '오른팔', '자동차' 레이어를 선택하고 P 키를 눌러 Position을 펼칩니다.

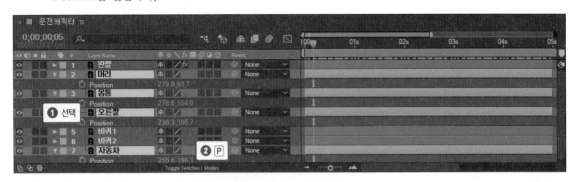

04   각 레이어의 0초에서 스톱워치 (⏱)를 눌러 키프레임을 추가합니다. 15프레임으로 이동한 다음 오브젝트를 자유롭게 이동합니다. Alt 키를 누른 채 Position의 스톱워치(⏱)를 누르고 서식을 'loopOut(type="pingpong")'으로 수정합니다.

05   Timeline 패널에서 '바퀴1', '바퀴2' 레이어를 선택하고 R 키를 눌러 Rotation을 펼칩니다.

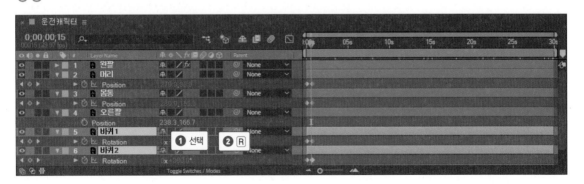

0초에서 Rotation의 스톱워치(⬤)를 눌러 키프레임을 만듭니다. 20프레임으로 이동한 다음
Composition 패널에서 자동차 바퀴를 360° 회전합니다.

바퀴가 회전하는 움직임을 확인하고 서식을 'loopOut(type="pingpong")'으로 수정합니다.

4 캐릭터 애니메이션과 배경 연결하기

01 Part 1 폴더에서 '걷기캐릭터.ai' 파일을 불러옵니다.
운전캐릭터의 작업 방법대로 캐릭터의 걷는 동작을 표현할 것입니다.

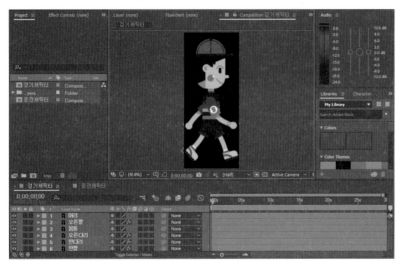

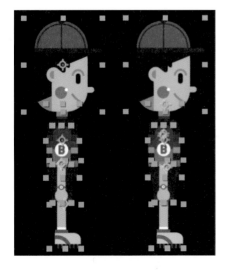

02 레이어가 알맞은 크기로 불러들여졌는지 확인하고 뒤로 팬
도구(🖐)를 선택하여 고정점을 활성화합니다.
팔에 있는 고정점은 어깨로, 머리에 있는 고정점은 목으로, 다리에
있는 고정점은 골반으로 드래그하여 중심을 이동합니다.

03 캐릭터의 팔다리가 자연스럽게 움직이도록 표현하겠습니다.

Timeline 패널에서 '오른팔', '오른다리', '왼다리', '왼팔' 레이어를 선택하고 ⓡ 키를 눌러 Rotation을 펼칩니다. 0초와 20프레임의 회전 폭을 다르게 설정하여 캐릭터를 걷게 합니다.

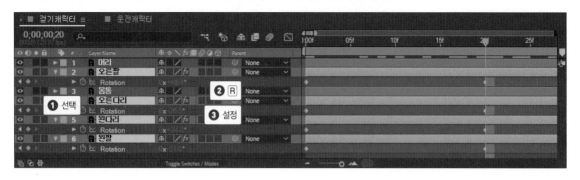

TIP 오른팔이 앞으로 나오면 왼다리가, 왼팔이 앞으로 나오면 오른다리가 나오도록 설정해야 자연스러운 걷기 동작이 표현됩니다.

04 ⒶⓁⓉ 키를 누른 채 Rotation의 스톱워치(⏱)를 누르고 서식을 'loopOut(type="pingpong")'으로 수정합니다. Composition 패널에서 걷기 동작이 서식과 연동되어 반복적으로 나타나는지 확인합니다.

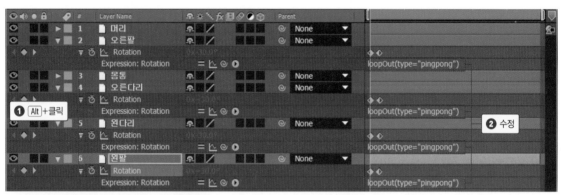

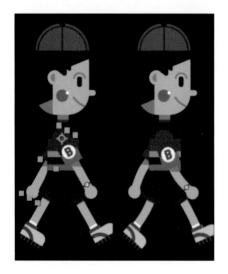

05 퍼핏 핀 도구(📌)를 이용해 팔다리를 약간 둥글게 만듭니다. 관절 부분에 약간의 굴곡을 주어 더 자연스러운 움직임을 연출합니다.

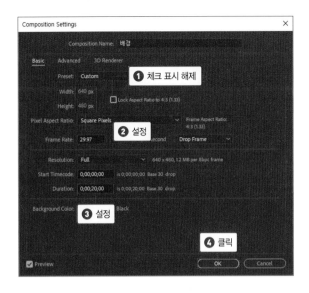

06 Part 1 폴더에서 '배경.ai' 파일을 레이어별로 불러옵니다.

Ctrl + N 키를 눌러 [Composition Settings] 대화상자가 표시되면 'Lock Aspect Ratio to'의 체크 표시를 해제합니다. Width를 '640px', Height를 '480px', Duration을 '0;00;20;00'으로 설정한 다음 〈OK〉 버튼을 클릭합니다.

07 Timeline 패널에서 '배경1', '배경2', '배경3' 레이어를 선택하고 P 키를 눌러 Position을 펼칩니다. 각각 20초, 5초, 10초 동안 오른쪽으로 천천히 이동하도록 설정합니다.

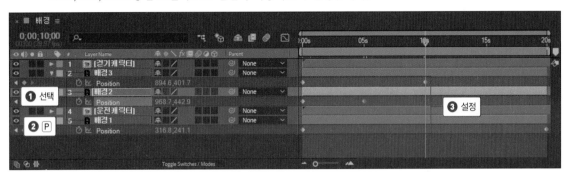

08 Project 패널에서 '걷기캐릭터'와 '운전캐릭터' 컴포지션을 다음과 같이 '배경' 레이어 사이에 삽입하고 걷기캐릭터만 오른쪽으로 4초 동안 움직이도록 설정합니다.

09 걷기캐릭터' 레이어를 선택합니다. Position을 펼치고 Alt 키를 누른 채 스톱워치(🕒)를 누른 다음 서식을 'loopOut(type='cycle')'으로 수정합니다.

10 모든 작업이 끝나면 파일을 소스 파일과 같은 위치에 저장합니다.

TIP 각 컴포지션에 움직임을 적용할 때 가장 중요한 점은 캐릭터와 배경 레이어를 적절하게 섞어 실제로 걸어가거나 자동차가 지나가는 것처럼 보이도록 착시 효과를 주는 것입니다.

11 램 프리뷰를 실행하여 영상을 확인합니다. 자동차를 운전하는 캐릭터와 앞쪽에서 지나가는 캐릭터가 계속 반복되는 애니메이션이 만들어집니다.

SECTION 30
After Effects CC 2018

카드 애니메이션 만들기

애프터 이펙트에서 제공하는 다양한 효과를 이용해 일러스트레이터 파일로 종이가 한 장씩 보이는 애니메이션을 만들어 봅니다.

▶ **예제 파일** ㅣ Part 1\01.ai, 02.ai, Wooden table mockup.jpg　　▶ **완성 파일** ㅣ Part 1\Minimal Zoo.aep

1 배경 디자인하기

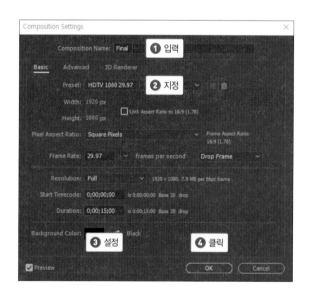

01 새 프로젝트를 만들고 Ctrl+N 키를 누릅니다. [Composition Settings] 대화상자가 표시되면 Composition Name에 'Final'을 입력한 다음 Preset을 'HDTV 1080 29.97', Duration을 '0;00;15;00'으로 설정하고 〈OK〉 버튼을 클릭합니다.

02 Part 1 폴더에서 'Wooden table mockup.jpg' 파일을 불러옵니다. Project 패널에서 불러온 배경 이미지 파일을 Timeline 패널로 드래그합니다. Composition 패널의 화면에서 배경 이미지 크기를 다음과 같이 조정합니다.

03 카메라와 Null 레이어를 추가합니다. Null 오브젝트를 카메라의 하위 레이어로 지정하기 위해 'Camera' 레이어의 Parent를 'Null 1'로 지정합니다.

TIP 레이어 영역에서 마우스 오른쪽 버튼을 클릭하고 New → Null Object를 실행해서 Null 레이어를 만듭니다. 또는 [Layer] → New → Null Object를 실행합니다.
이처럼 레이어 영역에서 마우스 오른쪽 버튼을 클릭하고 New → Camera를 실행하거나 [Layer] → New → Camera를 실행하여 카메라 레이어를 만듭니다.

04 Null 오브젝트의 초기 값은 다음과 같습니다.

2 다양한 이펙트 적용하기

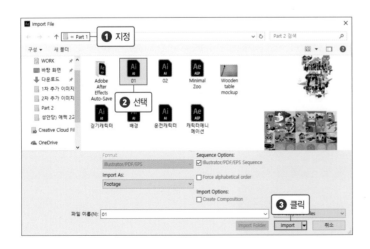

01 메뉴에서 **[File]** → Import → **File**(Ctrl+I)을 실행합니다.
[Import File] 대화상자가 표시되면 Part 1 폴더에서 '01.ai' 파일을 선택하고 〈Import〉 버튼을 클릭합니다.

02 파일 불러오기 대화상자가 표시되면 일러스트레이터 파일에 포함된 레이어를 문서 크기에 맞춰 불러오기 위해 Layer Options 항목에서 'Choose Layer'를 선택하고 'Animals'로 지정합니다. Footage Dimensions를 'Document Size'로 지정한 다음 〈OK〉 버튼을 클릭합니다. 같은 방법으로 '02.ai' 파일의 모든 레이어를 불러옵니다.

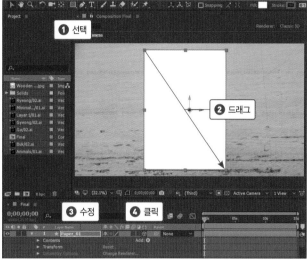

03 사각형 마스크 도구(■)를 선택하고 Composition 패널의 화면 위에 드래그하여 다음과 같이 A4 용지 형태의 사각형을 만듭니다. Timeline 패널에서 레이어 이름을 'Paper_01'로 수정하고 '3D Layer' 아이콘(⬚)을 클릭해 3D 레이어를 활성화합니다.

04 Timeline 패널에서 'Paper_01' 레이어의 Transform 속성을 펼칩니다. Opacity를 '95%'로 설정하여 아랫부분이 살짝 비치도록 합니다. Layer Styles 속성을 펼치고 입체감을 주기 위해 Drop Shadow에서 Angle만 '100°'로 설정합니다. 키프레임을 추가하기 위해 0초에서 Rotation, Orientation, X/Z Rotation의 스톱워치(⏱)를 누릅니다. F9 키를 눌러 이지이즈를 적용합니다.

05 오른쪽 아래에서 화면 가운데로 나타나는 애니메이션을 구현하기 위해 0초에서는 Position을 오른쪽 아래로 지정하고, 15프레임에서는 다음과 같이 Position을 '493.2, 583.3, −3.8'로 설정한 다음 X Rotation을 '−5°'로 설정합니다.

06 15프레임부터 7초 22프레임까지 텍스트 레이어가 나타나도록 다음과 같이 타임라인을 조정합니다.

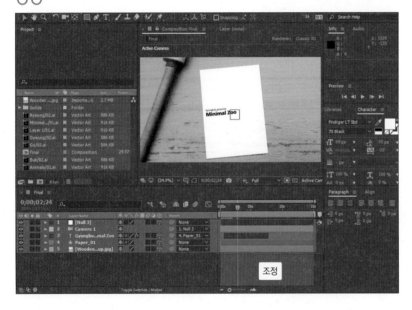

07 Transform 속성에서 Orientation을 '5°, 0.4°, 5°', X Rotation을 '-5°', Z Rotation을 '-5°', Opacity를 '100%'로 설정합니다.

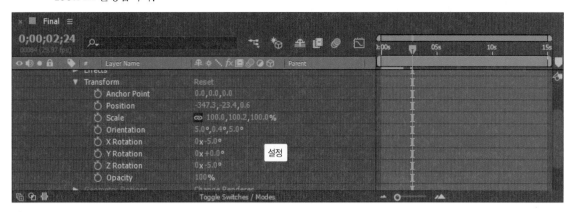

08 Timeline 패널에서 텍스트 레이어를 선택합니다.
Effects & Presets 패널에서 Fade In+Out – frames 이펙트를 검색하고 적용합니다. Fade In+Out – frames 속성의 Fade Out을 '0'으로 설정합니다.

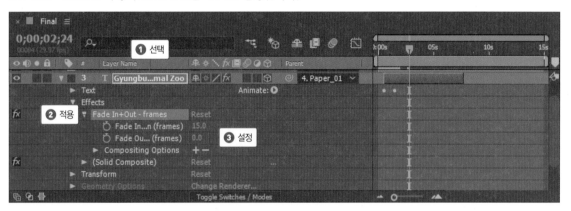

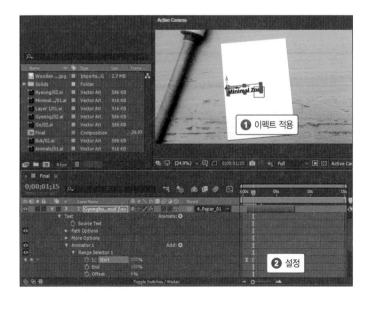

09 Effects & Presets 패널에서 'Typewrite' 이펙트를 적용합니다. Animator 1의 속성을 펼치고 다음과 같이 Start에서 효과가 나타나는 시간과 효과의 지속 시간을 설정합니다.

1 추가   **2 활성화**   **3 조정**

10 Project 패널에서 'Layer 1/01. ai', 'Minimal Zoo/01.ai' 파일을 선택하고 Timeline 패널로 드래그합니다.
'3D Layer' 아이콘(◉)을 클릭해 활성화한 다음 해당 파일들의 타임라인을 다음과 같이 조정합니다.

TIP 'Layer 1/01.ai' 파일은 2초부터 7초 22프레임까지 나타나며, 'Minimal Zoo/01.ai' 파일은 3초부터 7초 22프레임까지 나타나도록 조정합니다.

설정

11 'Layer 1' 레이어의 Transform 속성을 다음과 같이 설정하여 애니메이션을 적용합니다.

2초
Anchor Point: 842, 1191, 0
Position: −81.3, 505.9, 44.6
Scale: 100, 100.2, 100
Orientation: 5, 0.4, 5
X/Z Rotation: 0

4초
Position: −36.9, −3.2, 0
Scale: 40.7, 40.8, 40.7
Orientation: 5, 0.4, 5
X/Z Rotation: −5

12 Timeline 패널에서 'Layer 1/01.ai' 레이어를 선택합니다.
Effects & Presets 패널을 이용하여 Fade In＋Out − frames와 Card Wipe 이펙트를 적용합니다.
Effects 속성에서 Fade Out의 키프레임을 추가하고 수치를 '0'으로 설정합니다.

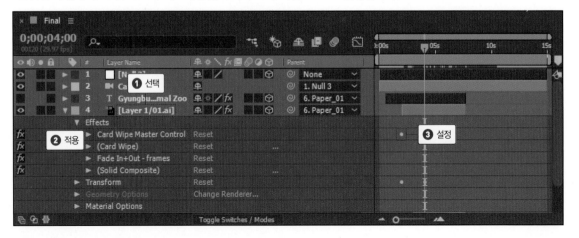

1 선택   **2 적용**   **3 설정**

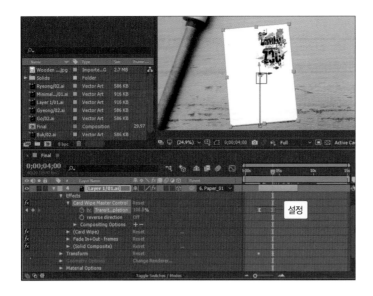

13 Card Wipe Master Control 속성의 Transit Completion을 2초에서 '50%', 4초에서 '100%'로 설정하고 이지이즈를 적용합니다.

14 Timeline 패널에서 'Minimal Zoo/01.ai' 레이어를 선택합니다. Effects & Presets 패널을 이용하여 Fade In+Out – frames와 Fill Color Wipe 이펙트를 적용합니다.
Effects 속성을 펼친 다음 Fade Out을 '0'으로 설정합니다.

15 3초에서는 Fill 속성의 Color를 '흰색'으로 지정하고, 4초에서는 Color를 '검은색'으로 지정합니다.

16 해당 레이어의 Transform 속성의 키프레임을 추가하고 다음과 같이 설정한 다음 이지이즈를 적용하여
종이와 함께 배치합니다.

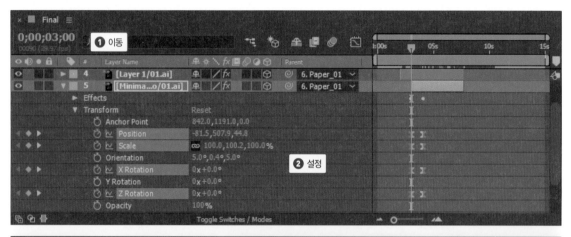

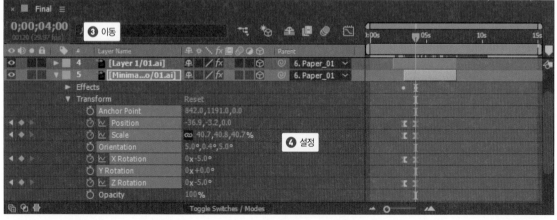

3초
Position: −81.5, 507.9, 44.8
Scale: 100, 100.2, 100
X/Z Rotation: 0

4초
Position: 842, 1191, 0
Scale: 40.7, 40.8, 40.7
X/Z Rotation: −5

3 Card Wipe 이펙트 적용하기

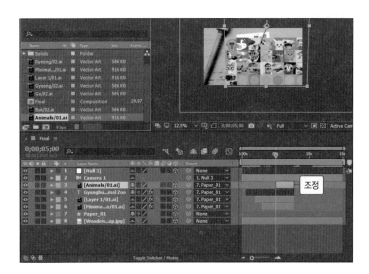

01 'Animals1/01.ai' 레이어의 타임 라인을 5초부터 7초 22프레임까지 나타나도록 조정합니다.

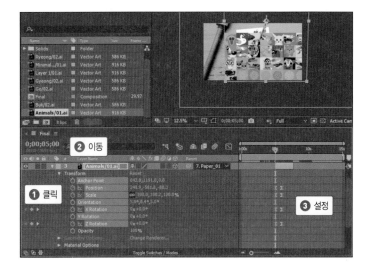

02 'Animals1/01.ai' 레이어의 Transform 속성을 펼치고 현재 시간 표시기를 5초로 이동합니다. Position을 '248.9, −581.8, −88.3', Scale을 '100, 100.2, 100%', Orientation을 '5°, 0.4°, 5°', X/Y/Z Rotation을 각각 '0°'로 설정하고 키프레임을 추가한 다음 이지이즈를 적용합니다.

TIP 예제에서는 모든 키프레임에 Easy Ease 기능을 적용해 애니메이션을 조정합니다. 키프레임을 설정한 다음에는 반드시 F9 키를 눌러 Easy Ease 기능을 활성화합니다.

03 현재 시간 표시기를 6초로 이동합니다.
Position을 '−36.9, −0.1, 0', Scale을 '40.7, 40.8, 40.7%', X/Z Rotation을 '−5°'로 설정합니다.

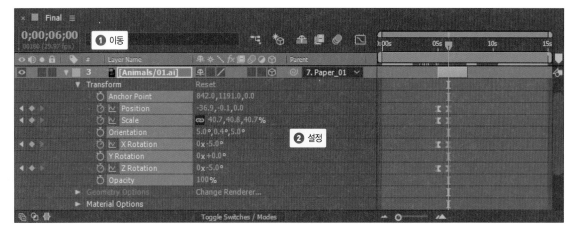

04 Timeline 패널에서 'Animals1 /01.ai' 레이어를 선택합니다.

Effects & Presets 패널에서 Fade in +out-frames와 Card Wipe 이펙트를 적용합니다.

Effects 속성을 펼친 다음 Fade Out을 '0'으로 설정합니다.

05 현재 시간 표시기를 5초로 이동하고 Transit Completion을 '0%'로 설정한 다음 키프레임을 추가하고 이지이즈를 적용합니다.

06 현재 시간 표시기를 6초 15프레임으로 이동하고 Transit Completion을 '100%'로 설정합니다.

07 Card Wipe 이펙트의 Card Scale을 설정하여 해당 효과가 일정 시간 동안 유지되다가 사라지는 애니메이션을 만듭니다. 이때 Transition Width/Rows/Columns를 각각 '50'으로 설정합니다.

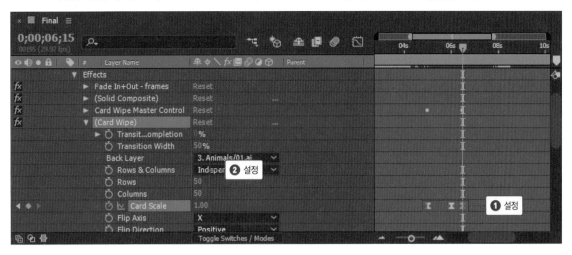

5초 – Card Scale: 50   6초 – Card Scale: 50   6초 15프레임 – Card Scale: 10

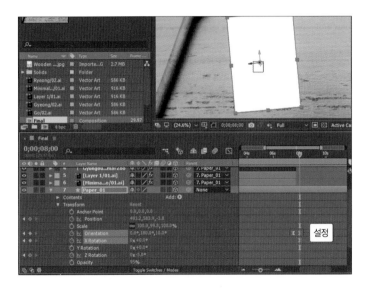

08 'Paper_01' 레이어를 설정하여 종이가 반대로 뒤집어지는 애니메이션을 만듭니다.

현재 시간 표시기를 7초 15프레임으로 이동하고 Orientation을 '0', 0', 0'로 설정합니다. 8초로 이동하고 Orientation을 '0', 180', 10'로 설정한 다음 키프레임을 추가하고 이지이즈를 적용합니다.

09 이전 과정에서 만든 요소들을 'Paper_01' 레이어처럼 움직이기 위해 Timeline 패널에서 텍스트 레이어와 'Animals1/01.ai', 텍스트 레이어, 'Layer 1/01.ai', 'Minimal Zoo/01.ai' 레이어의 Parent를 모두 'Paper_01'로 지정합니다.

10 램 프리뷰 과정을 통해 적용한 애니메이션을 확인합니다. 종이가 반대로 뒤집어지는 애니메이션이 잘 표현되는지 확인합니다.

TIP Preview 패널에서 가장 'Play/Stop' 아이콘(▶)을 클릭하면 영상을 확인할 수 있습니다. 램 프리뷰 시간이 너무 오래 걸리거나 렌더링 과정에 문제가 발생하면 Card Wipe 이펙트 속성 중 Rows와 Columns 속성의 수치를 작게 설정합니다. 개체 분할 요소의 수가 많을수록 컴퓨터 자원을 많이 소비하므로 적절하게 조정하는 것이 좋습니다.

4 카메라와 Null 오브젝트를 활용해 역동적인 영상 만들기

01 Project 패널에서 'Gyeong1/02.ai' 파일을 Timeline 패널로 드래그하고 '3D Layer' 아이콘(🔳)을 클릭한 다음 7초 23프레임부터 영상 끝까지 나오도록 타임라인을 조정합니다.
'Gyeong1/02.ai' 레이어의 Transform 속성을 펼치고 다음과 같이 설정합니다.

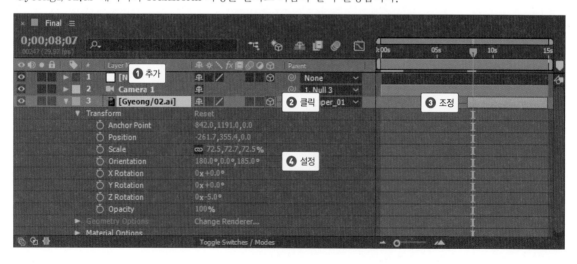

Anchor Point: 842, 1191, 0   Position: −261.7, 355.4, 0   Scale: 72.5, 72.7, 72.5%
Orientation: 180°, 0°, 185°   Z Rotation: −5°

02 ‘Paper_01’ 레이어와 동일하게 움직이도록 ‘Gyeong1/02.ai’ 레이어의 Parent를 ‘Paper_01’로 지정합니다.

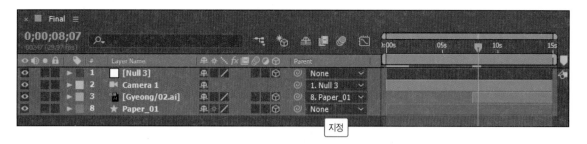

03 Null 오브젝트의 Position을 설정합니다.

현재 시간 표시기를 8초 15프레임으로 이동하고 Position을 ‘421.4, 575, 0’으로 설정합니다.

04 ‘Paper_01’ 레이어를 복제하여 ‘Paper_02’ 레이어를 만들고 Timeline 패널에서 8초 15프레임부터 영상 끝까지 나오도록 조정합니다. ‘Paper_02’ 레이어의 Transform 속성에서 Position을 ‘318.6, 1692.4, -3.8’, Z Rotation을 ‘0°’로 설정하고 키프레임을 추가한 다음 이지이즈를 적용합니다.

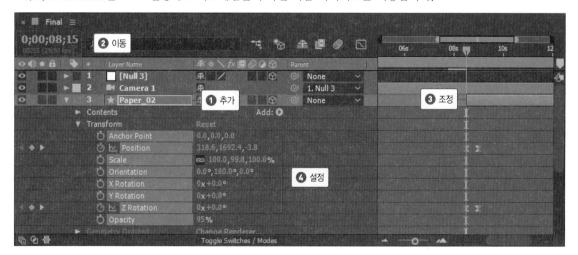

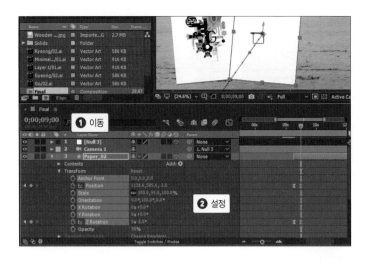

05 9초에서 Position을 '1128.6, 585.6, −3.8', Z Rotation을 '−5°'로 설정합니다.

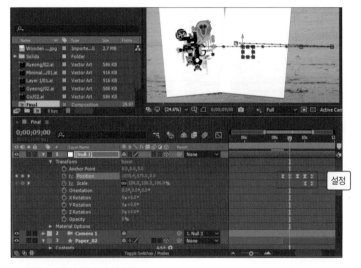

06 Null 오브젝트의 Position과 Scale을 설정합니다.
8초 15프레임에서 Position을 '421.4, 575, 0', Scale을 '106, 106, 106%'로 설정합니다. 9초에서 Position을 '1035.4, 575, 0', Scale을 '106, 106, 106%'로 설정한 다음 키프레임을 추가하고 이지이즈를 적용합니다.

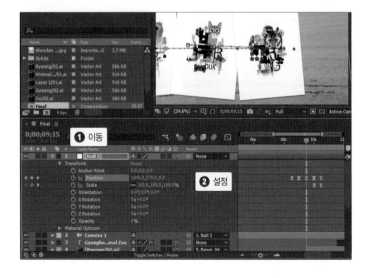

07 같은 방법으로 9초 15프레임에서 Position을 '1645.3, 575, 0', Scale을 '106, 106, 106%'로 설정합니다.

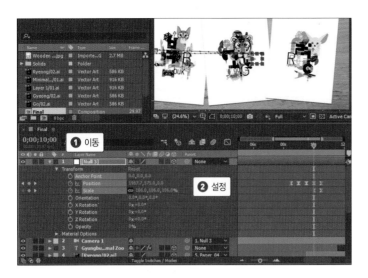

08 10초에서 Position을 '1967.7, 575, 0', Scale을 '106, 106, 106%'로 설정합니다.

09 같은 방법으로 10초 15프레임에서 Position을 '961, 538.7, 0', Scale을 '213, 213, 213%'로 설정합니다.

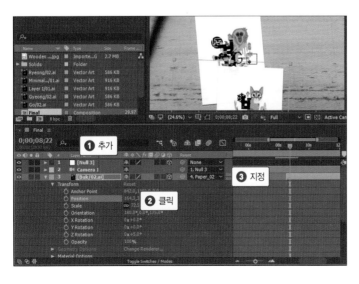

10 'Final' 컴포지션에 'Buk/02. ai' 파일을 추가하고 '3D Layer' 아이콘(⬛)을 클릭하여 활성화한 다음 Parent를 'Paper_02'로 지정합니다.

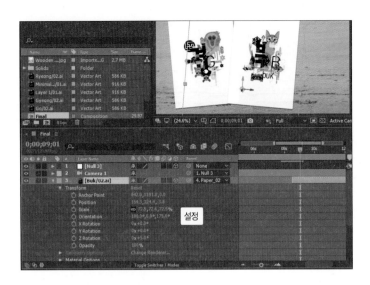

11 'Buk/02.ai' 레이어의 속성을 다음과 같이 설정합니다.

Anchor Point: 842, 1191, 0
Position: 164.3, 324.4, –3.8
Scale: 72.5, 72.6, 72.5%
Orientation: 180°, 0°, 175°
Z Rotation: 5°

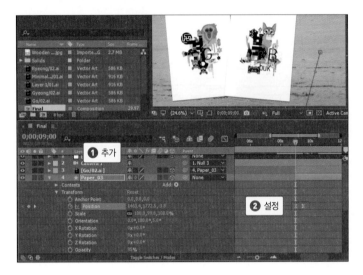

12 'Paper_01' 레이어를 복제하고 레이어 이름을 'Paper_03'으로 수정합니다. 9초에서 Position을 '1463.4, 1772.5, –3.8', 9초 15프레임에서 Postion을 '1781.7, 597 –3.8'로 설정한 다음 키프레임을 추가하고 이지이즈를 적용합니다.

13 'Go/02.ai' 레이어의 Parent를 'Paper_03'으로 지정합니다. Timeline 패널에서 'Go/02.ai', 'Paper_03' 레이어를 9초부터 영상 끝까지 나타나도록 조정합니다.

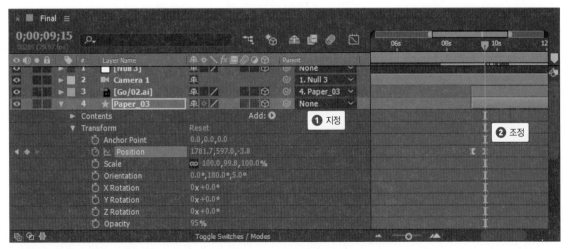

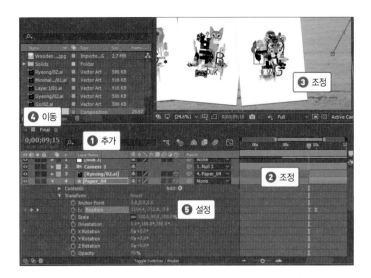

14 같은 방법으로 'Paper_04', 'Ryeong/02.ai' 레이어를 타임라인에 배치하고 두 레이어 모두 9초 15프레임부터 끝까지 나오도록 타임라인을 조정합니다.

Composition 패널에서 'Paper_04' 레이어를 선택하고 컴포지션 화면 위에서 가운데에 나타나도록 조정합니다. 9초 15프레임에서 Position을 '3154.4, −712.8, −3.8'로 설정합니다.

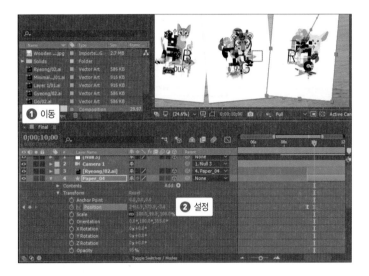

15 10초에서 Position을 '2461.9, 573.9, −3.8'로 설정합니다.

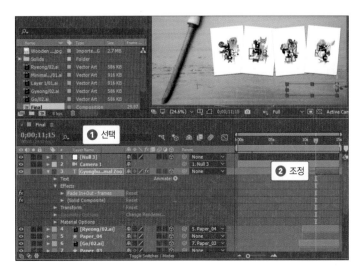

16 영상 마지막에 텍스트 레이어를 배치하고 마무리하기 위해 Timeline 패널에서 텍스트 레이어를 선택하고 11초 15프레임부터 끝까지 나오도록 타임라인을 조정합니다.

17 Effects & Presets 패널을 이용
하여 Fade In+Out – frames
이펙트를 적용한 다음 Effects의 Fade
Out을 '0'으로 설정하여 마무리합니다.

18 램 프리뷰를 실행하여 영상을 확인하면 Null 오브젝트를 따라 카메라가 움직이면서 'Gyungbuk
Goryeong'이라는 순서에 맞게 종이가 한 장씩 나타납니다. 마지막에 화면 전체를 보여주면서 책상 위에
펼쳐진 종이를 설명하고 영상의 주제가 담긴 텍스트 레이어가 페이드 인되면서 주제를 한층 더 강조합니다.

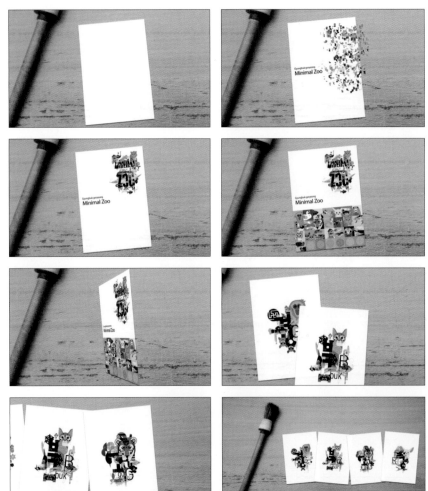

TIP 이처럼 디자이너가 어떤 방
식으로 영상을 구현하고 제공할
것인지 미리 생각해 두고 작업한
다면 더욱 효과적으로 작업할 수
있습니다.

SECTION 31
After Effects CC 2018

애플리케이션 구동 영상 만들기

애프터 이펙트에서는 PSD 파일 또는 AI 파일을 불러와 레이어마다 서로 다른 이펙트를 적용할 수 있습니다. 아이콘부터 애플리케이션의 페이지 디자인을 활용하여 구동 영상을 만들어 봅니다.

◉ **예제 파일 |** Part 1\iphone6_Black_Mockup.psd, 랜딩페이지.ai, 로딩원.ai, 메인페이지.ai, 스마트택시 아이콘.png, 택시요금.ai, 현재요금.ai
◉ **완성 파일 |** Part 1\애플리케이션.aep

1 애플리케이션 페이지별 디자인 가져오기

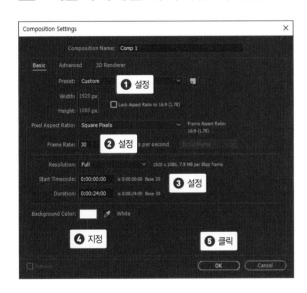

01 새 프로젝트를 만들고 Ctrl+N 키를 누릅니다. [Composition Settings] 대화상자가 표시되면 Width를 '1920px', Height를 '1080px', Frame Rate를 '30', Duration을 '0:00:24:00', Background Color를 '흰색'으로 지정하고 〈OK〉 버튼을 클릭합니다.

02 새 컴포지션이 만들어지면 Ctrl+I 키를 누르고 Part 1 폴더에서 소스 파일들을 불러옵니다. 이때 '메인페이지.ai' 파일은 'Composition-Retain Layer Sizes', 나머지 파일은 'Footage'로 지정하여 불러옵니다.

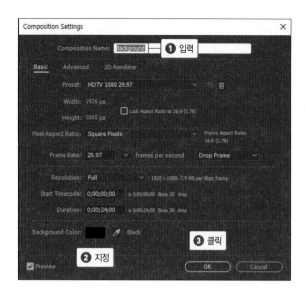

03 'Background' 컴포지션 설정을 변경하기 위해 Ctrl+K 키를 누릅니다. [Composition Settings] 대화상자가 표시되면 Composition Name에 'Background'를 입력하고 Background Color를 '검은색'으로 지정한 다음 ⟨OK⟩ 버튼을 클릭합니다.

04 '01_Landing page' 컴포지션을 선택하고 Ctrl+K 키를 눌러 [Composition Settings] 대화상자에서 Duration을 '0;00;05;00'으로 설정하고 ⟨OK⟩ 버튼을 클릭합니다. '02_Main page' 컴포지션을 선택하고 Ctrl+K 키를 눌러 [Composition Settings] 대화상자에서 Duration을 '0;00;10;00'으로 설정하고 ⟨OK⟩ 버튼을 클릭합니다.

05 같은 방법으로 '03_Fare page' 컴포지션을 선택하고 ⌃tⅼ+ⓚ 키를 눌러 [Composition Settings] 대화상자에서 Duration을 '0;00;10;00', 'Final' 컴포지션을 선택하고 ⌃tⅼ+ⓚ 키를 눌러 [Composition Settings] 대화상자에서 Duration을 '0;00;24;00'으로 설정합니다.

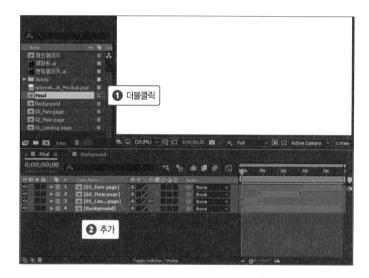

06 Project 패널에서 'Final' 컴포지션을 더블클릭합니다. 'Background', '01_Landing page', '02_Main page', '03_Fare page' 순으로 컴포지션을 배치합니다.

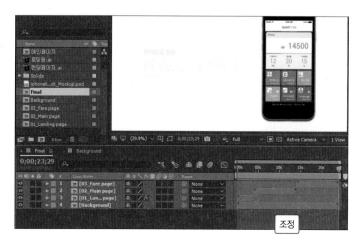

07 Timeline 패널에서 '01_Landing page' 레이어는 0;00;00;00~0;00;04;01, '02_Main page' 레이어는 0;00;04;01~0;00;14;01, '03_Fare page' 레이어는 0;00;14;01~0;00;23;29에 나타나도록 조정합니다.

08 Timeline 패널에서 '01_Landing page' 컴포지션을 더블클릭하여 엽니다. '로딩원.ai', '랜딩페이지.ai' 레이어의 Parent를 'iphone6_mockup.psd'로 지정합니다.

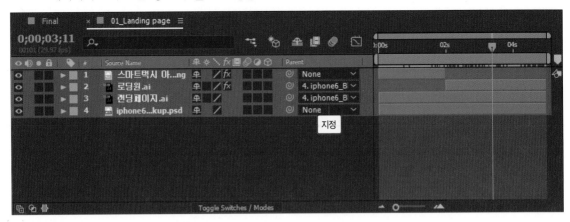

② 애플리케이션 구동 영상 제작하기

01 '스마트택시 아이콘.png' 레이어를 0초부터 1초 29프레임까지 나타냅니다.
다음과 같이 Scale을 5프레임 간격으로 커지도록 설정하고 Align 기능을 활용하여 아이콘을 화면 가운데에 배치합니다.

02 '로딩원.ai'는 랜딩 페이지 위에서 로딩되는 것처럼 효과를 주기 위해 Rotate Over Time 이펙트를 적용합니다.

03 '랜딩페이지.ai' 레이어에는 Stroke를 추가하고 Size를 '3'으로 설정하여 스크린 에지처럼 나타냅니다.

04 아이폰 목업 레이어에 화면 아래에서 가운데로 나타나는 애니메이션을 구현하겠습니다.
현재 시간 표시기를 2초로 이동한 다음 Position을 '960, 1512', Scale을 '32.7, 32.7%'로 설정합니다.

05 현재 시간 표시기를 2초 10프레임으로 이동하고 Position을 '960, 540', Scale을 '32.7, 32.7%'로 설정합니다.

06 Drop Shadow 이펙트를 기본으로 적용하여 입체감을 나타냅니다.

07 Project 패널에서 '02_Main page' 컴포지션을 더블클릭하여 열고 다음과 같이 레이어를 배치합니다.

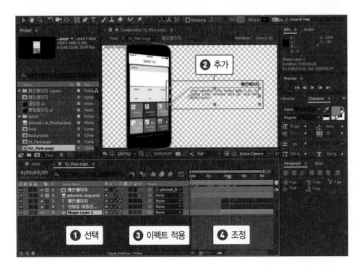

08 'Shape Layer 1' 레이어에는 펜 도구(✎)를 이용하여 다음과 같이 선을 그립니다. 그리고 두 개의 텍스트 레이어를 적용합니다.

'Shape Layer 1' 레이어와 두 개의 텍스트 레이어에 Fade In+Out－frames 이펙트를 기본으로 적용합니다. 이때 3개의 레이어 출현 시점은 3초 10프레임부터 9초 29프레임으로 조정합니다.

09 'iphone6_Black_Mockup.psd' 레이어의 Transform 속성을 설정하고 '3D Layer' 아이콘(🎲)을 클릭합니다.

20프레임
Position: 960 540 0
Scale: 32.7, 32.7, 123.8%
Orientation: 0˚, 0˚, 0˚

1초 10프레임
Position: 527.3, 540, 0
Scale: 43, 43, 82%
Orientation: 0˚, 325˚, 0˚

10 Drop Shadow 이펙트를 적용해 입체감을 표현합니다.

3 Hue/Saturation 이펙트 적용하기

01 '02_Main page' 컴포지션을 'iphone6_Black_Mockup.psd' 하위에 묶습니다.
메인 페이지를 구성하겠습니다. 레이어는 다음과 같습니다.

02 'Contents' 레이어에 Hue/Saturation 이펙트를 적용합니다. 2초 20프레임에서 Channel Range의 스톱 워치(⏱)를 눌러 키프레임을 추가하고, 3초에서 Channel Range의 키프레임을 추가한 다음 이지이즈를 적용합니다.

03 'Menu' 레이어는 '3D Layer' 아이콘(◈)을 클릭해 3D 기능을 활성화하고 Hue/Saturation 이펙트를 적용합니다. 1초 20프레임에서 Channel Range의 키프레임을 추가하고, 2초에서 Channel Range의 키프레임을 추가한 다음 이지이즈를 적용합니다.

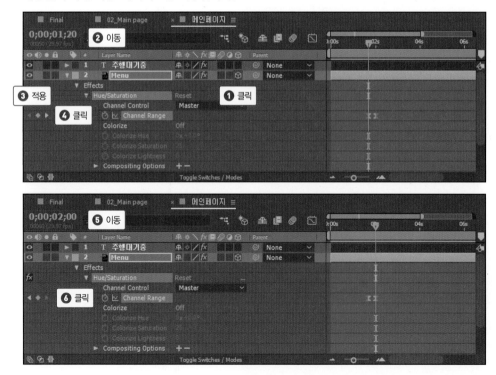

04 2초에서 Y Rotation을 '0°', 2초 20프레임에서 Y Rotation을 '1x +0°'로 설정합니다.

05 '주행대기중' 텍스트 레이어를 추가한 다음 Hue/Saturation 이펙트를 적용합니다. 2초 20프레임에서 스톱워치(⏱)를 눌러 Channel Range의 키프레임을 추가하고 3초에서도 Channel Range의 키프레임을 추가한 다음 이지이즈를 적용합니다.

4 Strobe Light 이펙트 적용하기

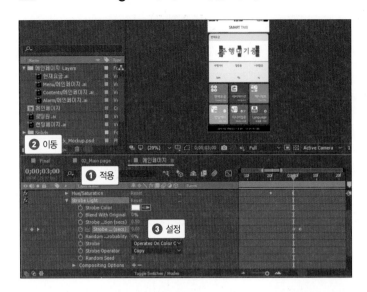

01 Strobe Light 이펙트를 적용하여 반복해서 깜빡이는 텍스트 레이어를 만듭니다. 3초에서 Strobe Light(secs)를 '0'으로 설정하고 키프레임을 추가합니다.

02 현재 시간 표시기를 3초 3프레임으로 이동하고 Strobe Light (secs)를 '10'으로 설정합니다.

03 마지막으로 '03_Fare page' 컴포지션을 엽니다. '메인페이지' 레이어의 AI 파일들(해당 AI 파일 레이어)을 다음과 같이 배치한 다음 레이어별로 Parent를 'iphone6_mockup.psd'로 지정합니다.

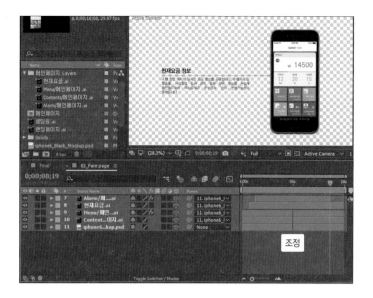

04 레이어별 출현 시점을 조정합니다. 'Alarm' 레이어는 0;00;01;06~ 0;00;08;19, '현재요금' 레이어는 0;00; 00;20부터 끝까지 조정합니다.

05 'iphone6_Black_Mockup.psd' 레이어에서 Transform 속성을 설정합니다.
0초에서는 Position을 '527.3, 540, 0', Scale을 '43, 43, 82%', Orientation을 '0°, 325°, 0°'로 설정합니다. 20프레임에서는 Position을 '1427.6, 540, 0', Scale을 '32.7, 32.7, 123.8%', Orientation을 '0°, 0°, 0°'로 설정한 다음 키프레임을 추가하고 이지이즈를 적용합니다.

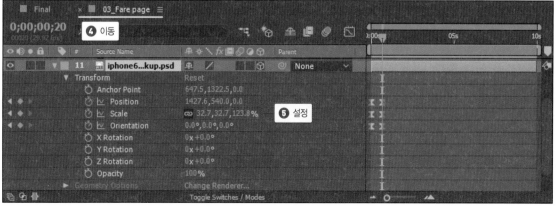

5 페이지별 이펙트 적용하기

01 Drop Shadow를 적용한 다음 Angle을 '90°', Distance를 '10', Spread를 '0%', Size를 '8'로 설정합니다.

02 'Contents' 레이어에 Stroke 이펙트를 적용하고 Size를 '3'으로 설정합니다.

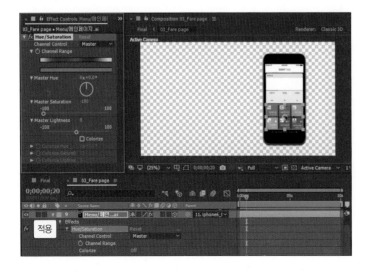

03 'Menu' 레이어에 Hue/Satu
-ration 이펙트를 적용합니다.

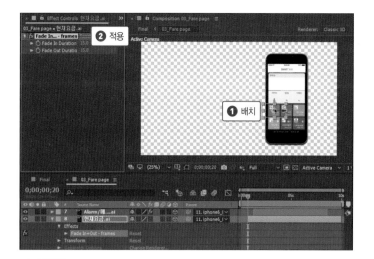

04 '현재요금' 레이어를 'Menu' 레이어 내 현재요금 아이콘 위치와 겹치고 Fade In+Out – frames 이펙트를 적용합니다.

05 'Alarm' 레이어에 Strobe Light 이펙트를 적용합니다. Strobe Color를 '흰색', Blend with Original을 '0%', Strobe Duration을 '0.5', Strobe Period를 '1'로 설정합니다.

06 2초 10프레임부터 시작되는 텍스트 레이어 6개를 만들어 다음과 같이 배치합니다. 레이어별로 Parent를 'iphone6_mockup.psd'로 지정합니다.

6 상세 페이지 디자인하기

01 텍스트 레이어인 '15,200'과 '12'에 Slider Control 이펙트를 적용합니다.

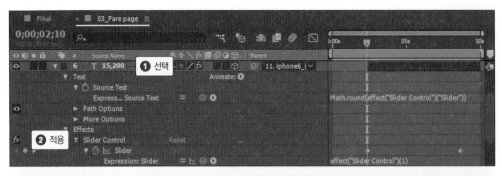

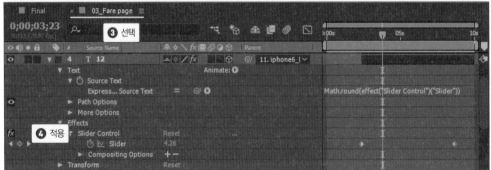

02 Slider는 2초 10프레임에서 시작하여 8초 20프레임에서 마치도록 키프레임을 설정합니다.

03 펜 도구(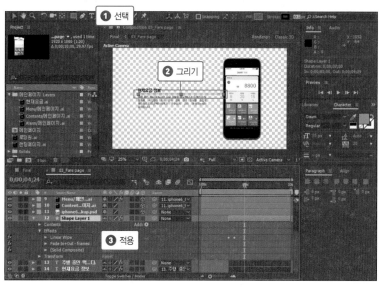)를 이용하여 다음과 같이 직선을 만듭니다. Linear Wipe와 Fade In+Out-frames 이펙트를
적용합니다.

04 Linear Wipe 이펙트에 애니메이션을 적용합니다. 3초에서 Transition Completion을 '100%', 3초 20프
레임에서 Transition Completion을 '0%'로 설정한 다음 키프레임을 추가하고 이지이즈를 적용합니다.

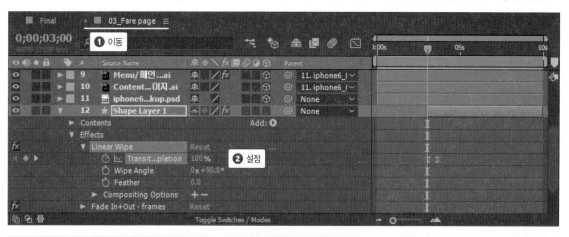

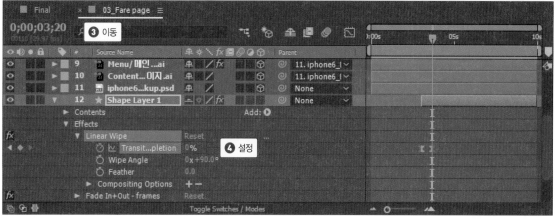

05 'Shape Layer 1' 레이어의 Transform을 설정합니다. Anchor Point를 '0, 0', Position을 '448, 584', Scale을 '100, 100%', Rotation을 '0°', Opacity를 '100%'로 설정합니다.

06 두 개의 텍스트 레이어를 만듭니다. 모두 Fade In+Out – frames 이펙트를 기본으로 적용합니다. 또한 '현재 요금 정보' 레이어의 Parent를 '주행 중인…' 레이어로 지정합니다.

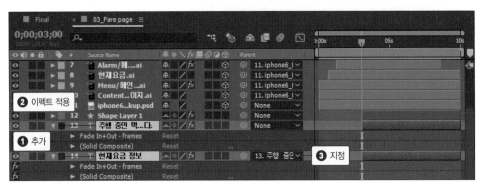

07 해당 레이어의 Position을 설정하여 애니메이션을 완성합니다. 3초에서 Position을 '1660.4, 645.5', 3초 20프레임에서 Position을 '726.4, 646.5'로 설정한 다음 키프레임을 추가하고 이지이즈를 적용하여 마무리합니다.

08 램 프리뷰를 실행하여 영상을 확인합니다. 애플리케이션이 아이콘에서부터 상세 페이지까지 자연스럽게 구동됩니다.

제안서 만들기

애프터 이펙트에서 이펙트를 적용하고 타임라인의 레이어 속성이나 타이밍을 조절한 다음 컴포지션을 중복시켜 역동적인 제안서를 만들어 봅니다.

▶ **예제 파일** | Part 1\어학원 제안서.ai, 1번화면배경.jpg, 어플레이어샘플.ai　　▶ **완성 파일** | Part 1\제안서.aep

1 제안서에 모션 적용하기

01 Part 1 폴더에서 '어학원 제안서.ai' 파일을 엽니다.
일러스트레이터에서 한글 텍스트만 드래그하여 선택하고 Ctrl+C 키를 눌러 복사합니다.

> **TIP** 제안서의 첫 번째 화면에 사용한 한글과 영문 글꼴은 '네이버 나눔고딕'입니다.

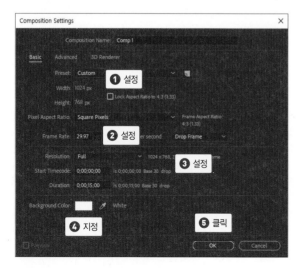

02 애프터 이펙트를 실행한 다음 Ctrl+N 키를 누릅니다.
[Composition Settings] 대화상자가 표시되면 Width를 '1024px', Height를 '768px', Frame Rate를 '29.97', Duration을 '0;00;15;00'로 설정합니다. Background Color를 '흰색'으로 지정한 다음 〈OK〉 버튼을 클릭합니다.

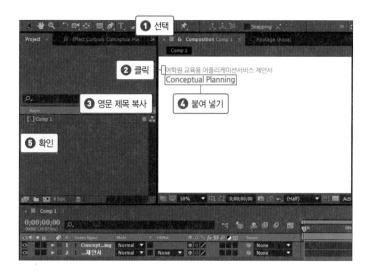

03 Tools 패널에서 텍스트 도구(T)를 선택하고 Composition 패널의 화면 왼쪽 위를 클릭합니다. Ctrl+V 키를 누르면 일러스트레이터에서 복사한 텍스트가 붙여 넣어집니다. 제안서의 영문 제목도 복사하여 붙여 넣습니다. Project 패널에 직접 만든 'Comp 1' 컴포지션이 나타납니다.

TIP 붙여 넣은 글자 색이나 크기는 원본 파일의 설정대로 입력됩니다. 이때 타임라인에 텍스트 레이어가 자동으로 만들어집니다. 텍스트 레이어는 15초이며, 여기에 다양한 효과를 지정하거나 레이어에서 시간을 조절하는 등의 작업이 이루어질 수 있습니다.
'Comp 1' 컴포지션을 다른 컴포지션에 넣어 영상 작업이 가능합니다. Comp 컴포지션의 오브젝트에 각각의 효과를 적용하거나 Comp 전체에 효과를 적용하여 화면 전환이나 색 보정, 합성 등을 작업할 수 있습니다. 단 자기 자신의 Comp에는 중복으로 넣을 수 없습니다.

04 일러스트레이터 파일에서 아래의 배경 이미지를 불러오기 위해 Ctrl+I 키를 눌러 Part 1 폴더에서 '1번화면배경.jpg' 파일을 불러옵니다. Project 패널에서 이미지 파일을 선택하고 화면으로 드래그합니다. 자동으로 레이어가 만들어지면서 해당 이미지 레이어가 배치됩니다. 이미지 레이어를 맨 아래에 배치합니다.

05 먼저 파일들이 나타나는 순서인 시간을 맞추기 위해 Timeline 패널에서 타임코드를 0;00;05;00으로 이동합니다. 타임라인의 현재 시간 표시기가 5초로 이동합니다.

TIP 0;00;00;00에서 맨 뒤의 00에서 30은 1초이고 15는 0.5초입니다.

06 각각의 레이어를 모두 선택한 다음 [Alt]+[]] 키를 눌러 자릅니다. 이 순서대로 레이어가 겹쳐 합성되도록 합니다.

TIP 타임라인을 자르는 가장 쉬운 방법은 각각의 레이어를 모두 선택한 다음 현재 시간 표시기를 이동하고 [Alt]+[]] 키를 누릅니다. [Alt] 키를 누른 채 [[] 키를 누르면 앞쪽을 삭제하고 []] 키를 누르면 뒤쪽을 삭제합니다. 현재 시간 표시기를 기준으로 왼쪽 또는 오른쪽을 자를지 결정하는 것과 같습니다. 이때 10초 넘게 타임라인을 자르지 마세요. 15초 정도에 세 가지 파일을 순서대로 보여준다 생각하고 오브젝트가 나타나는 순서나 길이를 나누는 것이 편리합니다.

07 메뉴에서 [Animation] → Keyframe Assistant → Sequence Layers를 실행합니다.

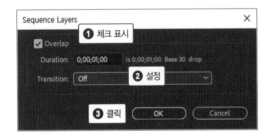

08 [Sequence Layers] 대화상자가 표시되면 'Overlap'에 체크 표시합니다. Duration을 1초인 '0;00;01;00'으로 설정하고 〈OK〉 버튼을 클릭합니다.

TIP [Sequence Layers] 대화상자에서 레이어 합성 순서나 기초 설정을 통해 오버랩 기능을 적용할 수 있습니다. Duration은 레이어끼리 얼마 동안 겹칠지 선택합니다. Transition의 'Off'는 레이어가 겹칠 때 효과를 나타내지 않으며, 'Dissolve Front Layer'는 앞 레이어가 겹치는 시간만큼 오버랩되고, 'Cross Dissolve Front and Back Layers'는 앞뒤 레이어가 서로 겹치면서 오버랩됩니다.

09 Timeline 패널을 확인하면 각각의 레이어가 1초씩 계단식으로 겹칩니다.

TIP 현재 레이어가 3개이므로 1초씩 겹쳐도 상관없지만 작업하다 보면 하나의 컴포지션에 레이어가 100개 이상일 때도 있으므로 이 방법을 익히면 더욱 편리합니다. 레이어 선택 순서에 따라 레이어 타임라인이 달라집니다. 1번부터 3번 레이어까지 위에서 아래로 선택하면 위와 같지만 선택한 순서에 따라 영상 또한 달라집니다.

10 15초까지 오브젝트들이 계속 나타나야 하므로 각각의 레이어 끝부분을 선택한 다음 오른쪽으로 드래그해 늘립니다. 또는 현재 시간 표시기를 맨 뒤로(15초) 이동한 다음 Alt +] 키를 누릅니다. 15초가 마지막이지만 이후의 시간을 삭제하면 앞부분 공백이 채워집니다. 다음과 같이 Timeline 패널에서 레이어 공백이 채워져야 작업이 끝날 때까지 오브젝트들이 계속 나타납니다.

11 Effect & Presets 패널에서 Text 이펙트를 적용합니다.
Animation Presets/Text 폴더를 선택하여 이펙트를 살펴봅니다. Text 이펙트에는 텍스트에 적용하는 기본 효과들이 있습니다. 각 폴더를 열어 어떠한 효과들이 있는지 살펴봅니다.

TIP Text 이펙트를 적용하기 위해서는 먼저 Effect & Presets 패널의 검색 창에 직접 이펙트의 앞 글자나 관련 단어를 입력하고 원하는 효과를 Timeline 패널의 레이어에 드래그하면 바로 적용됩니다.
Text 이펙트에서 원하는 이펙트를 선택하고 컴포지션에 해당하는 오브젝트에 드래그하거나 타임라인의 해당 레이어에 드래그하면 자동으로 적용됩니다.

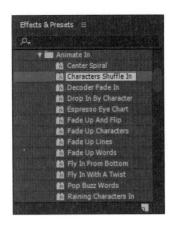

12 각각의 레이어를 선택한 다음 시작 부분에 맞춰 현재 시간 표시기를 위치시킵니다.

너무 화려하거나 회전하는 등의 텍스트 효과는 적절하지 않으므로 Animate In 폴더의 'Characters Shuffle In' 이펙트를 드래그하여 적용합니다.

TIP Text/Animate In 이펙트들은 문자 입력 효과를 나타내고 Out은 문자가 사라지는 효과를 나타냅니다.

13 Timeline 패널에서 패턴 이미지 왼쪽의 ▶ 아이콘을 클릭하면 세부 속성이 나타납니다. 현재 시간 표시기를 레이어 시작 부분에 위치시킨 다음 스톱워치(◉)를 누르고 Opacity를 '0%'로 설정합니다. 1초 후 Opacity를 '100%'로 설정하면 오브젝트가 시작할 때는 투명하지만 이후 뚜렷하게 나타납니다.

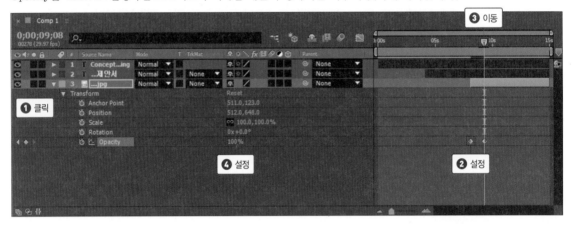

14 Character 패널에서 텍스트의 자간, 행간, 글꼴 등을 변경할 수 있으며 사용 방법은 포토샵, 일러스트레이터와 비슷합니다. 한글, 영문 글자의 행간이나 자간, 글꼴 등의 수치를 변경해 보세요.

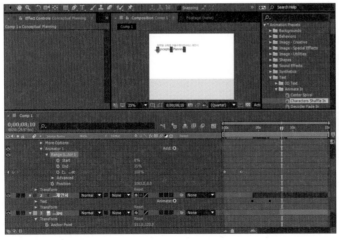

2 상세 페이지에 모션 적용하기

01 Part 1 폴더에서 '어플레이어셈플.ai' 파일을 열면 다음과 같은 애플리케이션 이미지가 나타납니다. 이 이미지는 안드로이드 시스템을 기준으로 제작하였고 픽셀은 제안서 크기대로 지정하여 모바일용으로는 적절하지 않은 상태입니다.

TIP 레이어는 맨 아래 회색 부분과 위에서 아래로 각각의 매거진형 아이콘을 기준으로 나누어 그룹으로 설정하고 레이어를 다르게 나눴으며 각각의 레이어는 한글 이름을 지정했습니다. 레이어를 나누어 애프터 이펙트에 붙여 넣으면 레이어가 모두 살아있으면서 그 위치가 일러스트레이터나 포토샵 원본 이미지와 같으므로 처음에는 불편하더라도 작업의 편의를 위해 레이어를 다르게 고정된 위치에 배치합니다.

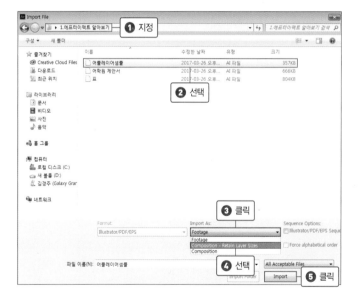

02 모바일 샘플 파일을 불러오기 위해 애프터 이펙트에서 **[File]** → **Import**를 실행합니다.

Import File 대화상자에서 Part 1 폴더의 '어플레이어셈플.ai' 파일을 선택하고 Import As를 'Composition – Retain Layer Sizes'로 지정한 다음 〈Import〉 버튼을 클릭하여 레이어를 모두 그대로 불러옵니다.

TIP 보통 레이어가 나뉘지 않는 경우 이 부분에서 잘못 지정된 것이므로 주의합니다.

03 불러들인 파일은 Project 패널에 등록됩니다. '어플레이어셈플' 파일을 더블 클릭하면 타임라인에 자동으로 추가되고 레이어 순서가 모두 살아있습니다.

04 Timeline 패널에서 모든 레이어를 선택하고 T 키를 누르면 Opacity만 나타납니다. Opacity를 설정하여 처음에는 투명하지만 1초 후 점차 뚜렷하게 나타나도록 설정하겠습니다. 레이어가 전체 선택된 상태에서 현재 시간 표시기를 0초로 이동하고 스톱워치(⏱)를 누른 다음 Opacity를 '0%'로 설정합니다.

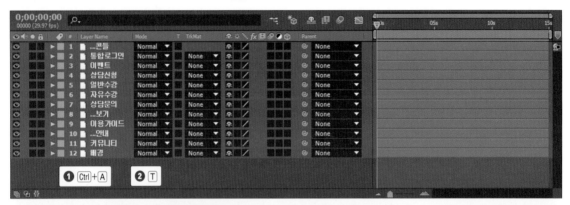

TIP 각각의 레이어를 일일이 선택하여 Opacity를 설정할 수 있지만 12개 레이어를 각각 설정하면 동일하게 효과를 적용하기 어렵고 시간도 오래 걸립니다. 그러므로 같은 효과를 적용해야 하는 레이어들을 모두 선택한 다음 한 번에 효과를 적용하면 편리합니다.

05 현재 시간 표시기를 1초로 이동한 다음 스톱워치(⌚)를 눌러 키프레임을 추가하고 Opacity를 '100%'로 설정하여 서서히 진해지는 영상을 만듭니다.

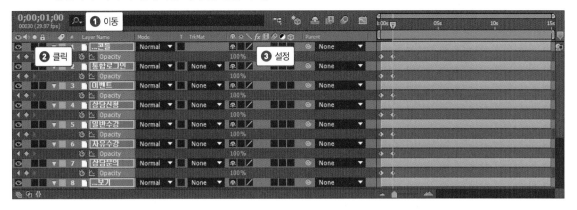

06 현재 시간 표시기를 3초로 이동한 다음 Alt+] 키를 눌러 타임라인의 뒤쪽을 삭제합니다. 레이어의 ▼를 클릭하여 Opacity를 숨깁니다.

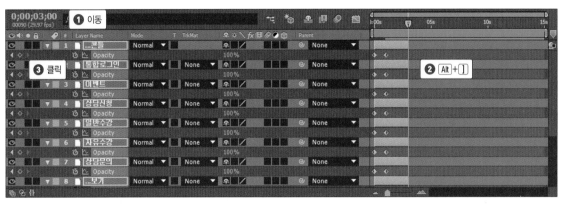

07 시퀀스 레이어의 Overlap을 활성화하여 2초만 겹쳐서 'Comp 1'처럼 모양을 만듭니다. 이때 레이어 순서는 배경은 맨 앞으로 나오고 나머지 레이어는 랜덤으로 선택하면 시퀀스 레이어 모습을 확인할 수 있습니다. 다음과 같이 Timeline 패널의 레이어를 정리합니다.

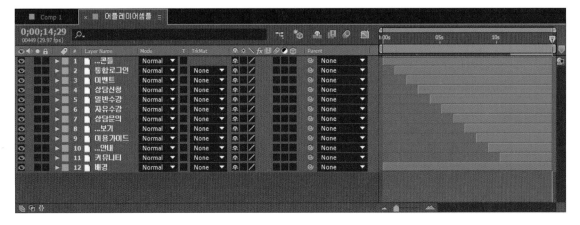

08 [Ctrl]+[N] 키를 눌러 [Composition Settings] 대화상자에서 영상의 재생 시간과 배경색을 설정합니다. Width를 '324px', Height를 '623px'로 설정하고 Background Color를 'White'로 지정한 다음 〈OK〉 버튼을 클릭합니다.

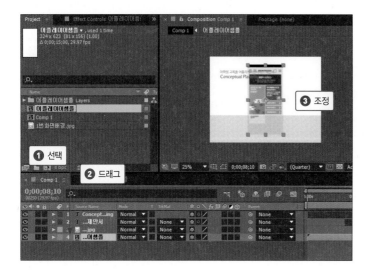

09 'Comp 1' 컴포지션에서 '어플레이어샘플' 컴포지션을 타임라인으로 드래그합니다.
연한 갈색 어플리케이션 샘플 레이어가 추가됩니다. 어플 화면과 첫 장면의 텍스트, 그림이 재생되는 시간을 지정하고 위치를 약간 이동합니다.

10 'Comp 1' 컴포지션은 총 15초이므로 다시 설정하여 '20초'로 조정합니다. 이후 어플리케이션 샘플 레이어를 JPG 파일보다 위로 이동합니다.

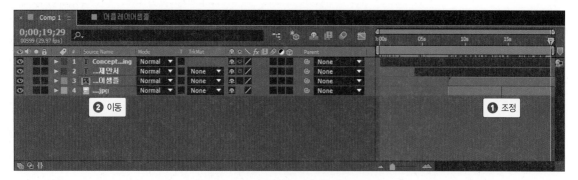

11 어플리케이션 레이어만 선택하고 P 키를 누르면 위치를 이동할 수 있는 Position이 나타납니다. 스톱워치( )를 눌러 활성화한 다음 왼쪽에서 오른쪽으로 이동합니다.
마지막으로 텍스트와 패턴 이미지의 이동 및 그 안에 컴포지션을 넣어 위치를 이동한 모습을 확인합니다.

12 7페이지 애플리케이션 상세 페이지에서 '어플레이어샘플' 파일은 각각 움직임이려는 파일 그룹으로 지정되어 있고 각각 레이어로 분류되어 있습니다. 제안서 샘플을 활용하여 애프터 이펙트에서 역동적인 제안서가 완성되었습니다.

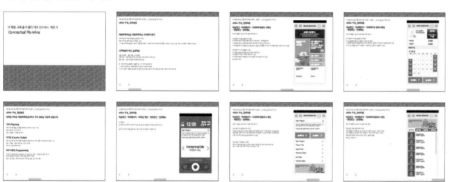

SECTION 33

After Effects CC 2018

360° VR 영상 제작하기

360°로 촬영한 사진은 작은 플랫폼 안에 실제로 있는 것 같은 기분을 느끼게 하여 일반 사진보다 다양한 정보를 담을 수 있는 장점이 있습니다. 여기서는 간단하게 파노라마 사진 또는 4K 사진을 활용하여 VR 영상 혹은 VR로 사진을 볼 수 있도록 하는 방법을 알아봅니다.

◉ **예제 파일 |** Part 1\pexels-photo-356886.jpg   ◉ **완성 파일 |** Part 1\VR.aep

1 파노라마 이미지 불러오기

01 새 프로젝트를 만들고 Part 1 폴더에서 'pexels-photo-356886.jpg' 파일을 불러옵니다. Project 패널에서 불러온 이미지 파일을 'Create a new Composition' 아이콘으로 드래그하여 컴포지션을 만듭니다.

TIP 예제 이미지의 출처는 https://www.pexels.com/photo/architecture-bay-building-city-356886/입니다.

TIP VR 영상이나 사진으로 콘텐츠를 제작하기 위해서는 소스가 필요합니다. 파노라마 사진이나 큰 사진이 아니라도 반드시 VR로 촬영된 사진이 필요합니다. 하지만 장비나 기타 여건이 마련된 상황에서 촬영하기 어렵다면 예제와 같이 파노라마 사진 등을 활용하여 VR 영상과 비슷하게 연출할 수 있습니다.

02 Ctrl + K 키를 눌러 [Composition Settings] 대화상자에서 컴포지션의 크기를 확인합니다. 7004×5002px로 이미지 자체가 큰 것을 알 수 있습니다. 기본 설정대로 두고 〈OK〉 버튼을 클릭합니다.

TIP 여러 사진을 다양한 각도에서 촬영하여 VR 환경에 알맞게 짜깁기하여 용량이 클 수밖에 없습니다. 만약 일반 카메라나 모바일촬영에서는 사진 크기를 최대치로 설정하여 작업해야 합니다.

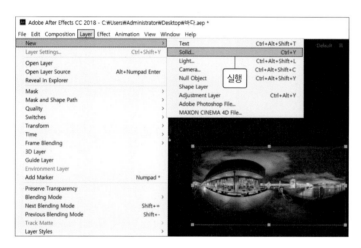

03 새로운 솔리드를 만들기 위해 메뉴에서 [Layer] → New → Solid(Ctrl + Y)를 실행합니다. [Solid Settings] 대화상자가 표시되면 기본 설정대로 두고 〈OK〉 버튼을 클릭합니다.

TIP 솔리드 설정은 평면으로 설정된 사진 소스를 입체의 구(Sphere) 형태로 만드는 작업의 시작 단계입니다.

② CC Environment 이펙트 적용하기

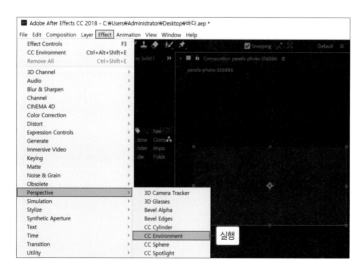

01 메뉴에서 [Effect] → Perspective → CC Environment를 실행하여 VR 이펙트를 적용합니다.

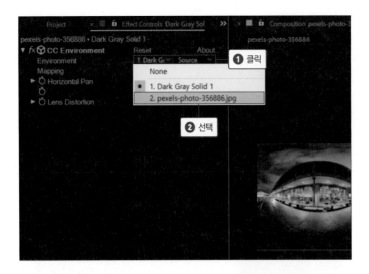

02 Effect Controls 패널에서 CC Environment 이 펙트의 Environment를 'pexels-photp-356886.jpg'로 지정합니다.

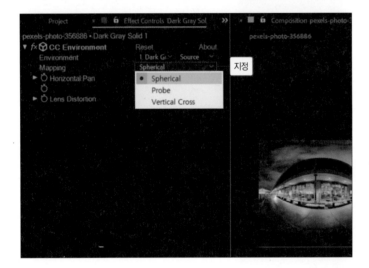

03 Mapping은 'Spherical'로 지정 합니다.

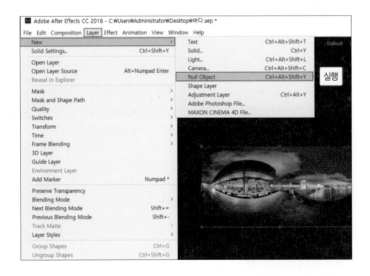

04 카메라를 설정하기 위해 Null Object를 만들겠습니다. 메뉴에서 [Layer] → New → Null Object(Ctrl +Alt+Shift+Y)를 실행합니다.

05 Null 레이어가 생성되면 Timeline 패널에서 마우스 오른쪽 버튼을 클릭한 다음 **New → Camera** 를 실행합니다.

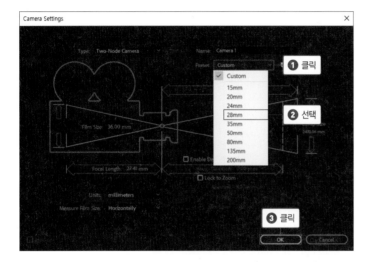

06 [Camera Settings] 대화상자가 표시되면 Preset을 '28mm'로 지정하고 〈OK〉 버튼을 클릭합니다.

TIP 카메라 설정은 15~200mm까지 다양합니다. 360°로 촬영된 소스는 광각 계열로 촬영되므로 카메라 설정에서 체크 표시하여 상황에 알맞게 선택하는 것이 좋습니다.

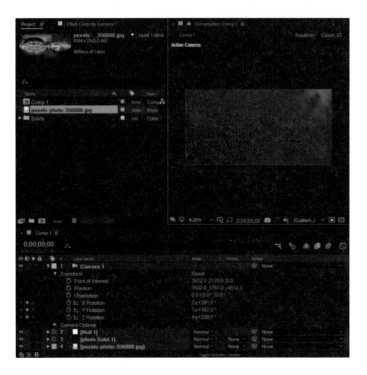

07 카메라 레이어의 X, Y, Z축을 돌려 다양한 샷으로 360° VR 영상을 확인합니다. 타임라인을 활성화시켜 사진이 좌우상하로 돌아가는 영상을 자유롭게 제작해 봅니다.

디자인 사례

시대 변화에 적응이 쉬운 다양한 그래픽 스타일들을 살펴보고 자신만의 스타일을 찾는 것은 무엇보다 중요합니다. 플랫 디자인이나 단순한 상징만이 정답은 아니지만 복잡한 상황을 단순하게 보여줄 수 있는 상징이나 그래픽을 개발하고 이를 세트로 만드는 작업이 이루어지면 디자인 역량은 더욱 발전할 것입니다. 다음 그림은 앞서 간략히 설명한 트렌드와 패러다임들을 반영한 그래픽 사례입니다.

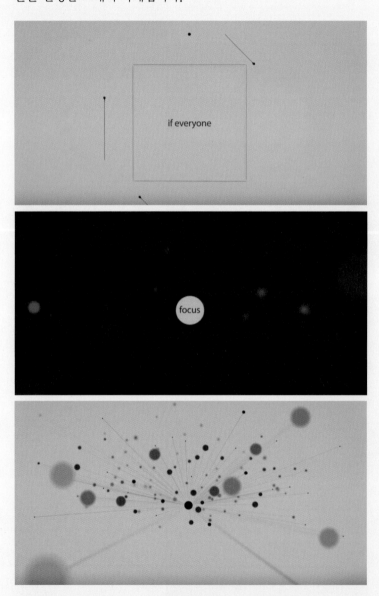

Apple Motion Graphics
https://www.youtube.com/watch?v=qK4Re_ArS3Q
영상의 요소 중 텍스트와 간결한 이펙트를 활용하여 심플한 영상미를 완성하였습니다. 영상이 아름다워지기 위한 가장 기본적인 글꼴의 배열이나 선택, 그에 어울리는 효과가 잘 어울립니다. 또한 음악과 잘 어울려 말하고자 하는 메시지를 잘 전달합니다.

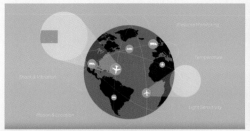

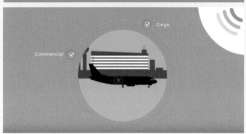

Animated Infographic - AT&T Cargo View
https://www.youtube.com/watch?v=EjApd_DewRo

플랫한 그래픽을 기반한 인포그라피 영상이 간결히 구현되어 메시지를 잘 전달합니다. 최근 그래픽 트렌드를 따르면서 그에 맞는 효과가 어울려 세련된 연출을 보여줍니다.

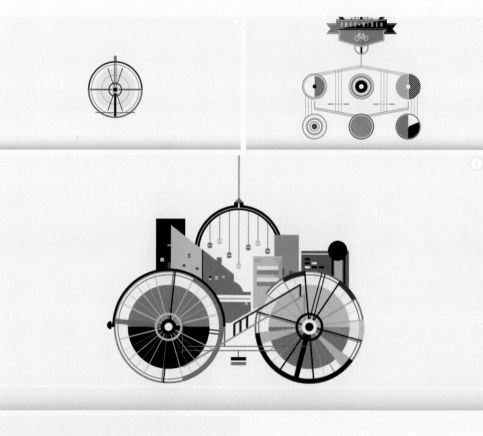

Enjoy The Ride - Motion Graphics(Adobe After Effects)
https://www.youtube.com/watch?v=ngG7r_kpovo

영상의 세 번째 장면에 자전거를 착안한 그래픽이 나옵니다. 그래픽의 원 소스 색과 선, 면의 오브젝트가 자연스럽게 구현되어 있고 이를 통해 심플하면서도 세련된 영상이 연출되었습니다.

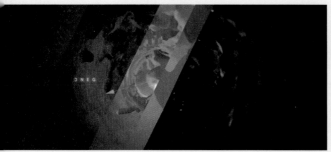

The VFX Festival 2017 Title Motion Graphics
https://www.youtube.com/watch?v=nC4TnL01Vm8

3D로 구현된 그래픽과 영상 소스들이 조화롭게 섞이면서 페스티벌의 전체적인 느낌을 잘 구현했습니다. 애프터 이펙트의 기본 효과들과 외부 플러그인들 또한 잘 구현되어 있습니다.

All Ways Infographic Motion Graphics
https://www.youtube.com/watch?v=kV3GwloNnFg

영상의 스토리보드에서 최근 이슈화되는 플랫한 느낌의 그래픽을 바탕으로 제작된 인포그래픽이 주가 되어 단단한 씬을 구성하고 단순한 효과가 더해져 영상을 완성해 갑니다.

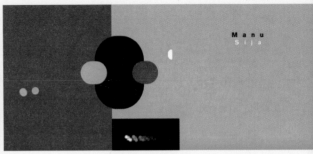

We'll be Counting Stars

Lately, I've

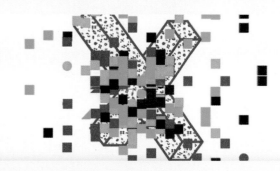

TEDx Opening Credits Motion graphics
https://www.youtube.com/watch?v=_k0XgPF2W_k
Ted X의 오브닝 영상입니다. 다양한 아이콘과 레트로한 텍스처의 그래픽을
바탕으로 자유로운 오브젝트들의 변형이 재미있습니다.

OneRepublic – Counting Stars(Kinetic Typography)
https://www.youtube.com/watch?v=uWWKj3zMxTg
타이포그래피를 활용한 영상 제작은 애프터 이펙트 제작에서 좋은 예제이자
결과물을 초기 단계에 만들 수 있는 작업입니다. 기초 툴과 카메라 기능을 자
연스럽게 학습하여 활용할 수 있는 결과물입니다.

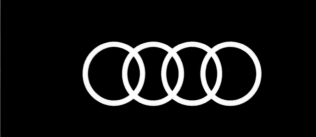

A5 Pure Imagination | Motion Graphics
https://www.youtube.com/watch?v=yTN41PxbS7k
아우디 A5의 첨단 기술력과 이를 바탕으로 액티브한 성능을 모션 그래픽의
성질을 잘 살려 실제 촬영한 영상과 자연스럽게 합성되어 우수한 퀄리티를
나타내고 있는 사례입니다.

OMYCAR APP Motion Graphics
https://www.youtube.com/watch?v=gU–M9_GRSSo
실무와 학습 현상에서는 다양한 콘텐츠 제작을 익히고
이를 애플리케이션이나 웹 등의 플랫폼에 넣는 기술을
쌓아 갑니다. 애프터 이펙트는 이러한 과정에서 나오
는 원 소스를 구현하기 가장 좋은 툴입니다. 이러한 강
점을 잘 살리고 있습니다.

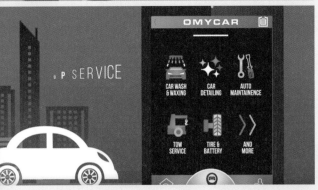

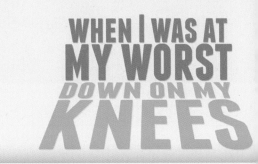

MAPS – Maroon 5(Kinetic Typography)
https://www.youtube.com/watch?v=1iaW3lsBkfI
마룬파이브의 Maps 뮤직비디오입니다. 가사의
글을 타이포그래피와 간략한 색채, 그리고 상징,
애프터 이펙트의 기본적인 효과들만을 바탕으로
제작된 사례입니다. 화려한 영상도 볼 것이 많지
만 만들기 쉬운 결과물을 목표로 제작해야 실력
이 향상됩니다.

사나아누카(Sanna Annukka)는 핀란드 출신의 유명 일러스트레이터입니다. 모국의 전통 이미지를 현대의 플랫한 상징으로 각색하면서 색채나 기타 오브제 유형을 어느 플랫폼이나 쉽게 적용할 수 있도록 개발하여 다양한 상품도 판매하는 작가입니다. 이러한 스타일을 많이 참고하기 바랍니다.

카탈리나 에스트라다(Catalina Esrada)도 사나아누카와 비슷한 유형의 다양한 제품과 기업의 콜라보레이션이 많은 유명 작가입니다. 단순한 상징을 무수히 대입하여 다채롭고 성실한 밀도의 그래픽을 보여줍니다. 우리나라의 전통 이미지를 이 정도로 개발하여 가공하면 좋은 포트폴리오가 나올 것입니다.

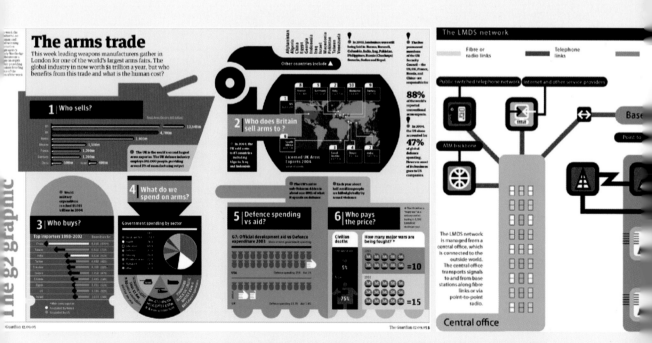

피터 그룬디(Peter Grundy)는 인포그래픽의 대표적인 디자인 사례입니다. 다양한 정보를 지루하지 않으면서 각인되기 쉬운 상징으로 개발하고 아이콘과 정보를 입혀 정보를 쉽게 전달합니다.

그루비전스(Groovisions)는 일본의 유명 에이전시로, 다양하면서도 플랫한 이미지와 그래픽을 개발하고 하나의 세트로 작업하여 더욱 대응이 편하면서 집합체적인 그래픽을 선사하고 있습니다. 또 하나 하나의 그래픽 결과물들이 플랫하면서 정교하게 디자인되었습니다.

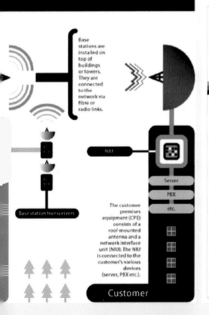

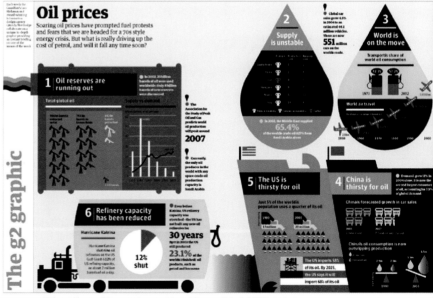

현재요금 정보

주행 중인 택시의 실시간 요금 정보를 공유합니다. 주행거리 및
할증률, 시외할증 등과 같이 결제 관련 정보를 손쉽게
확인함으로써 택시승객과 운수업자 간의 분쟁가능성이
줄어듭니다.

PART
02

Gyungbuk goryeong
Minimal Zoo

Lens Fla.

애프터 이펙트
마스터를 위해
꼭 알아두기

애프터 이펙트의 실무 기능을 마스터하기 위해 꼭 필요한
기본 인터페이스 소개와 기능, 역할 등을 간략히 담았습
니다.

SOLUTION 01
After Effects CC 2018

애프터 이펙트 작업 화면은 어떻게 구성되나요?

애프터 이펙트는 포토샵, 일러스트레이터와 기능이 비슷하면서도 조금 다른 Tools 패널과 메뉴, 여러 패널 등으로 구성됩니다.

애프터 이펙트의 시작 화면은 모션 그래픽의 기본 형태를 확인할 수 있는 Composition 패널과 움직임을 만드는 Timeline 패널, 사용자가 만든 오브젝트들을 유기적으로 결합할 수 있는 여러 가지 도구 모음인 Tools 패널로 구성됩니다. 또한, 작업에 필요한 다양한 소스를 불러올 수 있는 Project 패널이 있습니다. 모션 그래픽 작업을 위해 애프터 이펙트 작업 화면의 구성 요소에 관해 자세하게 알아보겠습니다.

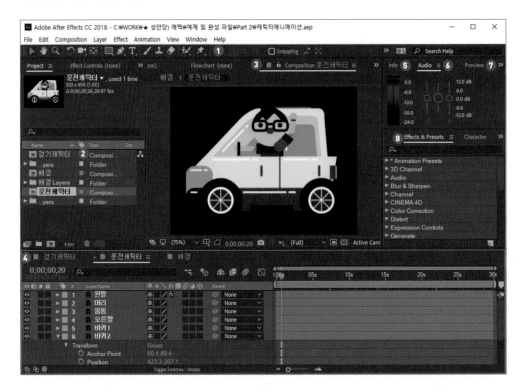

❶ **Tools 패널 :** 작업을 위한 도구들이 모인 패널로 다양한 기능을 이용해 디자인과 영상을 작업할 수 있습니다. 오브젝트에 유기적인 움직임을 적용하여 많은 효과를 나타낼 수 있습니다.

❷ **Project 패널 :** 작업할 영상, 이미지 또는 일러스트(PSD, AI) 파일 등
을 불러오는 영역입니다. 작업에 활용하는 모든 파일을 Project 패널
에 불러들이고 Composition 패널이나 Project 패널에서 작업할 수
있습니다.

❸ **Composition 패널 :** 영상 제작이나 디자인 작
업이 이루어지는 영역입니다. Composition
패널에서 작업 중 영상을 확인할 수 있습니다.

❹ **Timeline 패널 :** 제작한 오브젝트들의 움직임이나 다양한 효과, 적절한 시간과 순서를 조절합
니다. 시간을 설정하는 프레임(Frame)부터 애니메이션 작업을 위한 키프레임(Key-Frame),
Position, Rotation, Scale, Opacity 및 Effect & Presets 등의 효과가 적용된 레이어 속성
을 세밀하게 설정합니다. 다양한 효과를 적용하면 하나의 레이어에 이펙트에 관한 속성이 추가로
나타납니다. 적용한 이펙트마다 Timeline 패널의 오른쪽 타임라인에서 재생 시간을 조정할 수
있습니다.

❺ **Info 패널 :** 작업 및 환경에 관한 다양한 정보를 보여주는 영역으로
색상 값과 위치, 레이어, 재생 등의 정보를 나타냅니다.

❻ Audio 패널 : 애프터 이펙트에 오디오가 있는 영상, 웨이브(Wav) 파일이 있을 때 전체적인 오디오 레벨(Level)을 볼 수 있으며 오디오 레벨 값을 조절할 수 있습니다. 물론 타임라인에서도 오디오 재생 시간에 따라 자르거나 오디오 출력 값을 줄일 수 있지만 Audio 패널에서 더욱 편리하게 오디오 현황을 살펴볼 수 있습니다.

❼ Preview 패널 : 미리 보기를 통해 렌더링 이전 작업물을 확인하고 수정하기 쉽게 도와주는 패널입니다. 애프터 이펙트에서는 작업에 따라 렌더링 시간이 적게는 몇 초, 많게는 몇 시간 정도 걸릴 수 있으므로 Preview 패널의 역할이 매우 큽니다.

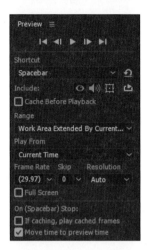

❽ Effects & Preset 패널 : 프로그램에 설치된 기본 이펙트를 쉽게 검색할 수 있고, 바로 적용할 수 있도록 만들어 애프터 이펙트에서 가장 핵심인 패널입니다.

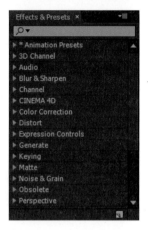

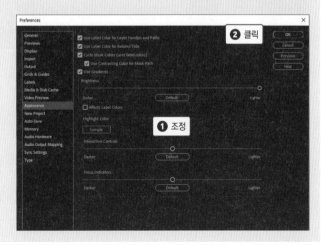

TIP 작업 화면 설정하기

작업 화면의 형태(환경)가 다르면 애프터 이펙트 작업 스타일에 따라 바꿀 수 있습니다. 메뉴에서 [Window] → Workspace → Reset "Standard"를 실행하면 표준 작업 환경으로 변경할 수 있습니다.
애프터 이펙트의 작업 화면 색을 바꾸려면 메뉴에서 [Edit] → Preferences → User Interface를 실행합니다. [Preferences] 대화상자에서 Brightness의 슬라이더를 'Lighter(밝은 회색)'로 이동한 다음 〈OK〉 버튼을 클릭합니다. 이후 밝은 작업 화면에서 영상을 제작할 수 있습니다.

SOLUTION 02
After Effects CC 2018

애프터 이펙트 메뉴는 어떻게 구성되나요?

애프터 이펙트의 메뉴는 작업 화면 위에 위치하며, 각 메뉴는 작업에 필요한 다양한 기능을 제공합니다.

❶ File : 파일에 관한 메뉴로, 새로운 프로젝트를 만들고 저장하는 기능부터 작업에 필요한 파일을 추가하거나 불러온 파일 및 미리 만든 컴포지션을 관리, 정리합니다. 주로 New, Open Project, Save As, Import, Dependencies 등의 명령을 자주 이용합니다.

❷ Edit : 모션 그래픽에서 편집에 해당하는 대표적인 기능입니다. 파일을 복사하고 붙여 넣거나 Timeline 패널에서 레이어를 복사하고 나누며, 레벨을 설정하고 관리하는 기능 등이 있습니다. 또한 애프터 이펙트의 전반적인 환경을 설정하는 Preferences 명령이 있습니다. 주로 Undo, Copy, Paste, Duplicate, Split Layer, Preferences 등의 명령을 자주 이용합니다.

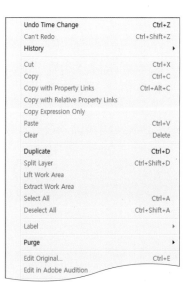

❸ **Composition** : 컴포지션의 기본 설정인 영상 길이, Frame Rate, 배경 설정 등 기초부터 렌더링, 이미지 또는 램 프리뷰 등의 기능이 있습니다. 주로 New Composition, Composition Settings, Add to Render Queue, Save Frame As 등의 명령을 자주 이용합니다.

❹ **Layer** : 실제 작업에 필요한 기능이 많으며 새로운 레이어를 만들거나 각 레이어에 적용되는 Mask 또는 옵션 등을 설정하는 Switches, 움직임을 설정하는 Transform, 작업 파일에서 시간 설정을 위한 Time, 레이어들을 겹쳐 색 변화를 만드는 Blending Mode 등의 명령이 있습니다. 각 메뉴는 Timeline 패널의 Layer 명령과도 같으며 레이어에서는 작업할 수 없는 명령들도 있습니다. 주로 New, Open Layer, Mask, Switches, Transform, Time, Blending Mode, Track Matte 등의 명령을 자주 이용합니다.

❺ **Effect** : 애프터 이펙트의 기본 이펙트뿐만 아니라 설치된 플러그인과 최근 사용한 이펙트 목록에 관한 메뉴입니다. Effects & Presets 패널과 같은 기능이 있으며 메뉴에서는 각 이펙트 위치를 여러 작업을 통해 익혀서 적용해야 하지만, Effects & Presets 패널은 이펙트 이름의 약자만으로도 간편하게 적용할 수 있어 더욱 편리합니다.

어도비 브리지(Adobe Bridge)를 연동하면 이펙트 이름만으로 활용하기 어려울 때 더욱 효과적으로 활용할 수 있습니다. 어도비 브리지(BR)를 활성화하고 애프터 이펙트와 함께 연동하는 과정을 연습하여 습득하는 것이 중요합니다.

❻ Animation : 레이어(Layer)에서 키프레임(Keyframe)
을 지정하여 만들 수 있는 애니메이션 외에도 애니메이션
추가 설정 등의 명령이 있습니다. 애니메이션 프리셋 설정
과 키프레임 설정, 텍스트 레이어(Text Layer) 애니메이
션, Track Camera, Warp Stabilizer FX 등의 명령이
있습니다. 주로 Keyframe Interpolation, Keyframe
Velocity, Keyframe Assistant, Add Expression,
Track Camera, Track Mask 등의 명령을 자주 이용합
니다.

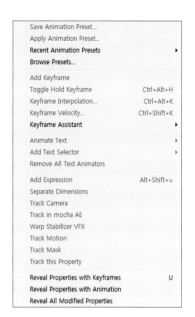

❼ View : 작업을 도와주는 다양한 기능이 있습니다.
그리드(Grid), 눈금자(Ruler), 안내선(Guide) 등
을 나타내어 편리한 작업을 도와줍니다. 주로 Zoom
In, Zoom Out, Resolution, Show Grid, Show
Rulers, Show Guide 등의 명령을 자주 이용합니다.

TIP Spacebar, Ctrl, Shift 키를 누르는 것처럼 화면 축소 등의 단축키만 활용
해도 편리합니다.

❽ **Window** : 각 패널을 열고 닫을 수 있으며, 자주 이용하는 패널로 구성하여 사용자만의 작업 환경을 만들고 저장할 수 있습니다. 작업에 필요한 패널은 [Window] 메뉴에서 실행하여 표시합니다.

❾ **Help** : 작업에 필요한 도움말과 정보를 얻을 수 있는 메뉴로 Scripting, Expression, Animation 등에 관한 정보를 주고받거나 단축키 등을 설정할 수 있고, 온라인 사용자 포럼과 피드백을 어도비에 보낼 수 있습니다. 주로 After Effects Help, Effect Reference, Animation Preset, Keyboard Shortcuts, Online User Forum 등의 명령을 자주 이용합니다.

SOLUTION 03
After Effects CC 2018

이펙트는 어떻게 구성되나요?

이펙트는 기본 형태를 유지하면서 레이어에 변화를 줍니다. 영상을 전체적으로 변화시키며, 효과를 섞어 또 다른 효과를 만들 수 있는 핵심적인 기능이므로 다양한 이펙트를 알아봅니다.

1 이펙트의 분류

애프터 이펙트에서 이펙트를 분류하여 카테고리화하면 크게 비슷한 기능별로 나눌 수 있습니다. 이펙트를 확인하는 방법에 따라 다음과 같이 크게 두 가지 기준으로 나누면 이펙트를 다루는 데 효율적입니다.

❶ 결과를 바로 확인할 수 있는 이펙트

이펙트는 적용하였을 때 결과를 바로 확인할 수 있는 이펙트가 있습니다. 대표적으로 색에 관한 이펙트와 Blur(블러)처럼 이펙트를 적용한 다음 Effect Controls 패널에서 옵션을 설정하는 이펙트가 있습니다. 또한 텍스트에 바로 적용할 수 있는 이펙트나 메뉴의 효과(시퀀스 레이어 등)가 있습니다.

이펙트 중에는 적용한 다음 결과를 바로 확인하기 힘든 이펙트들이 있습니다. 이러한 이펙트에는 특정한 요구 조건이 있으며, 특정 레이어를 선택해야 하는 경우가 많습니다. 예를 들면 Blur 이펙트 폴더 내 Gaussian Blur(가우시안 블러) 이펙트가 있으며, 오브젝트에 이펙트를 적용한 다음 시간을 조절하고 이펙트 설정을 시작과 끝 부분으로 나누어 적용해야 출력되어 확인할 수 있습니다.

❷ 2D/3D 이펙트

이펙트에는 2D/3D 이펙트가 있습니다. 기존 애프터 이펙트의 이펙트들은 영상을 기반으로 하는 2D 이펙트로, 3D 레이어 공간을 활용하지 않는 이펙트였습니다. 색 보정, 블러 등의 이펙트는 영상에 효과를 적용하지만, 3D 공간을 활용하지 않습니다. 이러한 이펙트는 전체 이펙트의 75% 정도가 해당합니다.

3D 공간을 활용하는 3D 이펙트는 모션 그래픽 분야가 본격화되면서 영상에 효과를 적용하는 것이 아닌 독자적으로 시각적인 결과물을 만듭니다. 애프터 이펙트에서는 주로 Perspective와 Simulation에 많고, 외부 플러그인인 서드파티 플러그인(Third-Party Plug In) 이펙트에서 많이 나타나는 특징입니다. 대표적으로 Trapcode, Rowbyte 플러그인이 3D 이펙트에 해당하며 앞으로 개발될 많은 이펙트는 3D 이펙트로 출시될 것입니다. 그러므로 애프터 이펙트의 기본 이펙트를 통해 3D 이펙트 개념을 이해하면 Third-Party Plug In 이펙트를 다룰 때 많은 도움이 됩니다.

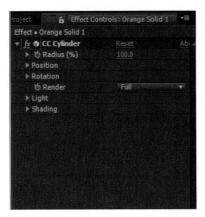

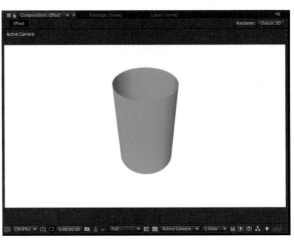

▲ Effect Controls 패널에서 CC Cylinder 이펙트 (3D)의 이펙트 이름 앞 3D 레이어를 만드는 fx 아이콘과 정육면체 아이콘

▲ CC Cylinder 이펙트(3D)를 적용한 오브젝트

2 이펙트 카테고리

비슷한 이펙트끼리 묶어 분류한 이펙트 카테고리에 대해서 살펴보겠습니다. 애프터 이펙트의 이펙트는 매우 많지만, 이 책에서 소개하는 이펙트 카테고리를 이해하면 손쉽게 이펙트를 찾아 적용할 수 있습니다. 모션 그래픽 작업 중 이펙트 분류에 따라서 최적의 이펙트를 찾아보세요.

❶ 3D Channel : 알파 채널과 비슷한 속성으로 3D 소프트웨어를 통해 만든 공간에서 깊이 데이터인 Z축이 입력된 채널입니다. 3D Channel 데이터를 포함하는 영상, 이미지는 일반 레이어처럼 보이지만 3D Channel 이펙트를 적용하면 입체적으로 나타낼 수 있습니다. 단, 3D Channel 데이터가 없는 JPG, PNG 등의 파일에 3D Channel 이펙트를 적용하면 변화가 없으며, 3D 데이터가 있는 파일에만 영향을 줍니다.

❷ **Audio** : 애프터 이펙트는 영상 저작 프로그램이므로 대부분의 이펙트를 이용해서 영상을 만들 수 있습니다. 하지만 Audio 이펙트는 사운드만 적용할 수 있습니다. 자유로운 사운드 톤을 만들고, 사운드 파일에서 울림과 같은 효과를 적용할 수 있습니다. 사운드를 제작하는 다양한 소프트웨어가 있어 보통 애프터 이펙트에서는 사운드 작업을 진행하지 않습니다. 사실 애프터 이펙트에서 가장 좋은 음원 작업은 좋은 음원의 선택과 같습니다. 질 좋은 영상 작업 후반부 최종 렌더링에 오디오 길이 정도만 편집하여 넣는 것이 일반적입니다.

❸ **Blur & Sharpen** : 영상, 이미지를 흐리게 만드는 Blur 이펙트들과 이미지를 더욱 선명하게 만드는 Sharpen 이펙트들이 있습니다. Blur 이펙트는 포토샵의 Blur보다 더욱 다양하며, 과도하게 사용하면 자칫 이미지가 촌스러워질 수 있으므로 타이밍은 짧게, 블러는 과하지 않게 적용하는 것이 좋습니다.

❹ **Channel** : 영상의 기본인 색 채널을 관리합니다. RGB, HSL, Matte 등 기본 영상이 가지고 있는 색 정보를 선택하고, 합치거나 나누는 역할을 하며 색 보정을 도와주는 이펙트들이 있습니다. 기초적인 색을 보정할 때 사용하는 이펙트와는 다릅니다.

❺ **CINEMA 4D** : 애프터 이펙트 CC의 새로운 기능인 Cineware 이펙트를 포함하며 Cinema 4D와 연동해서 Cinema 4D 파일을 애프터 이펙트로 가져옵니다.

❻ **Color Correction** : 색 작업을 할 수 있는 이펙트들이 있으며, 기본적으로 영상의 색 보정 작업이 이루어집니다. 색 작업을 할 수 있는 여러 이펙트가 있고 이 이펙트 모두 각자의 색 보정 방식일 뿐 결과는 크게 다르지 않습니다. 각자 선호하는 작업 스타일이 있으므로 모든 이펙트를 중복해서 사용하지 않습니다.

❼ Distort : 영상, 이미지 형태를 왜곡시켜서 다른 형태를 만드는 이펙트로 돋보기와 같은 효과가 대표적으로 볼록하게 왜곡하는 것입니다. 왜곡 이펙트를 통해 추상적인 그래픽과 형태가 달라지는 애니메이션을 만들 수 있습니다.

❽ Expression Controls : 애프터 이펙트의 움직임을 만드는 작업 중 하나인 Expression Script를 제어하는 이펙트입니다. 레이어에 Expression Controls 이펙트만 적용하면 아무런 변화가 없으므로 Expression Script를 설정하여 수치 변화를 적용합니다.

❾ Generate : 레이어가 가지고 있는 본래 색, 형태와는 상관없이 독립적인 시각 결과물을 만드는 이펙트입니다. 예를 들어 원형, 그리드, 선, 오디오 파형, 그러데이션 배경 등이 레이어에 상관없이 나타나므로 Solid 레이어에 적용해도 됩니다.

⑩ **Keying** : 주로 영상에서 합성할 때 이용하는 이펙트입니다. 블루 스크린 또는 그린 스크린에서 촬영한 영상의 배경색을 없애 촬영한 인물, 사물만 보여줍니다. 배경은 컴퓨터 그래픽으로 제작하고 촬영한 인물을 합성할 때 많이 사용합니다.

⑪ **Matte** : 매트(Matte)는 부분적으로 나타낸다는 뜻입니다. 사각형 레이어에서 배경이 안 보이고 일부분만 보이는 상태는 매트가 있는 레이어라고 볼 수 있습니다. 그러므로 키잉(Keying) 이펙트를 이용해 배경을 제거하면 일부만 보이는 매트 상태가 됩니다. 이렇게 일부분만 나타나는 레이어의 경계를 다듬고 보이는 영역을 추가, 제거하는 기능을 합니다.

⑫ **Noise & Grain** : 영상에 노이즈를 추가하는 기능입니다. 보통 촬영을 통해 만들어진 영상은 노이즈를 가지지만 일러스트레이터, 포토샵 등에서 만든 디자인에는 노이즈가 없어 촬영한 영상과 컴퓨터로 만든 영상을 합성하였을 때 어색하기도 합니다. 이러한 부분을 보완하기 위해 디지털로 만든 영상 이미지에 임의로 노이즈를 적용하여 실제 촬영한 영상 같은 자연스러운 느낌을 줍니다.

⑬ **Perspective & Simulation** : Perspective 이펙트는 애프터 이펙트에서 2D 레이어를 기반으로 적용하지만, 3D처럼 보이는 이펙트들이 있습니다. Simulation 이펙트는 3D 레이어 공간을 기반으로 시각적인 결과를 만드는 이펙트가 있습니다. 애프터 이펙트 CC에서는 두 이펙트가 기존 분류와는 다르게 나뉘어 Perspective와 Simulation 이펙트에 2D지만 3D처럼 보이는 이펙트와 실제 3D 공간을 활용한 이펙트가 혼합되었습니다.

⑭ **Stylize** : Stylize 이펙트는 다른 이펙트보다 시각적인 결과물을 만드는 데 상대적으로 우수합니다. 하나의 이펙트만으로도 결과물의 시각적인 완성도를 높일 수 있습니다. 물론 서드파티 플러그인(Third Party Plug-In)보다 시각적으로 훌륭하다고 볼 수 없지만 잘 응용하면 좋은 결과물을 만들 수 있습니다.

⓯ **Synthetic Aperture :** 외부 색 보정 개발사인 Synthetic Aperture 사의 SA Color Finesse를 기본으로 탑재한 이펙트입니다. 애프터 이펙트에서 한 번에 다양한 색 보정을 할 수 있고 더욱 세밀한 색 작업을 할 수 있는 기능을 가져왔습니다.

⓰ **Text :** 텍스트 레이어를 통해 효율적으로 텍스트를 디자인할 수 있습니다. Text 이펙트는 많이 사용하지 않지만 아직까지 효과적인 기능은 숫자를 만드는 이펙트이며 Numbers, Timecode 이펙트가 있습니다.

⓱ **Time :** 지금까지의 이펙트들은 모두 영상이나 사진과 같은 정지 이미지에 사용해도 동일한 결과물을 만들 수 있지만, Time 이펙트들은 시간성을 가지는 영상에 적용해야만 결과를 확인할 수 있습니다. Time 이펙트는 시간을 섞어서 한 화면에 여러 시간의 모습이 공존하게 만드는 영상과 잔상처럼 영상의 앞, 뒤 프레임을 한 화면에 보여줍니다.

⓲ **Transition :** 일반적으로 트랜지션은 주로 영상 편집 소프트웨어에서 장면끼리 연결할 때 어색한 부분을 자연스럽게 연결하는 이펙트를 말합니다. 애프터 이펙트의 Transition 역시 같은 기능이지만 큰 차이점이 있습니다. 영상 편집 소프트웨어에서의 Transition은 누구나 쉽고 빠르게 적용하여 결과물을 만들 수 있지만, 애프터 이펙트의 Transition은 장면 전환 설정이 매우 다양해 영상 편집 소프트웨어보다 느리게 적용됩니다. 그러나 설정 변화를 통해 자신만의 Transition 효과를 만들 수 있습니다.

⓳ **Utility :** 애프터 이펙트 작업을 도와주는 유틸리티 기능을 합니다. 유틸리티는 스스로 어떤 결과를 만들기보다 도와주는 기능입니다. Utility 이펙트는 색에 관해 도움을 주는 이펙트들이 있습니다. 디지털과 아날로그 색 변화 단계를 보정하는 이펙트와 여러 소프트웨어에서 작업한 색 보정 데이터를 애프터 이펙트에 가져오는 기능들이 있습니다.

SOLUTION 04

After Effects CC 2018

컴포지션(영상 프레임)은 어떻게 만드나요?

컴포지션은 영상을 제작하기 위한 프레임입니다. 컴포지션마다 타임라인이 있으며 하나의 컴포지션은 비디오, 오디오, 애니메이션, 텍스트, 벡터 그래픽, 이미지 등 여러 개의 레이어를 포함할 수 있습니다. 또한 하나의 영상은 하나의 컴포지션 또는 여러 컴포지션으로 구성됩니다. 즉, 컴포지션은 영상을 만들기 위한 일부분이라고 할 수 있습니다.

1 [Composition Settings] 대화상자 살펴보기

메뉴에서 [Composition] → New Composition(Ctrl+N)을 실행하면 컴포지션에 관한 여러 항목을 설정할 수 있는 [Composition Settings] 대화상자가 표시됩니다. [Composition Settings] 대화상자의 구성 요소를 살펴봅니다.

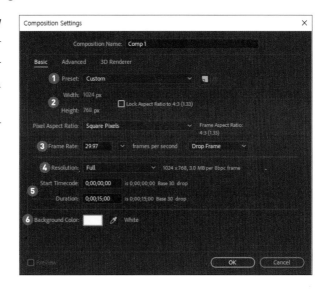

❶ **Preset** : 컴포지션의 형식을 지정할 수 있습니다.

❷ **Width/Height** : 컴포지션의 크기를 설정할 수 있습니다. 'Lock Aspect Ratio to'에 체크 표시하면 컴포지션을 드래그하여 크기를 조정할 때 같은 비율로 줄어들거나 늘어납니다.

❸ **Frame Rate** : 영상의 재생 시간과 부드러운 정도를 설정합니다.

❹ **Resolution** : 해상도를 뜻하며, 영상 편집이 끝나면 렌더링할 때 설정할 수 있으므로 나중에 설정해도 됩니다. 이후 다음 팟 플레이어나 윈도우 무비 메이커를 통해 한 번 더 렌더링할 때 더 쉽게 압축할 수 있습니다.

❺ **Start Timecode/Duration** : 시작 시간과 종료 시간을 설정할 수 있습니다.

❻ **Background Color** : 배경 색상을 지정할 수 있습니다.

2 컴포지션 추가하기

Project 패널에서 'Create a new Composition' 아이콘()을 클릭하면 원하는 만큼 컴포지션을 추가할 수 있습니다.

3 단일 'Footage' 항목 설정하기

Project 패널에서 'Footage'를 선택한 다음 'Create a new Composition' 아이콘(■)으로 드래그합니다. 컴포지션 설정은 자동으로 'Footage' 항목 특성과 일치하도록 만들어지며 이때 'Composition-Retain Layer Sizes'를 선택합니다.

4 다중 'Footage' 항목으로 단일 컴포지션 만들기

Project 패널에서 'Footage'를 선택한 다음 Project 패널에서 'Create a new Composition' 아이콘(■)으로 드래그합니다. Project 패널과 Timeline 패널에 같은 두 개의 컴포지션이 만들어 집니다.

SOLUTION 05
After Effects CC 2018

Timeline 패널은 어떻게 구성되나요?

Timeline 패널의 3D 레이어 속성에 관해 간략하게 살펴보겠습니다. 3D 레이어 속성 설정에 따라 평면 이미지를 입체적으로 나타낼 수 있습니다.

1 3D 레이어 속성 살펴보기

이미지 파일을 불러온 다음 Project 패널에 삽입된 소스를 Timeline 패널로 드래그하고 레이어 속성을 펼칩니다. Timeline 패널의 '3D Layer' 아이콘(🧊)을 클릭해 3D 레이어를 활성화합니다.

Transform 속성 아래에 3D 레이어 속성이 추가됩니다. Anchor Point에서 Z Rotation까지 수치가 나타납니다. 이것은 소스 이미지 크기가 커지는 것을 의미하는 것이 아니라 확대와 축소를 의미합니다.

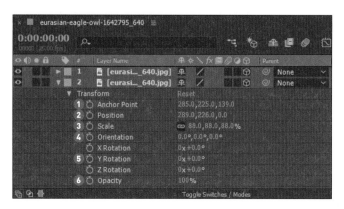

❶ **Anchor Point** : 이미지와 영상, 즉 오브젝트의 중심축을 직접 설정하고 좌우 또는 상하로 이동해 더욱 자연스러운 움직임을 연출할 수 있습니다.

❷ **Position** : 오브젝트 좌표를 설정해 이동할 수 있습니다.

❸ **Scale** : 오브젝트 크기를 조정할 수 있습니다.

❹ **Orientation** : 오브젝트를 다양한 각도로 회전할 수 있습니다.

❺ **X/Y/Z Rotation** : X/Y/Z축을 기준으로 오브젝트를 입체감 있게 회전할 수 있습니다.

❻ **Opacity** : 오브젝트의 불투명도를 설정할 수 있습니다.

2 레이어 속성 비교하기

이미지 파일을 Timeline 패널에 추가하고 일반 속성과 3D 레이어 속성을 적용했을 때 어떻게 달라지는지 확인합니다.

Anchor Point/Position(일반)

Anchor Point/Position(3D 레이어)

Scale(일반)

Scale(3D 레이어)

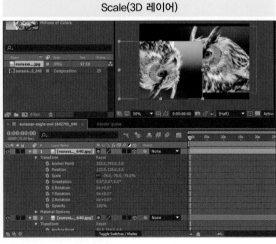

TIP Anchor Point와 Position에서 3D 레이어 속성을 활성화하면 앞뒤로 확대 또는 축소 가능하며 '0'을 기준으로 상위 레이어가 하위 레이어 뒤로 이동할 수 있습니다.

SOLUTION 06
After Effects CC 2018

작업에 필요한 파일은 어떻게 가져오나요?

모션 그래픽에 앞서 작업에 필요한 파일을 불러옵니다. 일러스트레이터나 포토샵에서는 하나 또는 여러 개의 파일을 가져와서 바로 사용할 수 있지만, 애프터 이펙트에서는 기초 디자인 작업이 모두 끝난 파일을 사용하므로 파일을 불러올 때 이전 프로그램에서 작업한 배치 그대로 가져오는 것이 중요합니다.

▶ **예제 파일 |** Part 2\사진모음.psd, 캐릭터.ai

01 애프터 이펙트를 실행하고 작업에 필요한 파일을 불러오기 위해 메뉴에서 [File] → Import → File(Ctrl +I)을 실행합니다.

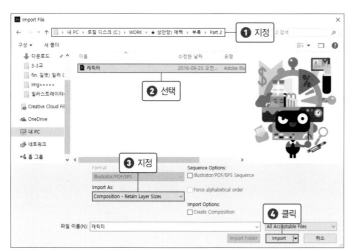

02 [Import File] 대화상자가 표시되면 Part 2 폴더에서 '캐릭터.ai' 파일을 선택합니다.
Import As를 'Composition - Retain Layer Sizes'로 지정한 다음 〈Import〉 버튼을 클릭합니다.

TIP Import As의 세 가지 옵션

① Footage : 레이어를 무시한 채 이미지를 있는 그대로 불러옵니다.

② Composition – Retain Layer Sizes : 이미지의 레이어를 각각 불러옵니다. 일반적으로 이미지를 불러올 때 'Composition – Retain Layer Sizes'로 지정하는 것을 권장합니다.

③ Composition : 이미지를 문서 크기 기준으로 불러오므로 잘릴 수 있습니다.

Footage	Composition – Retain Layer Sizes	Composition
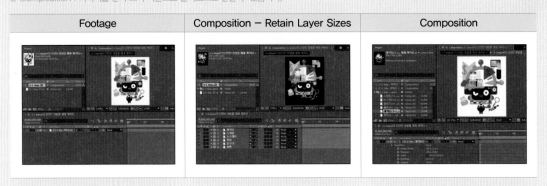		

03 Project 패널에서 불러온 이미지 파일을 더블클릭합니다. 이미지 파일이 Timeline 패널에 여러 개의 레이어로 나뉘어 표시됩니다.

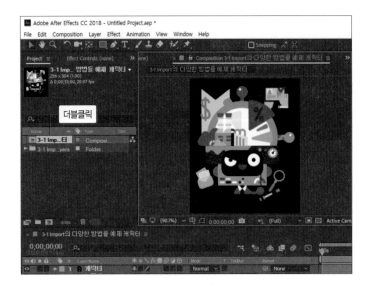

TIP 일러스트레이터에서 작업 영역을 여러 개의 레이어로 분리하고 레이어마다 그룹으로 설정했기 때문에 애프터 이펙트의 Timeline 패널에서 이미지 파일이 여러 개의 레이어로 나뉩니다. 이때 일러스트레이터의 레이어와 애프터 이펙트 레이어의 이름은 같습니다.

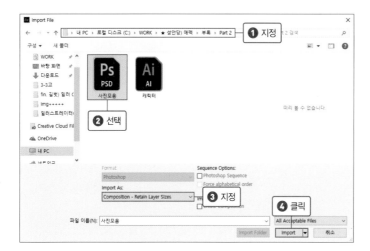

04 위와 같은 방법으로 Import 대화상자에서 Part 2 폴더의 '사진모음.psd' 파일을 선택하고 Import As를 'Composition − Retain Layer Sizes'로 지정한 다음 〈Import〉 버튼을 클릭하여 불러옵니다.

05 파일이 불러들여지면서 레이어 설정을 지정하는 대화상자가 표시되면 〈OK〉 버튼을 클릭합니다.

06 Project 패널에 소스 파일이 삽입되면 파일 이름을 더블클릭합니다. Timeline 패널에 이미지 레이어가 활성화됩니다.

이미지 파일로 영상을 제작할 수 있나요?

이미지들을 활용하여 화면을 전환시켜 영상으로 제작해 봅니다.

▶ **예제 파일 |** Part2\소스사진 폴더   ▶ **완성 파일 |** Part2\그림.aep

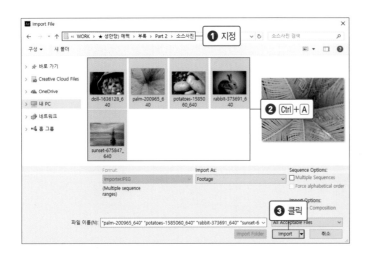

01 새로운 프로젝트에서 컴포지션을 만들고 이미지 파일을 불러오기 위해 메뉴에서 **[File]** → **Import** → **File**([Ctrl]+[I])을 실행합니다.
[Import File] 대화상자가 표시되면 Part 2/소스사진 폴더에서 [Ctrl]+[A] 키를 눌러 모든 이미지 파일을 선택하고 〈Import〉 버튼을 클릭합니다.

TIP 이미지 파일은 여러 개의 레이어로 구성되지 않기 때문에 Import As를 'Footage'로 지정해도 됩니다.

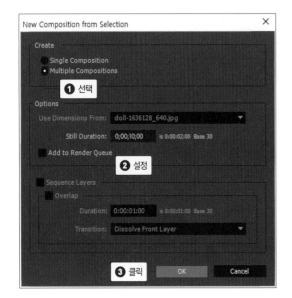

02 Project 패널의 소스 파일이 모두 선택되면 Timeline 패널로 드래그합니다.
[New Composition from Selection] 대화상자가 표시되면 Create 항목에서 'Multiple Compositions'를 선택하고 Options 항목에서 Still Duration을 '0;00;10;00'로 설정한 다음 〈OK〉 버튼을 클릭합니다.

TIP 애프터 이펙트에서 가장 긴 단위는 '시간'입니다. '0;00;00;00'은 오른쪽부터 1/100초, 1초, 10초, 1분, 10분, 1시간으로 설정되기 때문에 맨 끝자리만 10으로 설정하면 1초가 되므로 주의합니다.

03 기본 재생 시간이 '0;00;10;00'으로 표시됩니다.
Timeline 패널에서 모든 레이어를 선택하고 현재 시간 표시기를 0;00;03;00(3초) 위치로 이동한 다음
[Alt]+[]] 키를 눌러 자릅니다.

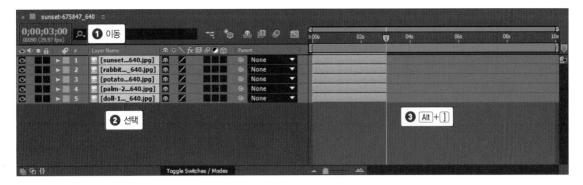

TIP [Alt]+[]] 키를 누르면 현재 시간 표시기 위치를 기준으로 뒤쪽이 잘리며, 반대로 [Alt]+[[] 키를 누르면 앞쪽이 잘립니다.

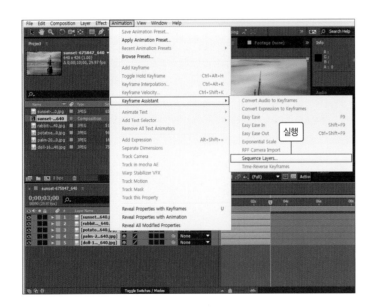

04 메뉴에서 [Animation] → Key
-frame Assistant → Sequence
Layers를 실행합니다.

05 [Sequence Layers] 대화상자가 표시되면 이미
지를 자연스럽게 전환하기 위해 'Overlap'에 체
크 표시합니다. Duration에서 이미지가 겹치는 시간을
'0;00;01;00'으로 설정합니다. 앞뒤 이미지가 겹치도록
Transition을 'Cross Dissolve Front and Back Layers'로
지정한 다음 〈OK〉 버튼을 클릭합니다.

TIP Transition에서는 세 가지 옵션을 선택할 수 있습니다. 'Off'는 이미지를 분리하며, 'Dissolve Front Layer'는 앞 이미지와 겹칩니다. 'Cross Dissolve Front and Back Layer'는 앞뒤 이미지와 모두 겹칩니다.

06 Timeline 패널에 레이어가 올라가는 계단 모양으로 표시됩니다. Spacebar 키를 눌러 램 프리뷰를 실행하면 Composition 패널에서 다섯 개의 이미지가 자연스럽게 전환되는 영상을 확인할 수 있습니다.

TIP Timeline 패널에서 첫 번째 레이어부터 마지막 레이어까지 차례대로 선택하면 내려가는 계단 효과가 적용되고 반대로 마지막 레이어부터 첫 번째 레이어까지 선택하면 올라가는 계단 효과가 적용됩니다.

07 Timeline 패널에서 첫 번째 레이어부터 마지막 레이어까지 차례로 선택한 다음 이동하여 내려가는 계단 모양으로 바꿉니다.

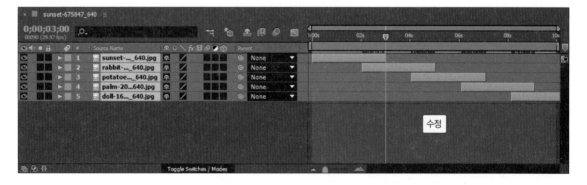

08 이미지가 1초 후에 왼쪽으로 이동하도록 위치와 함께 불투명도를 조정하겠습니다.
Timeline 패널에서 현재 시간 표시기를 2초로 이동합니다. Opacity 왼쪽의 스톱워치( )를 눌러 키프레임을 만듭니다. 현재 시간 표시기를 3초로 이동하고 Composition 패널에서 이미지를 화면 왼쪽으로 이동하면 Timeline 패널에 자동으로 키프레임이 추가됩니다.

09 같은 방법으로 나머지 레이어도 위치를 이동하고 불투명도를 조정합니다.
현재 시간 표시기를 2초와 3초 사이에 드래그하면 만들어진 애니메이션을 확인할 수 있습니다.

SOLUTION 08

After Effects CC 2018

영상은 어떻게 편집하나요?

영상 파일을 복제와 동시에 자르고, 자연스럽게 전환하여 기본 영상을 편집해 봅니다.

▶ **예제 파일** | Part2\Images – 5618.mp4   ▶ **완성 파일** | Part2\기본편집.aep

01 새 프로젝트를 만들고 Part 2 폴더에서 'Images – 5618.mp4' 파일을 불러옵니다.

Project 패널의 영상 파일을 'Create a new Composition' 아이콘(🖼)으로 드래그한 다음 Ctrl+K 키를 누릅니다.

[Composition Settings] 대화상자가 표시되면 〈OK〉 버튼을 클릭합니다.

02 소스 파일을 복제와 동시에 잘라 보겠습니다.

Timeline 패널의 레이어가 선택된 상태에서 현재 시간 표시기를 5초로 이동한 다음 Ctrl+Shift+D 키를 누릅니다.

선택한 레이어가 복제되면서 5초를 기준으로 어긋나게 잘립니다.

TIP Timeline 패널 왼쪽 위 시간이 표시된 부분을 'Timecode'라고 합니다. 현재 시간 표시기를 5초 위치로 이동하는 대신 Timecode를 '0;00;05;00'으로 설정해도 됩니다.

03 같은 방법으로 소스 파일을 5초 간격으로 일곱 번 더 자릅니다.

04 이때 레이어 선택 방향이 중요한데, 아래에서 위로 선택합니다. 레이어 앞 부분이 겹치도록 메뉴에서 **[Animation]** → **Keyframe Assistant** → **Sequence Layers**를 실행합니다.

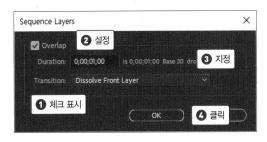

05 [Sequence Layers] 대화상자가 표시되면 이미지를 자연스럽게 전환하기 위해 'Overlap'에 체크 표시합니다. Duration을 '0;00;01;00'으로 설정하고 앞 영상과 겹치도록 Transition을 'Dissolve Front Layer'로 지정한 다음 〈OK〉 버튼을 클릭합니다.

06 Timeline 패널에서 레이어가 올라가는 계단 모양으로 표시되고 Composition 패널에서는 동영상이 5초 간격으로 전환됩니다.
실제 영상이 끝나는 시간은 37초인데 영상 재생 시간은 45초인 것을 확인할 수 있습니다.

TIP 이전 영상과 겹치도록 설정했기 때문에 원본 파일의 재생 시간보다 짧아집니다.

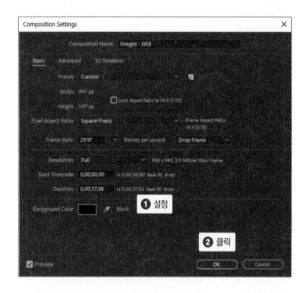

07 재생 시간을 줄이기 위해 Ctrl+K 키를 눌러 [Composition Settings] 대화상자에서 Duration을 영상이 끝나는 시점인 '0;00;37;08'로 설정하고 〈OK〉 버튼을 클릭합니다.

08 Composition 패널에서 영상을 재생하여 확인합니다.

SOLUTION 09
After Effects CC 2018

모션에 음원을 추가하려면 어떻게 하나요?

음원 파일을 불러와 소리를 조정하고 키프레임을 추가하여 간단하게 편집해 봅니다.

◉ **예제 파일 |** Part 2\Activist ft. Lyritah – Home Again.mp3　　◉ **완성 파일 |** Part 2\음원편집.aep

01 새 프로젝트를 만들고 Part 2 폴더에서 'Activist ft. Lyritah – Home Again.mp3' 파일을 불러온 다음 'Create a new Composition' 아이콘( )으로 드래그합니다.

TIP 음원 파일의 출처는 bgmstore.net입니다.

02 'Activist ft. Lyritah – Home Again.mp3'의 레이어 속성을 펼칩니다.

03 현재 시간 표시기가 0초에 위치한 상태에서 Audio Levels 왼쪽의 스톱워치(⏱)를 눌러 키프레임을 만듭니다.

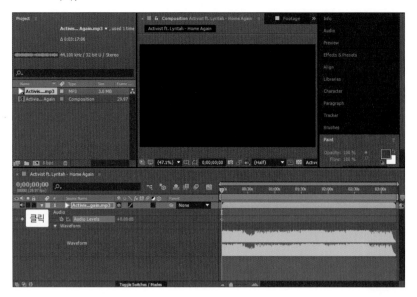

04 이번에는 음원 파일의 소리 크기를 조정하겠습니다. Timeline 패널에서 현재 시간 표시기를 30초로 이동하고 Audio Levels를 플러스(+)로 설정하면 자동으로 키프레임이 추가됩니다.
현재 시간 표시기를 35초로 이동하고 Audio Levels를 마이너스(−) 최대로 설정하여 키프레임을 추가합니다.

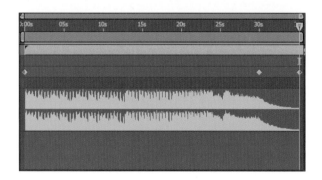

05 Ctrl+K 키를 눌러 [Composition Settings] 대화상자에서 재생 시간을 35초로 줄입니다.
영상이 시작된 다음 30초까지는 소리가 나오고 이후 5초 동안 소리가 줄어듭니다. 이 과정을 통해 간단한 영상이나 사진, 음원을 함께 편집할 수 있습니다.

SOLUTION 10
After Effects CC 2018

영상은 어떻게 렌더링하나요?

지금까지 영상을 합성하기 위한 간단한 방법을 알아봤다면 이번에는 서로 다른 길이의 영상을 불러와 자연스럽게 전환하고 어울리는 음원 파일을 추가한 다음 렌더링 작업을 해봅니다.

▶ **예제 파일** ▮ Part 2\1~4.mp4, Suiren.mp3　▶ **완성 파일** ▮ Part 2\렌더링.aep

01 새 프로젝트를 만들고 컴포지션을 만듭니다. Part 2 폴더에서 '1~4.mp4' 파일을 불러옵니다. Project 패널에 삽입된 소스 파일들을 선택하고 Timeline 패널에 다음과 같은 순서대로 배치합니다.

TIP [New Composition from Selection] 대화상자가 표시되면 〈OK〉 버튼을 클릭합니다.

02 Timeline 패널에서 '2.mp4' 레이어를 선택합니다. 현재 시간 표시기를 15초로 이동한 다음 Alt +] 키를 눌러 자릅니다.

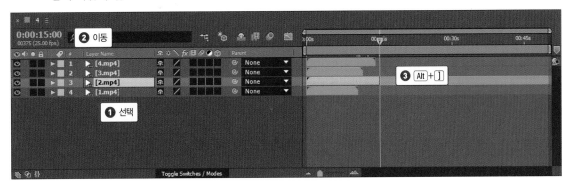

03 메뉴에서 [Animation] → Keyframe Assistant →
Sequence Layers를 실행합니다.

[Sequence Layers] 대화상자가 표시되면 'Overlap'에 체크 표시합니다. Duration을 '0;00;01;01'로 설정하고 앞쪽 영상이 겹치도록 Transition을 'Cross Dissolve Front and Back Layers'로 지정한 다음 〈OK〉 버튼을 클릭합니다.

04 Timeline 패널에서 마지막 레이어부터 시작 레이어까지 차례로 선택해 레이어를 올라가는 계단 모양으로 바꿉니다.

Ctrl+K 키를 눌러 [Composition Settings] 대화상자를 표시하고 재생 시간을 45초로 줄입니다.

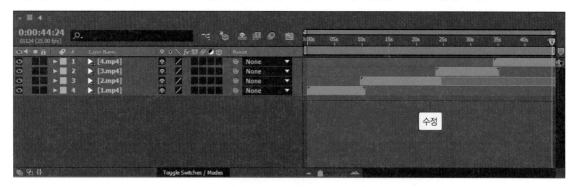

05 42초부터 45초 구간 동안 이미지가 흐려지도록 불투명도를 설정하겠습니다.

Timeline 패널에서 현재 시간 표시기를 42초로 이동한 다음 '4.mp4' 레이어 속성을 펼칩니다. Opacity 왼쪽에 있는 스톱워치(⏱)를 눌러 키프레임을 만들고 '100%'로 설정합니다. 현재 시간 표시기를 45초로 이동하고 Opacity를 '0%'로 설정하면 Timeline 패널에 자동으로 키프레임이 추가됩니다.

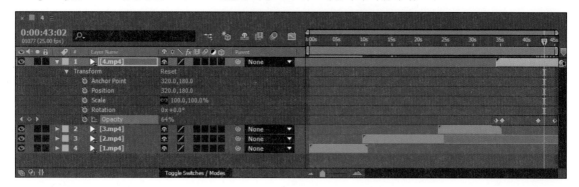

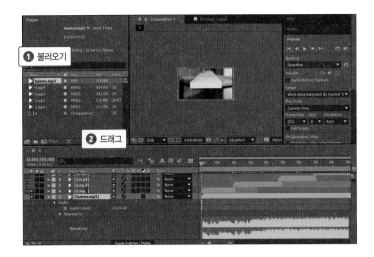

06 Part 2 폴더에서 'Suiren.mp3' 파일을 불러온 다음 Project 패널에 삽입된 소스를 Timeline 패널로 드래그합니다.

07 45초의 음원을 35초부터 5초 동안 점점 줄어들도록 편집합니다.

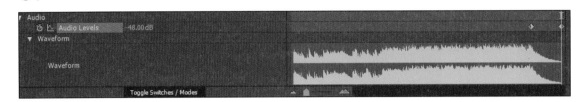

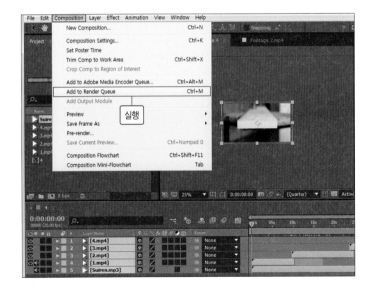

08 작업한 영상을 렌더링하기 위해 메뉴에서 **[Composition]** → Add to Render Queue(Ctrl+M)를 실행합니다.

TIP 렌더링은 어렵지 않지만 상황별로 요구하는 동영상 품질에 따라 파일 해상도와 크기, 영상 소스의 품질 등 많은 것이 달라집니다.

09 Render Queue 패널이 표시되면 'Output To'를 클릭해 저장 위치를 지정하고 〈Render〉 버튼을 클릭합니다. 렌더링이 진행되면서 패널 위에 소요 시간과 진행 시간이 표시됩니다. 'Render Settings' 왼쪽의 작은 삼각형(▼)을 클릭합니다.

10 [Render Settings] 대화상자에서 렌더링 품질을 지정하고 〈OK〉 버튼을 클릭하여 작업을 마칩니다.

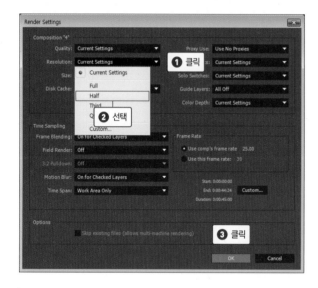

TIP [Render Settings] 대화상자에서 Quality나 Resolution 수치를 낮게 설정하면 렌더링 품질은 다소 떨어지지만 작은 용량의 영상을 얻을 수 있습니다.

TIP 다음 팟 인코더

다양한 영상 제작 프로그램 중에서 윈도우 무비 메이커와 다음 팟 인코더를 추천합니다.

다음 팟 인코더를 사용하려면 우선 폴더에서 용량이 큰 첫 번째 영상을 불러옵니다. 아래쪽 [PC저장용] 탭을 선택한 다음 인코딩 옵션에서 'PC/PMP 용'을 선택하고 파일형식을 'FLV'로 지정합니다. FLV는 동영상뿐만 아니라 플래시에서도 호환이 잘 되는 확장자입니다. 첫 번째 파일은 700M가 넘고 두 번째 품질이 떨지는 파일은 50M를 넘으며, 마지막으로 인코딩한 파일은 3M입니다. 편한대로 마지막 렌더링 작업을 진행합니다.

SOLUTION 11

After Effects CC 2018

패스를 따라 흐르는 텍스트는 어떻게 디자인하나요?

모션 타이포그래피는 애프터 이펙트로 표현할 수 있는 주요 기법 중 하나입니다. 텍스트 효과를 사용하는 방법과 움직이는 방법에 대해 알아보겠습니다.

▶ **완성 파일 |** Part 2\패스 마스크 텍스트.aep

01 새 프로젝트를 만들고 메뉴에서 **[Composition]** → **New Composition**(Ctrl + N)을 실행합니다. [Composition Settings] 대화상자가 표시되면 Width를 '640px', Height를 '480px', Frame Rate를 '30', Duration을 '0;00;10;00'으로 설정하고 〈OK〉 버튼을 클릭합니다.

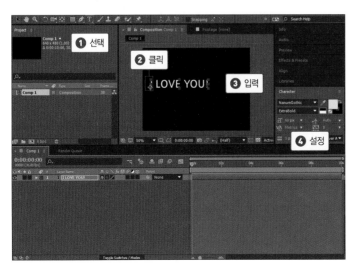

02 텍스트 도구(T)를 선택하고 화면을 클릭한 다음 'I LOVE YOU!'를 입력합니다. Timeline 패널에 텍스트 레이어가 추가됩니다.
Character 패널에서 글꼴, 글자 크기, 글자 색, 자간 등을 자유롭게 설정합니다.

TIP 예제에서는 글꼴을 'NanumGothic_ExtraBold', 글자 크기를 '60px'로 설정하였습니다.

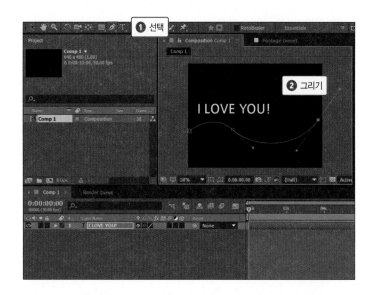

03 펜 도구(✐)를 선택하고 다음과 같이 곡선을 그려 자유롭게 패스를 그립니다.

04 Timeline 패널에서 'I LOVE YOU!' 레이어 속성을 모두 펼치고 Path를 'Mask 1'로 지정합니다.

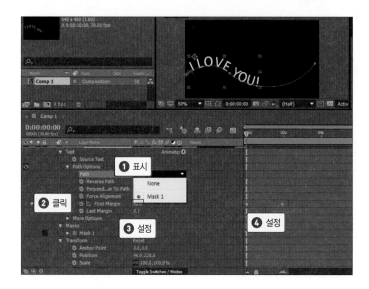

05 곡선 패스를 따라 입력한 텍스트가 흐릅니다.
Path Options 속성을 펼치고 First Margin의 스톱워치(◯)를 눌러 키프레임을 만듭니다. First Margin의 슬라이더를 양쪽으로 드래그하여 변화를 확인합니다. 타임라인에서 짧은 간격으로 First Margin 수치의 변화를 유동적으로 적용해 완성합니다.

SOLUTION 12

After Effects CC 2018

패스를 따라가는 움직임은 어떻게 만드나요?

패스를 만들어 이미지가 패스 마스크를 따라 이동하는 모션 그래픽을 만들어 봅니다.

◑ 예제 파일 | Part 2\bg.jpg, leaf.jpg   ◑ 완성 파일 | Part 2\패스마스크.aep

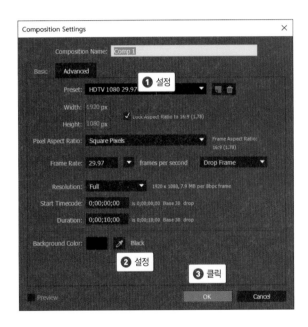

01 새 프로젝트를 만들고 메뉴에서 [Composition] → New Composition(Ctrl+N)을 실행합니다. [Composition Settings] 대화상자가 표시되면 Width를 '1920px', Height를 '1080px', Duration을 '0;00;10;00'으로 설정하고 〈OK〉 버튼을 클릭합니다.

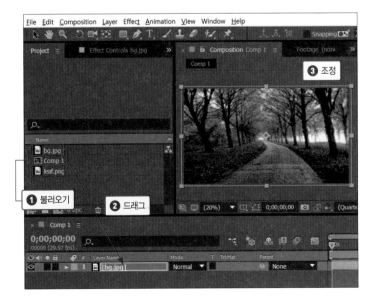

02 Part 2 폴더에서 'bg.jpg', 'leaf. jpg' 이미지 파일을 불러옵니다. Project 패널에서 'bg.jpg'를 Timeline 패널로 드래그한 다음 Composition 패널에서 화면에 꽉 차도록 레이어 크기를 조정합니다.

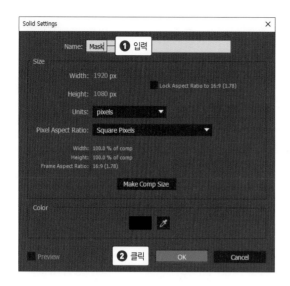

03 [Ctrl]+[Y] 키를 눌러 Timeline 패널에 새로운 솔리드 레이어를 만듭니다.
[Solid Settings] 대화상자에서 Name에 'Mask'를 입력하고 〈OK〉 버튼을 클릭합니다.

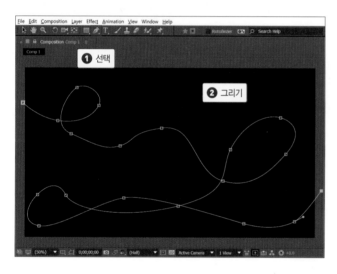

04 Tools 패널에서 펜 도구(✎)를 선택하고 다음과 같이 자유롭게 곡선을 그려 패스를 만듭니다.

05 Project 패널에서 'leaf.png'를 Composition 패널로 드래그하고 적당한 크기로 줄입니다.
Timeline 패널에서 'Mask' 레이어와 'leaf.png' 레이어 속성을 모두 펼칩니다. 'Mask Path'를 선택하고 [Ctrl]+[C] 키를 눌러 복사한 다음 Position 왼쪽에 있는 스톱워치(⏱)를 누르고 [Ctrl]+[V] 키를 누릅니다.
화면에 만들어진 키프레임을 조정해 나뭇잎이 자연스럽게 떨어지도록 영상을 만듭니다.

이펙트는 어떻게 적용하나요?

Effects & Presets 패널에는 애프터 이펙트에서 사용할 수 있는 효과와 기법들이 저장되어 있습니다. 다양한 형태로 텍스트가 나타나거나 사라지는 효과, 이미지 또는 영상이 전환될 때 재미있는 효과와 텍스트, 이미지가 유기적으로 결합하여 나타나는 등 여러 가지 효과를 적용하는 방법에 대해 알아봅니다.

▶ **완성 파일 | Part 2\이펙트.aep**

01 새 프로젝트를 만든 다음 컴포지션을 만들고 텍스트 도구(**T**)를 이용하여 텍스트 레이어를 만듭니다.

02 Effects & Presets 패널의 탐색 창에 '3d'를 입력합니다. 검색된 이펙트 중에서 원하는 이펙트를 컴포지션 텍스트에 드래그하여 적용합니다.

TIP Effects & Presets 패널의 탐색 창에서 키워드를 검색하면 직접 이펙트를 찾을 수 있습니다. 검색한 이펙트는 Composition 패널의 화면이나 Timeline 패널의 레이어에 드래그하면 적용할 수 있습니다.

03 Timeline 패널에서 'Wonderful tonight' 레이어 속성을 모두 펼칩니다. Animator 1 속성의 Offset 왼쪽에 있는 스톱워치()를 누르고 만들어진 키프레임을 이용해 이펙트의 지속 시간과 강약을 조정합니다.

키프레임 조정

TIP 이펙트 확인하기

① Effects & Presets 패널에서 마우스 오른쪽 버튼을 클릭한 다음 Browse Presets를 실행합니다.

② Adobe Bridge가 실행되면 메뉴에서 [Program Files] → Adobe → Adobe After Effects → Support Files → Presets → Text → 3D Text 를 실행합니다.
다양한 효과가 표시됩니다. 선택한 효과는 미리 보기 화면에서 확인할 수 있으며 Composition 패널에서 오브젝트를 선택하고 효과를 지정하면 바로 적용할 수 있습니다.

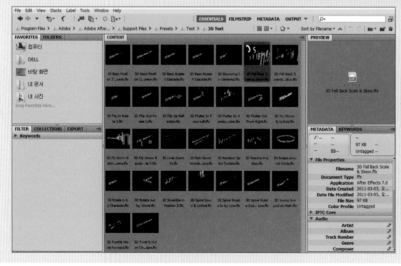

SOLUTION 14

After Effects CC 2018

이미지와 텍스트를 활용하려면 어떻게 하나요?

Keyframe Assistant 효과로 불러온 이미지 파일을 합성하고 다양한 효과를 적용해 봅니다.

▶ **예제 파일** | Part 2\img 폴더   ▶ **완성 파일** | Part 2\사진타이포.aep

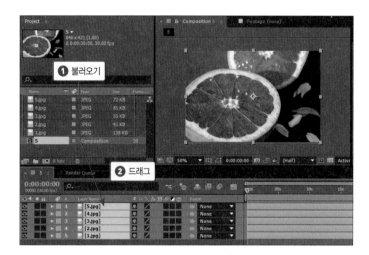

01 새 프로젝트에서 컴포지션을 만들고 Part 2/img 폴더에서 이미지 파일들을 불러옵니다.

Project 패널에 소스 파일이 삽입되면 Timeline 패널에 드래그해 배치합니다.

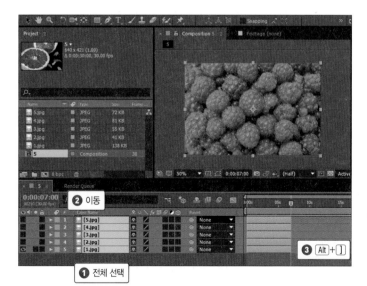

02 Timeline 패널에서 모든 레이어를 선택한 다음 현재 시간 표시기를 7초로 이동하고 [Alt]+[]] 키를 눌러 자릅니다.

03 Effects & Presets 패널에서 이미지마다 다른 효과를 적용해 보겠습니다.

Timeline 패널에서 '1.jpg' 레이어를 선택하고 Effects & Presets 패널에서 Transition 속성을 펼칩니다. 'CC Twister'를 Composition 패널로 드래그하여 이펙트를 적용합니다. CC Twister 이펙트는 이미지가 대각선을 축으로 '0~100' 효과를 적용하면서 회전합니다.

TIP Transition에는 화면 전환용 효과가 모여 있습니다. 화면이 전환될 때 이미지가 뒤틀리거나 선으로 나누어지는 등 단순한 효과로 이루어져 있습니다. 예제와 똑같은 효과를 선택할 필요는 없습니다. 레이어에 하나 또는 여러 개의 효과를 적용하고 혼합하여 다양하게 연출해도 좋습니다.

TIP 이미지에 효과를 적용하는 방법

① Timeline 패널에서 효과를 적용하려는 레이어를 선택합니다. Effects & Presets 패널에서 원하는 효과를 선택합니다.

② 선택한 효과를 Composition 패널로 드래그하여 적용합니다.

③ Effect Controls 패널에서 적용된 효과를 확인합니다.

④ 이펙트에 관해 세부적인 속성을 설정합니다.

⑤ Timeline 패널에서 Effect 왼쪽에 있는 작은 삼각형(▶)을 클릭하여 속성을 모두 펼칩니다.

⑥ 원하는 속성 왼쪽에 있는 스톱워치 아이콘(⏱)을 클릭해 키프레임을 만들고 다양하게 연출합니다.

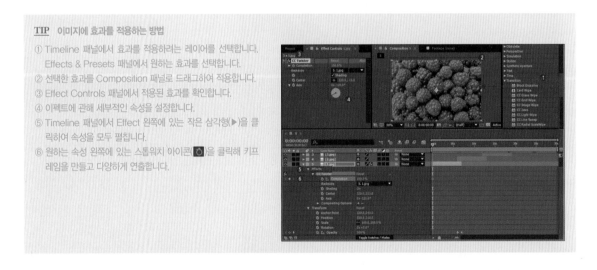

04 다른 레이어에도 효과를 적용합니다. '2.jpg' 레이어에는 Venetian Bilnds 이펙트를 적용합니다.

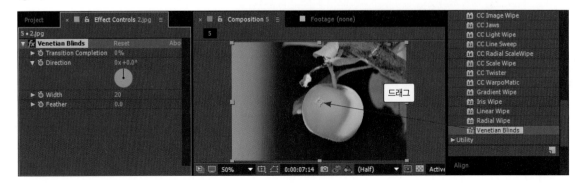

05 Timeline 패널에서 Venetian Bilnds 속성을 열고 세부적으로 키프레임을 설정합니다.

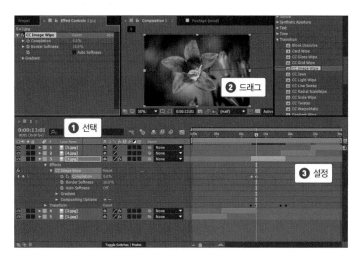

06 '3.jpg' 레이어에는 CC Image Wipe 이펙트를 적용하고 옵션을 설정합니다.

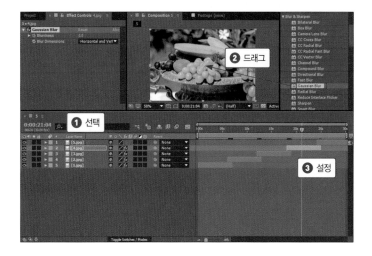

07 '4.jpg' 레이어에는 Gaussian Blur 이펙트를 적용하고 옵션을 설정합니다.

08 '5.jpg' 레이어에는 Zoom Bubble 이펙트를 적용하고 세부적인 속성을 설정합니다.

09 텍스트를 입체적으로 나타내기 위해 Effects & Presets 패널에서 Animation Presets 속성을 펼칩니다. 3D Text 이펙트 중 하나를 선택하고 화면으로 드래그하여 적용합니다. 이미지에 어울리는 텍스트를 입력한 다음 Timeline 패널에서 레이어에 문자가 입력되거나 사라지는 이펙트를 추가해 완성합니다.

SOLUTION 15
After Effects CC 2018

VR이란 무엇인가요?

1 VR의 정의와 분류

VR은 'Virtual Reality'의 약어로, 가상현실이라고도 합니다. VR은 다음과 같이 Solution, Experience, Culture의 관점에서 살펴볼 수 있습니다.

❶ **Solution** : 사용자가 현실 속 3차원 세계에서 개체 간 커뮤니케이션을 할 수 있는 도구 수단인 VR 고글이나 유기적 형태인 망으로 연결된 소품 또는 의상을 통해 경험할 수 있는 시뮬레이션입니다.

❷ **Experience** : 사용자가 수신하는 다양한 정보를 제어하거나 체험하면서 느껴지는 실체가 있을 법한 환경 등입니다. 혹은 컴퓨터의 다양한 정보를 사용자와 대치시켜 실제로 다른 세계가 있다고 확신하는 방법도 있습니다.

❸ **Culture** : 사용자가 현실세계를 이탈하여 점차 기술과 정보 등이 네트워크를 통해 결합하여 만들어진 시각적, 정신적 세계에 접근하여 원하는 것을 이루고자 구현하는 것을 말합니다.

가상현실(假想現實, VR)은 실제가 아닌 특정 환경이나 상황, 그리고 다양한 Solution, Experience, Culture 입장 구현을 위한 기술과 그 배경이 되는 것이라 이야기할 수 있습니다. 다시 말해 제작된 다양한 상상 속 환경이나 설정, 상황들이 사용자의 오감을 인지, 자극하게 하여 실제 우리가 사는 현실세계를 체험하게 해서 상상 속 환경과 실제를 넘나드는 기술이나 환경이라고 이야기할 수 있습니다. VR은 실시간 체험이 가장 특징이므로 UX/UI 측면의 사용성 테스트를 통한 인터페이스를 기반으로 제어할 수 있고 이에 따른 다양한 서비스를 공급자와 사용자 입장에서 유기적으로 측정 가능한 부분이 많아 다양한 디바이스나 플랫폼에 영향을 끼치면서 새로운 시장을 구축하고 있습니다. 실제로 가상의 온라인숍에서 VR 기계로 체험하고 쇼핑하며 구매할 수도 있습니다. 그리고 쉽게 체험하기 힘든 우주나 해양 등의 공간을 편리하고 저렴한 비용으로 체험하여 다양한 정보를 얻을 수 있는 장점도 있습니다. VR 시장은 이미 수십억 달러 규모의 시장으로 자리 잡았으며 수년 내에 1,200억 달러의 시장을 훨씬 넘어 계속 성장할 것으로 예상됩니다.

▲ 삼성전자의 VR 기기
출처 – http://thegear.co.kr/8478

삼성전자가 만든 최초의 VR 기기로 현재 구매할 수 있는 가장 완성도 높은 VR 기기 중에 하나입니다. 가속도 센서, 자이로 센서 등의 다양한 센서가 들어 있어 일반 영화뿐만 아니라 게임까지 다양하게 활용할 수 있습니다. 하드웨어 스펙이 무척 높아 차원이 다른 몰입감으로 콘텐츠를 즐길 수 있습니다.

Virtual Environment (가상현실)	시·청·감각 정보로 가상 세계를 제공 HMD(Head Mounted Display) 및 동작 인식 장치들을 활용 ex. Oculus Rift, Samsung Gear VR	
Augmented Reality (증강현실)	현실 위에 가상의 정보를 결합 - 사용자가 눈으로 보는 현실세계에 가상의 물체를 겹쳐 보여주는 기술 ex. MS Hololens, Google Glasses	
Mixed Reality (혼합현실)	VR의 몰입도와 AR의 정보 전달력을 결합 - 여러 사람이 동시에 같은 상황을 체험, 원하는 위치에 Image를 배치 ex. Magic Leap	
Augmented Virtuality (증강가상)	가상 위에 현실의 정보를 결합 - 사용자의 움직임을 모니터에 투영해 주는 기술 ex. Nintendo Wii, Golfzon	
Substitutional Reality (대체현실)	VR의 몰입도와 AR의 Interaction을 결합 - 현실의 사람 혹은 사람에 가상의 Image를 덧입혀, 가상현실 경험을 Interaction을 강화 ex. Magic Leap	

▲ VR의 분류
출처 – http://www.kocca.kr/industry/16_industry_b_5_2.pdf

VR은 구현 방법이나 상황에 따라 크게 VE(Virtual Environment), AR(Augmented Reality), AV(Augmented Virtuality), SR(Substitutional Reality) 및 MR(Mixed Reality)의 다섯 가지로 분류됩니다. VE는 통상적으로 VR 기술이며, VR 카메라로 촬영하거나 컴퓨터 그래픽으로 제작된 가상현실 그래픽을 HMD(Head Mounted Display)를 착용하여 경험하는 것입니다. AR은 전용 Glass 혹은 스마트폰이나 보조 수단인 다양한 디바이스들을 활용하여 현실세계 위에 가상의 정보를 덧입힌 것을 말합니다. 스크린 골프장이나 반가상 시뮬레이션 게임 등이 속합니다. SR과 MR은 VE와 AR의 장점들을 결합한 형태의 것입니다. SR은 현실의 인물이나 사물 등에 특정한 가상 오브제나 이미지를 씌우고 다양한 기기들인 HMD를 착용하면 가상에 존재하는 것처럼 느낄 수 있습니다. MR은 HMD과 같은 특정 장비를 착용하지 않고, 여러 사람이 동일하게 현실세계에서 가상현실을 체험할 수 있는 기술입니다.

② VR 촬영 방법

　일반적인 평면에 준하는 영상은 단일 카메라로 촬영한 영상 제작물들을 디지털 신호로 변환하여 사용자에게 전달하는 일반 과정으로 진행됩니다. VR 영상과 그에 따른 촬영도 일반 영상과는 큰 흐름에서는 같지만 과정상 VR은 360°로 영상을 촬영해야 하므로 5~6개의 카메라를 사용한다는 점에서 다릅니다. VR 영상을 촬영하기 위해서는 먼저 VR 촬영 장비가 구성되어야 하고 이를 담을 디바이스를 고려하여 영상을 촬영해야 더욱 원활한 영상물 제작의 원 소스를 담을 수 있습니다. VR 촬영 장비는 VR 카메라와 스티칭 서버(Stitching Server)로 구성됩니다. VR 카메라는 VR 전용으로 제작된 카메라를 사용하기도 하지만, 기존 기기들을 연결하거나 카메라들을 결합하여 사용하는 경우가 더 많습니다. 카메라는 촬영 결과물에 따라 화소나 디바이스 크기가 작은 카메라부터 DSLR 등의 고사양 카메라에 이르기까지 다양한 종류를 사용합니다. 이때 여러 대의 카메라를 결합하여 360° 영상들을 모두 촬영할 수 있도록 하는 기구가 필요한데 이것을 리그(Rig)라고 합니다.

▲ 다양한 카메라를 리그를 통해 결합한 모델
출처 – http://dooribun.com/technology

　VR 촬영 사진이나 영상은 스티칭 과정을 통해 하나의 영상물로 구현될 수 있습니다. 카메라로 촬영한 360° 과정을 거쳐 VR 콘텐츠가 완성되는 것은 아닙니다. 각각의 카메라가 촬영한 영상은 스티칭(Stitching, 바느질) 작업을 거쳐 하나의 영상 콘텐츠로 완성됩니다. 일반적으로VR 영상의 체험 시간은 3분 이상을 넘지 않는 것이 많습니다. 사용자 입장에서는 짧다고 느껴지는 이 결과물은 제작에 드는 시간과 비용이 큽니다. 통상적으로 2분 내외의 VR을 기획하고 촬영, 완성하는 데 걸리는 시간은 빠르면 3주이며 길면 약 3개월 정도의 시간이 소요됩니다. 기획과 촬영 시간은 오래 걸리지 않지만 대부분의 작업 시간은 스티칭 작업에 들어갑니다. 6대의 카메라로 입체 영상을 촬영하고 6개의 화면을 이어붙이면서 현실과의 이질감을 줄여야 하므로 스티칭 결과가 VR 결과물의 품질을 결정하는 중요한 요소입니다. 스티칭 작업이 원활하지 않으면 다양한 기기를 통해 볼 때 재단선이 보여 몰입감을 떨어뜨립니다. VR이든 아니든 영상 작업을 할 때 가장 시간이 많이 걸리고 영상만큼 공정이 복잡한 게 이러한 원 소스를 바로잡는 일입니다.

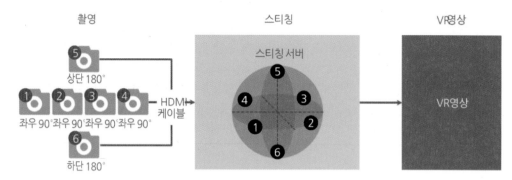

▲ 스티칭 과정 원리 모형
출처 – http://www.kocca.kr/industry/16_industry_b_5_2.pdf

상중하에 카메라를 배치하여 사방을 리그를 활용하여 촬영합니다. 이를 스티칭 서버에 올려 이미지를 배치하고 스티칭합니다. 그리고 다양한 디바이스를 통해 보는 구조입니다.

▲ 이미지 스티칭 과정
다양한 뷰를 섞어 사진을 자연스럽게 이어붙이는 과정이 핵심입니다.

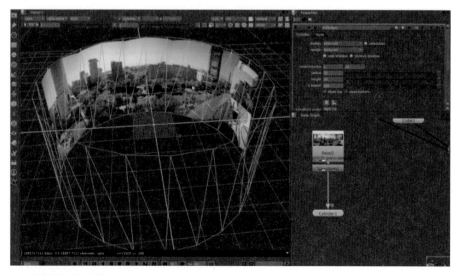

▲ 스티칭 기법 제작 과정
출처 – http://niyamniyam.tistory.com/91

▲ 스티칭 기법 이미지
출처 – https://www.phonearena.com/news/Deal-Following-LG-Samsung-has-also-slashed-the-price-of-their-
own-Gear-360-camera_id88596

3 VR의 미래

VR은 고객 경험을 중시하는 현대 브랜딩 트렌드에 하나의 돌파구가 될 것으로 전망됩니다.

키워드	키워드 상세 내용
소비의 양극화	고소득층과 저소득층의 소비에서 고품질, 고품격 소비 지향과 그에 반하는 사회 현상
감성 소비와 가치 소비	소비자 감성에 따른 소비와 합리적인 가치관에 의한 기능과 품질 등 다양한 측면을 고려한 소비 형태
기능적 소비와 합리적 소비	비용 대비 기능과 편익에 충실한 소비 행태, 해당 소비에서 얻는 만족과 기회비용을 비교해 가장 큰 만족을 가져오는 소비로 전환
맞춤 소비	다양화와 개성화로 대변되는 사회적 추세와 자기주장과 개성 추구 욕구를 추구하는 경향의 소비
소비의 고급화	발전에 따른 소득의 향상으로 소비재의 문화적 상징성에 무게를 둔 소비 행동이 증가하는 소비 현상
디지털 네이티브의 등장	다중 매체에 일상을 주력하고 흥미 위주의 콘텐츠에 몰입하며 다양한 매체를 동시에 구사하는 세대
1인 미디어의 시대	방송국을 벗어나 1인이 독단적으로 콘텐츠를 제작하고 양산하여 보급하는 시대
소비의 글로벌화	소비 영역이 국내에서 국외까지 다양하게 퍼져 문화와 소비 성향 등이 차별화가 해소되고 표준화되는 현상

▲ [표1] 소비자 트렌드 키워드

　특히 최근 이슈는 브랜드를 알리고 판매하기 위한 전략으로 사용자 심리를 알아보고 그를 만족시키는 이슈는 무엇인가를 파악하는 것이 가장 중요한 화두입니다. [표1]은 이러한 소비자의 중요한 트렌드를 나타낸 것입니다. 소비자라는 단어로 뭉뚱그려 제작하던 소품종 다량 생산에서 다품종 소량의, 소비자가 제작자가 되고 제작자가 소비자가 되는 양방향 커뮤니케이션 시대에서 중요한 시사점이라 할 수 있습니다. 특히 소비자는 1인 미디어와 기능적 맞춤의, 고급콘텐츠를 선호하여 VR의 성장은 그 파급력이 무한할 것으로 예측됩니다.

▲ 구글 I/O 2017 행사
출처 – http://www.bloter.net/archives/297362

▲ 아마존의 AR 뷰
출처 – http://www.bloter.net/archives/297362

　기존 콘텐츠들은 더욱 현실감 있으면서 몰입도 있는 VR 분야로 이동될 전망이며 이러한 콘텐츠들이 더욱 경쟁력 있는 상품으로 진열될 것입니다. 이러한 시대적 흐름 때문에 가상현실(VR)이 시뮬레이션과 몰입감을 필요로 하는 대부분 산업에 적용될 것입니다. 게임과 영상, 엔터테인먼트, 에듀테인트먼트, 의료 · 헬스케어, 건설업, 엔지니어링, 관광 · 여행, 유통 · 쇼핑, 시뮬레이션 산업, 제조업 등 전 방위에 걸쳐 적용되어 사용자들에게 다양한 경험을 제공할 것입니다.

　VR 기술을 응용하면, 전 세계를 놀라게 한 미국 오하이오의 놀이기구 파이어볼 사고와 같은 일은 아예 일어나지 않을 수 있습니다. 기계 오작동으로 탑승자들이 놀이기구에서 튕겨져 나가는 바람에 남성 1명이 숨졌고 7명이 부상을 입었습니다. 앞으로는 비싸고 위험한 물리적 놀이기구나 기계 등을 대신해 VR 기반 놀이기구가 붐을 일으킬 수 있습니다.

VR 콘텐츠 부문에서 세계에서 주로 스타트업이나 중소업체가 앞장서 왔습니다. 수익창출 모델이 불분명하고 혁신적인 시도가 필요한 새로운 시장의 특성상 대기업들의 태도가 다소 소극적이기 때문이었는데 최근에는 엔터테인먼트 콘텐츠를 기반으로 VR 콘텐츠의 성장세가 높아지면서 세계적인 미디어 · 엔터테인먼트 대기업의 투자가 확대되고 있습니다.

타임워너는 '매직리프(Magic Leap)', 20세기 폭스는 바오밥 스튜디오, 월트디즈니는 VR 스타트업 '전트(Jaunt)'에 각각 투자했습니다. CB 인사이트에 따르면 세계 미디어 기업의 AR · VR 스타트업 투자는 지난 2015년 7건에서 지난해 38건으로 1년 새 5배 이상 증가했습니다.

▲ 디즈니 VR 사례
　출처 – http://store.steampowered.com/app/469650/Disney_Movies_VR/

엔터테인먼트 · 영화, 게임 등 기존 시각기반 산업뿐 아니라 제조업에도 반향을 일으키고 있습니다. 미국 시애틀 워싱턴컨벤션센터(WSCC)에서 열린 MS의 개발자 회의 빌드 2017에는 미국 시카고의 3D 엔지니어링 기업인 와이어스톤(Wire Stone)이 AR 기기인 홀로렌즈 통해 여객기 보잉 737기를 체험할 수 있는 프로그램을 시연했습니다. 비행기 내부의 다양한 공간인 퍼스트, 비즈니스, 이코노미 각 클래스의 구조와 다양한 서비스를 눈으로 체험할 수 있었습니다.

▲ 제조업의 VR/AR 사례
　출처 – http://www.ciokorea.com/column/31913

알렉스 킵맨 마이크로소프트 연구원은 VR은 의학, 교육, 산업 전반에 큰 혁신을 가져올 미래 컴퓨팅 솔루션이며, 다양한 VR 콘텐츠를 통한 기회가 눈앞에 펼쳐진 상황이며 인간이 상상력으로 펼쳐지는 모든 일이 가능해질 수 있다고 말했습니다.

시각 디자이너의 맞춤 전략 알아보기

1 스마트 디바이스 시대의 디지털 라이프 패러다임

 현대는 스마트 디바이스 시대입니다. 웨어러블 기기는 본격적으로 가공되어 판매되고 우리 생활 깊숙이 침투하고 있습니다. 그러므로 다양한 디자인 작업에 앞서 기본적으로 작품이 들어갈 플랫폼에 관한 고찰이 필요합니다. 스마트 디바이스의 간략한 특징은 기존 제품이 지닌 고유의 특징이 모바일 중심으로 탑재되고 이를 위해 다양한 애플리케이션이 개발되고 있다는 것입니다.

 이러한 환경은 유비쿼터스 기술의 구현 때문에 이뤄졌습니다. 유비쿼터스는 언제 어디서나 접속할 수 있습니다. 장소에 상관없이 모바일로 인터넷에 접속하여 실시간으로 소통할 수 있어 앞으로 콘텐츠의 발전이나 전파 속도가 빨라지고 더 많은 애플리케이션이 개발될 것이라 전망됩니다.

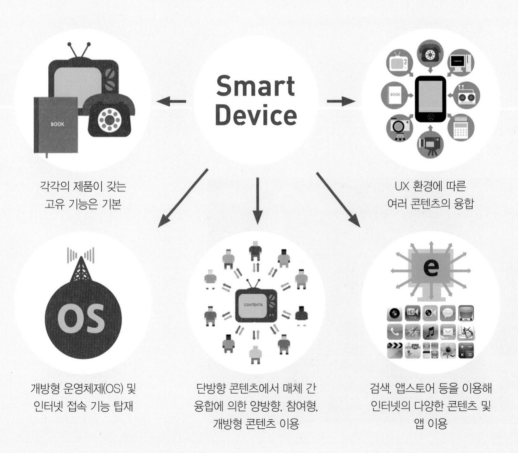

각각의 제품이 갖는
고유 기능은 기본

UX 환경에 따른
여러 콘텐츠의 융합

개방형 운영체제(OS) 및
인터넷 접속 기능 탑재

단방향 콘텐츠에서 매체 간
융합에 의한 양방향, 참여형,
개방형 콘텐츠 이용

검색, 앱스토어 등을 이용해
인터넷의 다양한 콘텐츠 및
앱 이용

이러한 환경을 '디지털 라이프 패러다임'이라고 합니다. 이처럼 우리 생활은 디지털을 기반으로 이루어집니다. 다음 그림에서 설명하는 다섯 가지 현상이 패러다임을 이끈다고도 볼 수 있습니다.

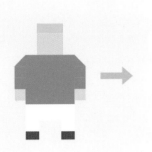

1 **기후 변화의 시대** Age of Climate Change

2 **여성의 시대** Age of Women

3 **고령화의 시대** Age of Ageing

4 **혼화(混和)의 시대** Age of Mixing

5 **창의와 혁신의 시대** Age of Creativity and Innovation

출처_최재석 이화여자대학교 에코 과학부 석좌교수

디지털 라이프 패러다임의 특징을 살펴보면 고객의 요구는 다양해질 수밖에 없고 그에 따른 맞춤형 콘텐츠의 공급이 중요합니다. 다수를 위해 소수를 배제하는 것은 이제 우리 사회에서는 폭력으로 인식되기 때문에 더욱 그러합니다. 맞춤형 콘텐츠는 우리의 생활 공간에서 불편함을 실시간으로 극복해 나가고 있습니다. 특히 금융, 의료, 교육 서비스에 집중되고 있습니다.

● **고객의 서비스 니즈는 다양해지고 맞춤형 수요 증가**
  기술은 상호 연결성의 폭발적인 증가와 함께 가상과 현실이 혼재하는 상황에서 수많은 정보를 지능적으로 처리하는 방향으로 발전

● **산업 측면에서 단말/네트워크/미디어 컨버전스로의 진화 단계를 거쳐 생활 공간 컨버전스로 진화 예상**
  • 생활 공간 컨버전스 : 기술을 금융, 의료, 교육 등 생활 영역에 접목

미래의 서비스는 고객 요구를 지능적인 정보와 경험을 통해 공급하므로 시각 디자인 분야에서는 빠르게 변화하는 시대적 상황에 대응해야 합니다. 그러므로 그래픽 스타일에서 이미지는 더욱 플랫해지고 상징은 단순해집니다.

최근 플랫한 상징들이 다양하게 모여 밀도감을 주는 인포그래픽이 화두로 떠오르고 있습니다. 그 이유는 시대적 상황을 적절한 타이밍에, 그리고 양질의 그래픽으로 대응하기 때문입니다.

다음은 우리 생활과 소비자의 행동 분석 등을 나타낸 것입니다. 불과 10년 전 자료만 비교해도 생활 속에서 모바일 기기가 이처럼 중요해질 줄 상상은 했지만 체감하기 어려웠습니다. 다음의 다섯 가지 패러다임을 살펴보고 알맞은 그림을 그리려는 자세가 필요합니다.

생활과 소비자의 행동 분석

지능화된 거대 도시

도시화 심화로 IT 기술 의존도가 증대되어 거대 도시 지능화가 일어날 전망

네트워크 비즈니스 환경

점차 글로벌화되는 생산/분배/조직망 등으로 Net-worked 비즈니스 환경이 등장할 전망

다양한 소비 패턴

지속적인 개인화와 다문화로 인해 다양한 소비 패턴이 나타날 전망

NEW 글로벌화

통신, 인터넷, 미디어가 결합되면서 세계는 더욱 긴밀히 연결되어 New 글로벌화가 일어날 전망

일과 생활의 혼재

IT 기술의 발전으로 재택 근무가 생활화되어 일과 생활의 구분이 모호해질 전망

이동 수단의 변화

이동량 증가와 교통수단의 변화가 일어날 전망

2 성공적인 포트폴리오 제작

포트폴리오는 다양한 디자인 툴을 기반으로 사회적인 이슈나 트렌드를 파악하고 그에 따른 그래픽을 개발하여 제작하는 것이 가장 현명합니다.

시각 디자인에서 요구되는 디자이너 사항

모든 분야의 능숙함 ➡ 융복합 콘텐츠 시대

빠른 대응 ➡ 변화하는 플랫폼 ➡ 소비자 반응 예측

시대의 반영 ➡ 변화에 적응하는 그래픽 스타일

위의 삼박자가 선순환되면 좋은 포트폴리오로 전개될 것이고, 취업이나 기타 원하는 것을 이룰 수 있는 긍정적인 요소가 될 것입니다.

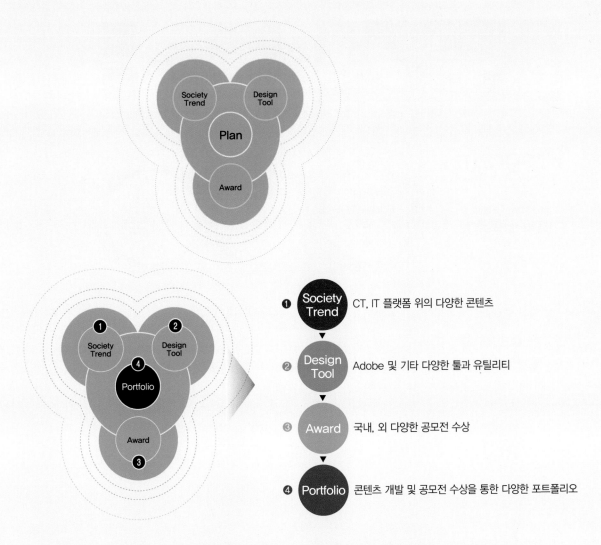

실무에서는 주로 어도비 사의 제품들을 이용합니다. 어도비의 디자인 제작 툴 중 가장 많이 사용하는 툴은 포토샵, 일러스트레이터, 애프터 이펙트, 인디자인입니다. 이러한 툴들은 손에 많이 익도록 하루 2시간 이상 단축키 등을 활용하여 꾸준히 작업하면 빠르게 익숙해집니다. 이외에도 한글이나 한쇼, 파워포인트와 3D 모델링 툴인 라이노까지 다양한 툴을 숙지하는 것이 좋습니다. 최근 디자이너에게는 한 분야만을 집중적으로 파고드는 것보다 다양한 문제를 해결할 수 있는 방법론이 중요시되므로 간단한 영상뿐 아니라 3D 제품까지 영역이 혼합되고 있습니다. 그러므로 적절한 프로그램의 조화 또한 중요합니다.

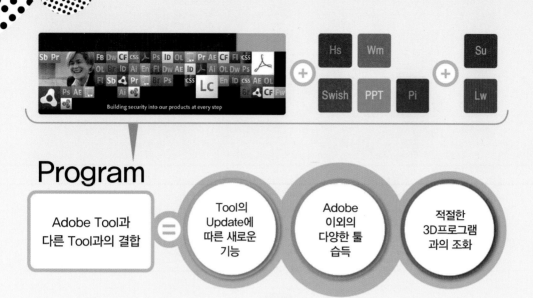

Program

Adobe Tool과 다른 Tool과의 결합 ≡ Tool의 Update에 따른 새로운 기능 / Adobe 이외의 다양한 툴 습득 / 적절한 3D프로그램과의 조화

기초 그래픽 툴인 포토샵과 일러스트레이터의 단축키나 특징들을 살펴보고 제작하는 것 또한 좋은 포트폴리오의 제작을 위한 밑거름이 됩니다.

최신 트렌드를 살펴보고 컴퓨터 그래픽 툴을 익히면 다양한 시각 디자인을 완성할 수 있습니다. 여러 디자이너의 포트폴리오를 살펴보고 참고하기 바랍니다. 신입 디자이너라면 다양한 분야의 포트폴리오를 준비하고 이를 통해 다양한 분야에서의 문제 해결 능력을 보여주는 것이 좋습니다. 그러므로 CI & BI, 편집, 캐릭터, 제품 등 다양한 분야의 디자인을 진행하여 여러 사례를 만들어 두도록 합니다.

유튜브에 영상 업로드하기

인터넷의 발달로 전 세계 어떠한 정보도 클릭 몇 번만에 찾아 볼 수 있습니다. 또 여러 가지 정보를 활용해 이익을 창출하는 신종 직업과 방법들이 쏟아지고 있습니다. 그중 영상 업로드를 통한 수익 창출 모델에 관해 알아보겠습니다.

영상 업로드 사이트로 가장 유명한 유튜브(Youtube)에 영상을 올리면 자신의 영상물을 전 세계 사람들과 공유하여 더 나은 가치를 창출할 수 있습니다.

1 유튜브 회원 가입하기

01 유튜브(Youtube) 서비스를 이용하기 위해서는 구글(Google) 계정이 필요합니다. 먼저 구글 웹사이트(www.google.co.kr)에 접속합니다. 구글 웹사이트에서 오른쪽 위 〈로그인〉 버튼을 클릭합니다.

02 로그인 화면에서 '계정 만들기'를 클릭합니다. 구글 계정이 있다면 로그인합니다.

03 개인 정보를 입력합니다.

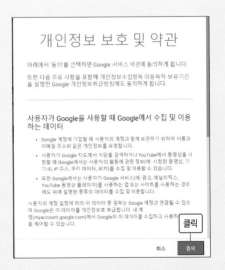

04 〈다음 단계〉 버튼을 클릭하여 약관이 나타나면 읽고 〈동의〉 버튼을 클릭합니다.

05 〈동의〉 버튼을 클릭하면 환영 인사와 함께 가입이 완료됩니다. 구글 계정에 로그인하면 자동으로 유튜브에 로그인됩니다.

2 영상 업로드하기

01 직접 만든 영상을 공유하기 위해 로그인한 후 오른쪽 위 〈업로드〉 버튼을 클릭합니다.

02 화살표 모양 아이콘을 클릭해서 업로드할 영상 파일의 저장 위치를 찾거나 파일을 해당 영역으로 드래그합니다.

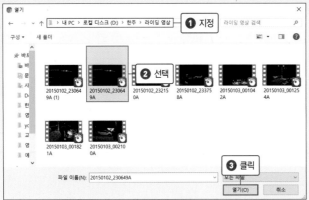

03 [열기] 대화상자가 표시되면 업로드할 영상을 선택하고 〈열기〉 버튼을 클릭합니다.

04 업로드를 시작합니다.

❶ 업로드 영상에 관한 상태를 보여줍니다.

❷ 업로드 진행 상태에 관한 %와 남은 시간이 나타납니다.

❸ 업로드 중인 영상 파일 이름입니다.

❹ 영상에 관한 설명을 입력할 수 있습니다.

❺ 검색에 연관된 태그를 입력할 수 있습니다. 태그는 이후 검색에서 노출될 때 사용합니다.

❻ 공개 여부(공개, 미등록, 비공개)에 관한 세 가지 메뉴가 있습니다.

❼ 영상에 추가할 메시지를 입력할 수 있는 창입니다.

❽ 연결해서 재생할 영상을 추가할 수 있습니다. 여러 개의 영상을 묶어서 재생할 수 있습니다.

❾ 기본 설정입니다.

❿ 번역 메뉴입니다.

⓫ 고급 설정 메뉴입니다.

⓬ 업로드를 마치고 내용을 모두 입력한 다음 〈게시〉 버튼을 클릭하면 유튜브에 영상이 등록됩니다.

◀ 번역 페이지

❶ 기본 정보에서 입력한 내용입니다.

❷ 번역하고 싶은 언어를 선택하면 자동 번역됩니다.

❸ 번역기로 잘 안 되는 번역에 관해 전문가에 도움을 요청할 수 있습니다.

③ 고급 설정 살펴보기

❶ **댓글 :** 댓글에 관한 허용 범위와 정렬 방법 등을 설정할 수 있습니다.

❷ **저작권 :** 기본적으로 저작권이 없는 영상이라면 '표준 Youtube 라이선스'를 선택합니다. 저작권이 있다면 '크리에이티브 커먼즈 – 저작자 표시'를 선택합니다.

❸ **배급 :** 일반적으로 모든 플랫폼을 사용하지만 수익 창출 플랫폼을 사용할 수도 있습니다. 수익 창출 플랫폼으로는 유튜브(youtube.com) 및 안드로이드(Android)의 유튜브(YouTube) 앱이 있습니다. 설정은 영상 관리자에서 선택할 수 있습니다.

❹ **자막 인증 :** 미국 TV에 방송된 콘텐츠는 자막과 관련하여 FCC 규정이 적용됩니다. 필요한 경우 자막 인증을 제공합니다.

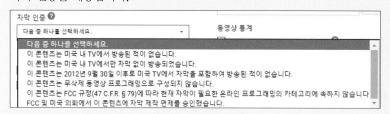

❺ **배포 :** '퍼가기 허용'은 다른 사람이 사이트에서 영상을 퍼갈 수 있도록 허용합니다. '구독자에게 알림'은 구독자의 구독 정보 피드에 자신의 영상이 표시되며 영상이 업로드되었다는 알림이 전송됩니다.

❻ **연령 제한 :** '연령 제한 사용'은 미성년자인 사용자가 이 영상을 보지 못하도록 제한합니다. 또한 다른 광고 형식을 통해 영상으로 수익을 창출하거나 홍보할 수 없습니다.

❼ **카테고리 :** 영상 특성에 맞게 분류될 카테고리를 선택합니다.

❽ **영상 위치 :** 검색 창에 도시나 지역 이름 또는 지도에서 직접 위치를 표시할 수 있습니다.

⑨ **동영상 언어 :** 영상 언어를 선택할 수 있습니다. 더 많은 검색은 다음 그림과 같이 검색 창에서 찾을 수 있습니다.

⑩ **커뮤니티 자막 제공 :** 체크 표시하면 유튜브(YouTube) 사용자가 영상에 번역을 제공할 수 있으므로 다양한 언어로 더 많은 시청자에게 전달할 수 있습니다.

⑪ **녹화 날짜 :** 영상을 촬영한 날짜를 설정할 수 있습니다.

⑫ **영상 통계 :** 체크 표시하면 영상이 재생될 때 영상 아래 차트 아이콘을 클릭하면 보기 페이지의 영상 통계에 접근할 수 있습니다.

⑬ **3D 영상 :** 3D 영상일 때 체크 표시하면 3D 영상으로 재생할 수 있습니다.

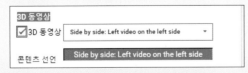

⑭ **콘텐츠 선언 :** 체크 표시하면 콘텐츠에 유료 광고 내용을 포함할 수 있습니다. 모든 유료 광고는 구글의 정책과 관련 법규를 준수해야 합니다.

체크 표시하면 추가되는 체크 표시 항목은 업로드된 영상에 '유료 광고 포함'이라는 문구가 표시됩니다.

콘텐츠 선언

☑ 본 동영상에는 유료 제품 추천, 후원, 보증과 같은 유료 광고 내용이 포함되어 있습니다. ❓

☑ 본 동영상에 고지를 추가하여 시청자들로 하여금 유료 광고 포함 여부를 알 수 있도록 하고 싶습니다. ❓

업로드를 마쳤을 때 〈게시〉 버튼을 클릭하면 영상이 게시됩니다.

처리 완료	게시
★ 동영상을 게시하려면 '게시'을(를) 클릭하세요.	초안이 저장되었습니다.

ⓐ 공유 URL을 알려줍니다. 아래의 URL은 공유할 수 있는 URL 주소입니다.

ⓑ 소스 코드를 알 수 있습니다.

ⓒ 이메일로 보낼 수 있는 메뉴입니다.

ⓓ 공유할 수 있는 URL로, 비공개했을 때 이 URL이 없으면 영상을 확인할 수 없습니다.

찾아보기